Inovações em
DIREITO E PROCESSO DE FAMÍLIA

S747i Spengler, Fabiana Marion
        Inovações em direito e processo de família / Fabiana Marion
    Spengler, Theobaldo Spengler Neto. — Porto Alegre: Livraria
    do Advogado Editora, 2004.
        221p.; 16x23cm.
        ISBN 85-7348-300-8

        1. Direito de família. 2. Citação. 3. Ação monitória. 4. Guarda
    dos filhos. 5. Alimentos. 6. Separação judicial. 7. Ação de investigação de paternidade. I. Spengler Neto, Theobaldo. II. Título.

                        CDU 347.6

        Índices para o catálogo sistemático:
    Direito de Família
    Citação
    Ação monitória
    Guarda dos filhos
    Alimentos
    Separação judicial
    Ação de investigação de paternidade

        (Bibliotecária responsável: Marta Roberto, CRB-10/652)

Fabiana Marion Spengler
Theobaldo Spengler Neto

Inovações em
DIREITO E PROCESSO DE FAMÍLIA

Porto Alegre 2004

©
Fabiana Marion Spengler
Theobaldo Spengler Neto
2004

Projeto gráfico e diagramação
Livraria do Advogado Editora

Capa
Sílvia Paula Bittencourt

Revisão
Rosane Marques Borba

Direitos desta edição reservados por
Livraria do Advogado Editora Ltda.
Rua Riachuelo, 1338
90010-273 Porto Alegre RS
Fone/fax: 0800-51-7522
livraria@doadvogado.com.br
www.doadvogado.com.br

Impresso no Brasil / Printed in Brazil

É preciso ver o que não foi visto, ver o que já se viu, ver na primavera o que se vira no verão, ver de dia o que se viu de noite, com sol onde primeiramente a chuva caiu, ver a seara verde, o fruto maduro, a pedra que mudou de lugar, a sombra que aqui não estava.

José Saramago

À nossa união, tão perfeita em suas imperfeições, e aos seus frutos, Maurício, Fernando Augusto, Pedro Henrique e Ana Carolina, anjos sublimes, presentes do céu.

Prefácio

Família e Direito

A vida familiar propõe um desafio para o jurista. Buscar soluções perenes em uma realidade em constante movimento. Tentar restabelecer o equilíbrio de interesses e direitos dos entes familiais, no delicado contexto dos conflitos interindividuais.

O processo de modernização da família busca caminhos e soluções frente a um crescente número de fatos novos, a exemplo das recomposições familiais, das uniões estáveis, relações afetivas entre pessoas do mesmo sexo, utilização das técnicas de reprodução assistida, entre outros.

As relações entre as pessoas disciplinam-se por disposições legais, tendo em vista a relevância que têm do ponto de vista social. A intervenção do Estado na constituição, no desenrolar de uma relação familiar e, principalmente, no desfazimento desta relação são importantes, pois o Estado intervém para proteger a família, limitar a liberdade individual, garantir os interesses de cada um de seus componentes.

Esta área instigante do Direito exige do professor, do estudante, do advogado, do juiz ou do promotor uma compreensão dos dilemas oriundos das relações humanas, dos envolvimentos afetivos e suas repercussões na vida pessoal e na vida social das pessoas. Por repercutir diretamente no destino de adultos e crianças, que outra questão seria mais complexa e séria do que tratar dos desequilíbrios e desencontros oriundos dos conflitos que emergem das relações afetivas e familiares?

A legislação, bem como a formulação doutrinária e jurisprudencial, são constantemente colocadas à prova, tendo em vista as renovadas transformações a que são submetidas às entidades familiares. Este fato se deve à necessidade de responder às exigências, cada vez maiores, de realização do indivíduo no plano afetivo e relacional, conjugando-se, igualmente, a realização profissional e econômica de cada um dos membros e a proteção dos filhos.

O afeto passa a ter relevância para o Direito e transforma-se em um elemento importante tanto para a continuação quanto para o desfazimento das relações conjugais. As separações, divórcios, dissoluções de uniões estáveis também fazem parte da dinâmica incessante nas relações entre os indivíduos, tendo em vista que envolvem os mais complexos e instáveis sentimentos. Igualmente, em virtude da valorização do afeto e a busca da realização individual, as rupturas das uniões formais ou informais devem ser simplificadas, desatreladas da noção de culpa, mas ao contrário, centradas na noção de ruptura do vínculo afetivo.

Aos filhos, quaisquer que sejam as circunstâncias de nascimento, devem ser assegurados os mesmos direitos relativos ao estado de filiação. Portanto, suprimidas todas as discriminações entre os filhos, independentemente da situação de origem e nascimento, ou pela adoção, todos receberão o mesmo tratamento da lei.

As separações, os divórcios, a disputa pela guarda dos filhos pode vir a ser o alvo de freqüentes e reiteradas demandas judiciais, sem solução de continuidade, impondo às crianças sofrimentos, além daqueles já enfrentados nestes processos.

Um comprometimento com a eficácia das soluções dos conflitos no âmbito da família, buscando romper a freqüente insatisfação das partes nas decisões judiciais, atestada pelo seu descumprimento, enseja uma contínua atualização do profissional.

Os especialistas em Direito de Família deverão dar maior atenção e construir soluções ajustadas aos problemas e conflitos que surgem no meio familiar, dando voz aos interessados.

Frente a uma sociedade que busca proteger seus cidadãos e fazer respeitar seus direitos, necessário discutir as alternativas visando a destinar esforços para se construir soluções doutrinárias e jurisprudenciais que viabilizem o equilíbrio de liberdades das pessoas em constituir vínculos familiares, resguardando-se a primazia do interesse superior da criança a viver em um ambiente familiar equilibrado e acolhedor.

Qual será assim o futuro da família? Pode-se tentar responder: ele dependerá de uma Justiça que saiba ouvir, que desça do seu pedestal, que leve em consideração o sofrimento dos cidadãos e que ofereça soluções mais perenes e menos autoritárias.

Esta obra trata de algumas das principais transformações contemporâneas nas relações familiares, definidas a partir dos princípios constitucionais da dignidade da pessoa humana, da igualdade, da liberdade e da responsabilidade. Encaminha a atualização do conhecimento do leitor a partir das recentes inovações doutrinárias e jurisprudenciais, adequando-se à moderna legislação que redimensionou o Direito de Família no país.

    Prefaciar esta obra me trouxe muita satisfação em perceber que ela representa o resultado de um trabalho feito em parceria, com cuidado e seriedade, uma obra construída pela dedicação de um casal que ensina e advoga pela atualização constante das soluções dos conflitos no Direito de Família.

Profa. Dra. Maria Claudia Crespo Brauner

Doutora em Direito pela Université de Rennes - França
Professora e Pesquisadora do Programa de
Pós-Graduação - Mestrado e Doutorado da UNISINOS - São Leopoldo
Mestrado em Direito da UCS - Caxias do Sul
Advogada especializada em Direito de Família

Sumário

Introdução 17
1. A citação editalícia e seus reflexos nas ações de direito de família 19
    1.1. Introdução 19
    1.2. A citação válida como forma de angularização da relação processual 21
        1.2.1. Breve referência histórico-comparada 21
        1.2.2. Citação no direito brasileiro 22
        1.2.3. Conceituação de citação 24
    1.3. A citação válida como forma de angularizar o processo 26
    1.4. Saneamento da falta de citação válida 27
    1.5. Hipóteses de citação 28
        1.5.1. Citação pelo correio 29
        1.5.2. Citação por oficial de justiça 32
    1.6. A citação editalícia e o seu objetivo 34
    1.7. A ficção jurídica da citação editalícia 37
    1.8. Citação editalícia nas ações sob a égide da gratuidade judiciária 40
    1.9. Citação editalícia no Direito de Família 44
        1.9.1. Citação editalícia nas ações de separação judicial 44
        1.9.2. Citação editalícia nas ações de divórcio direto 45
        1.9.3. O efeito da citação editalícia nas ações de execução de alimentos . . . 45
    1.10. Considerações finais 45
    1.11. Referências bibliográficas 46
2. Ação monitória no processo de família 49
    2.1. Introdução 49
    2.2. Conceito de ação monitória 50
    2.3. Tipos de procedimentos monitórios 51
    2.4. Finalidade da ação monitória 52
    2.5. Da prova escrita 53
    2.6. Fases da ação monitória 55
    2.7. Procedimento da ação monitória 56
    2.8. Embargos do devedor 59
    2.9. Sentença e recurso cabível 60
    2.10. Possibilidade de ação monitória no processo de família 61
    2.11. Possibilidade de ação monitória na dívida alimentar prescrita 65

    2.12. Considerações finais 68
    2.13. Referências bibliográficas 68

3. Guarda compartilhada e o novo Código Civil brasileiro 71
    3.1. Introdução 71
    3.2. Família 73
    3.3. Guarda da criança e do adolescente 76
    3.4. Atribuição da guarda na ruptura da família 78
    3.5. Critério de determinação da guarda 79
        3.5.1. O princípio do melhor interesse da criança e do adolescente 80
        3.5.2. Idade e sexo 82
        3.5.3. Irmão juntos ou separados 83
        3.5.4. A opinião da criança e do adolescente 84
        3.5.5. Comportamento dos pais 85
    3.6. Modalidades de guarda 85
        3.6.1. Guarda e família substituta 85
        3.6.2. Da guarda atrelada à família natural 88
        3.6.3. Guarda integrada ao poder familiar 88
        3.6.4. Guarda fática 89
        3.6.5. Guarda provisória e guarda definitiva 90
        3.6.6. Guarda exclusiva 91
        3.6.7. Guarda alternada 91
        3.6.8. Guarda compartilhada 93
    3.7. A guarda compartilhada no Brasil 95
    3.8. Vantagens e desvantagens do modelo 98
    3.9. Considerações finais 102
    3.10. Referências bibliográficas 104

4. Exceção de pré-executividade no débito alimentar 107
    4.1. Noções introdutórias 107
    4.2. Conceito e história 108
    4.3. Natureza jurídica e denominação 111
    4.4. Processamento do incidente 113
    4.5. Execução da verba alimentar através da expropriação de bens ... 117
    4.6. Processamento do feito e embargos à execução alimentar 119
    4.7. Exceção de pré-executividade na execução alimentar por expropriação de bens . 122
    4.8. Execução da verba alimentar através da ameaça de prisão civil .. 124
    4.9. Processamento do feito 129
    4.10. Defesa do executado 132
    4.11. Possibilidade de argüir exceção de pré-executividade na execução sob
        coação pessoal 135
    4.12. Considerações finais 137
    4.13. Referências bibliográficas 138

5. Separação judicial e culpa no novo Código Civil 141
    5.1. Introdução 141
    5.2. Separação Judicial 142

5.3. Separação consensual 144
5.4. Separação litigiosa 146
　5.4.1. Separação litigiosa como remédio 147
　5.4.2. Separação falência 149
　5.4.3. Separação litigiosa como sanção 150
5.5. A polêmica sobre a culpa na separação 153
5.6. Alimentos e culpa na separação 158
5.7. O uso do nome na separação com culpa 161
5.8. Considerações finais 163
5.9. Referências bibliográficas 165

6. Ordinarização do rito da ação de alimentos 167
6.1. Introdução 167
6.2. Da petição inicial 168
6.3. Da desnecessidade de prévia distribuição 169
6.4. Da competência em relação ao foro e ao juízo nas ações de alimentos 171
6.5. O menor como autor na ação de alimentos 173
6.6. Da comprovação do vínculo de parentesco ou da obrigação alimentar 173
6.7. Das provas a serem produzidas pelo alimentando 174
6.8. Do valor da causa 176
6.9. Do processamento da ação de alimentos 177
6.10. Despacho inicial e a citação do alimentante 177
6.11. Dos alimentos provisórios e provisionais 179
6.12. Da resposta do alimentante 182
6.13. Da prova 184
6.14. Da audiência de conciliação e julgamento 185
6.15. Da sentença 188
6.16. Da coisa julgada nas ações de alimentos 190
6.17. Dos recursos nas ações de alimentos 193
6.18. Considerações finais 193
6.19. Referências bibliográficas 195

7. Coisa julgada e a decisão em ação de investigação de paternidade 197
7.1. Introdução 197
7.2. Coisa julgada como princípio processual e constitucional 198
7.3. Ação de investigação de paternidade 202
7.4. Fundamento constitucional da dignidade da pessoa humana e seus reflexos no Direito pátrio 207
　7.4.1. Direito constitucional à comunicação e à intimidade: colisão de princípios 209
　7.4.2. Direito constitucional à moradia e à propriedade e a disposição legal infraconstitucional: colisão de interesses 210
　7.4.3. Direito constitucional da dignidade da pessoa humana e princípio constitucional da coisa julgada: fundamento constitucional 211
7.5. Considerações finais 218
7.6. Referências bibliográficas 220

Introdução

O ser humano percorreu um longo caminho em sua evolução. Desde a descoberta do fogo, passando pela apresentação das doze tábuas da lei, até a atual codificação, grandes sacrifícios foram exigidos para que a civilização pudesse caminhar em direção ao futuro. Durante o percurso, agregou alguns valores e se desvencilhou de outros, conforme a evolução dos costumes. No entanto, independentemente dos caminhos tortuosos percorridos em sua lenta evolução, a primeira instituição a qual o homem pertenceu e ainda hoje pertence é a família. Acompanhando as evoluções humanas e suas transmutações, a família também evoluiu, agregou novos conceitos e, principalmente, novas formas de "ser família".

Assim, essa importante instituição, sacralizada pela religião, protegida pelo Estado, berço que embalou as grandes evoluções humanas, a família continua possuindo aspectos polêmicos, cuja discussão invariavelmente torna-se acirrada por tratar-se de um campo onde direito e sentimentos se entrelaçam e, mesmo protegidos os primeiros, se não bem resolvidos os demais, as conclusões e/ou decisões podem possuir o sabor amargo da inaplicabilidade.

Conseqüentemente, todo e qualquer estudo que permeie as relações familiares com o direito avança perigosamente pela seara dos sentimentos humanos, cujo campo é tão rico e ao mesmo tempo tão incompreensível. Justamente nesse emaranhado objetiva-se verificar, analisar e discutir as principais inovações jurídicas no direito e no processo de família, especialmente diante da nova legislação em vigor, leia-se, em especial, o novo Código Civil brasileiro.

Não se pode perder de vista, ainda, que muitas das inovações esperadas com ansiedade pelos operadores do direito não foram contempladas no novo Código Civil, o que, por certo, possui os seus motivos, os quais não é o objetivo discutir aqui, mas que, por não serem recepcionadas, causaram frustração no mundo jurídico.

Desta feita, o trabalho que ora se apresenta tem, tão-somente, o objetivo de polemizar situações já postas e interpretá-las, ainda que não tenham sido recepcionadas pelo novo Código Civil, apontando possibilidades de prescrição para resolução das demandas. De outra banda, não se trata de uma obra que possa analisar todos os compartimentos do direito de família justamente por sua amplitude, o que se pretende é discutir o que já se faz polêmico ou assim se tornou diante da entrada em vigor da nova legislação civil.

Então, o trabalho se desenvolve permeando doutrina e jurisprudência e abordando cada um dos temas propostos em separado, sendo um montante de oito textos que estudam, respectivamente, a coisa julgada na investigação de paternidade, a ordinarização do rito da Lei de Alimentos, a possibilidade de ação monitória e de argüir exceção de pré-executividade, a citação editalícia, a guarda compartilhada e as relações entre a culpa e a separação judicial frente ao novo Código Civil.

A rápida ilustração do que discute cada um dos capítulos que se apresenta não se fará aqui uma vez que todos possuem, em seu corpo, introdução e lá se poderá vislumbrar a abordagem que fazem, os aspectos que discutem e o método através do qual foram concebidos.

Importa salientar que em todos os textos a abordagem vem costurando o direito e o processo, na busca de conclusões harmônicas, não esquecendo, porém, da eminente constitucionalização do direito de família, discutindo-se, sempre que possível, os direitos e as garantias individuais do cidadão.

Enfim, cabe recordar que, escrito a quatro mãos (duas apaixonadas pelo direito de família e outras duas que primam pelo processo civil), o presente trabalho demonstra que direito e processo vivem, convivem e se complementam, num casamento nem sempre perfeito, atravessam caminhos tortuosos, equilibrando-se na corda bamba que é a existência humana, dela são escravos, a ela servem e em função dela frutificam, tão-somente para viabilizá-la e torná-la real.

1. A citação editalícia e seus reflexos nas ações de direito de família

1.1. Introdução

Cidadania se faz com o exercício do direito à moradia e à alimentação dignas e liberdade. A liberdade, aquela que se pretende ver derivada da democracia plena, depende da compreensão de cada cidadão de que os seus direitos estão vinculados de forma direta e indeclinável aos direitos e à liberdade dos demais.

Esta complexa relação humana, que exige respeito comum aos direitos de todos, acarreta na necessidade de que o Estado chame para si a tarefa de dirimir conflitos, solucionar litígios e buscar a paz social, sempre com base no ordenamento preexistente.[1] De forma direta e objetiva ao Estado brasileiro, por força de decisão do povo externada por meio do Legislador Constituinte de 1988, cabe garantir ao cidadão o direito de dirimir os litígios aos quais se vê envolvido da forma mais ampla e completa, esgotando os meios de defesa de seus interesses.

Olvidar não se deve que o mais básico e fundamental caminho a ser percorrido pelo cidadão, e que deveria ser garantido pelo Estado,[2] quando se pensar em discutir o princípio da ampla defesa é possibilitar o acesso à justiça. Chegar às barras dos Tribunais para expor suas angústias ou prover os seus direitos é direito tão fundamental quanto possibilitar ao mesmo homem que tenha onde morar e o que levar à mesa de seus filhos.

---

[1] LEAL, Rogério Gesta. *Teoria do estado: cidadania e poder político na modernidade*. Porto Alegre: Livraria do Advogado, 1997, p. 95/96.

[2] Há que se entender que o Legislador Constituinte garantiu o acesso à justiça, ao menos formalmente, quando estatuiu que deve ser possibilitada a assistência judiciária gratuita (art. 5º, LXXIV) e fez criar as Defensorias Públicas (art. 134, CF). Esta, grande conquista da população desprovida de condições financeiras de custeio da ação judicial (e de advogado), tem o auxílio dos serviços de assistência judiciária gratuita dos Cursos de Direito.

O direito ao acesso à justiça vem sendo estudado por doutrinadores pátrios em obras específicas que formam contribuição valiosa à construção de definições, tais como Horacio Wanderlei Rodrigues,[3] José Renato Nalini[4] (que estuda o magistrado como garantidor do acesso à justiça), Cinthia Robert e Alida Seguin[5] (que tratam do tema direcionado aos Direitos Humanos) e Hugo Nigro Mazzilli[6] (Procurador de Justiça no Estado de São Paulo, analisando a temática com olhos do Ministério Público), além da professora Fabiana Marion Spengler[7] (que retratou sua experiência como Supervisora de Prática Jurídica junto ao Gabinete de Assistência Judiciária Gratuita do Curso de Direito da Universidade de Santa Cruz do Sul – UNISC, em sede de Dissertação de Mestrado).

Ainda importa referir as obras de José Eduardo Faria[8] (como autor e organizador) e Augusto Tavares Rosa Marcacini[9] (discute as diferenciações entre Assistência Judiciária, Assistência Jurídica e Justiça Gratuita). Os autores que trabalham o tema, em regra, subsidiam-se nas conhecidas e já tradicionais lições de Mauro Cappelletti e Bryant Garth.[10]

O legislador constituinte reafirmou a garantia constitucional à amplitude de defesa,[11] desta feita (Carta de 1988) assegurando-a mesmo nos feitos administrativos. Mas não há como falar em ampla defesa sem que se permita ao cidadão a busca da tutela jurisdicional, quando autor, e, por outro lado, que tenha ele ciência da existência de demanda contra si ajuizada, quando réu.

Discussões a respeito das onerosas despesas com as quais as partes deparam-se a título de custas judiciais e/ou honorários advocatícios; do ainda modesto aparelhamento material e humano das Defensorias Públicas Estaduais, nos Estados nos quais já seja ela existente; da igualdade ou não do tratamento às partes, quando representadas por profissionais de capa-

---

[3] RODRIGUES, Horácio Wanderlei. *Acesso à justiça no direito processual brasileiro*. São Paulo: Acadêmica, 1994.
[4] NALINI, José Renato. *O juiz e o acesso à justiça*. São Paulo: Revista dos Tribunais, 1994.
[5] ROBERT, C. e SÉGUIN, E. *Direitos Humanos, acesso à justiça. Um olhar da Defensoria Pública*. Rio de Janeiro: Forense, 2000.
[6] MAZZILLI, Hugo Nigro. *O acesso à Justiça e o Ministério Público*. São Paulo: Saraiva, 1998.
[7] SPENGLER, Fabiana Marion. *Assistência judiciária da UNISC como meio de acesso à Justiça na Comarca de Santa Cruz do Sul*. Santa Cruz do Sul, 1998. 147 p. Dissertação (Programa de Pós-Graduação em Desenvolvimento Regional – Mestrado – Universidade de Santa Cruz do Sul).
[8] FARIA, José Eduardo. *Direito e Justiça. A função social do judiciário*. São Paulo: Ática, 1989.
[9] MARCACINI, Augusto Tavares Rosa. *Assistência jurídica, assistência judiciária e justiça gratuita*. Rio de Janeiro: Forense, 1998.
[10] CAPPELLETTI, M., GARTH, B. *Acesso à justiça*. Porto Alegre: Sergio Antonio Fabris, 1988.
[11] Art. 5º, LV, da Carta Constitucional.

cidade técnica e zelo diferenciados, não obstante pontos de importância, passarão ao largo do presente trabalho.[12]

Proporcionado, bem ou mal, de forma absoluta ou parcial, o acesso ao Poder Judiciário, passa-se ao primeiro momento judicial caracterizador da litigiosidade e que deve merecer dos operadores do Direito atenção especial, sob pena de implicar a caracterização de inexistência de oferta de defesa. Não ofertada, esta inexiste, por conseguinte, amplamente. Pretendemos tratar, em um campo de experimentação exemplificativa neste trabalho, do ato jurídico formal, fundamental e precioso, denominado citação.

1.2. A citação válida como forma de angularização da relação processual

Antes de adentrar no aspecto processual, o qual a toda prova é objeto principal do presente estudo, há que se tecerem breves notas a respeito da origem da citação e sua conceituação atual.

1.2.1. Breve referência histórico-comparada

A busca de informações históricas no Direito comparado não pode deixar de iniciar pelo Direito Romano. O comparecimento do requerido à demanda deveria ser providenciada pela parte que assim desejasse. O uso da força somente ocorreria ante a sua negativa de se fazer presente, base na Lei das XII Tábuas.

A forma violenta de condução deu lugar ao *vadimonium promittere*, que consistia na aplicação da penalização com multa,[13] caso o demandado não comparecesse ao Tribunal.

O Imperador Constantino deu origem à função pública que hoje é atribuída aos oficiais de justiça. A *litis denuntiatio*, ou seja, ciência do requerido de que deveria comparecer aos atos processuais, passou a ser elaborada e entregue por um oficial.

---

12 Não se trata de entender pouco importantes estes temas. Pelo contrário, merecem estudo específico e que venha a comprometer o interesse político do administrador público, em alguns casos, para a solução.

13 Poderia o demandante optar pela aplicação da multa ou pela tomada do patrimônio do demandado. Tal punição somente ocorreria após a negativa de comparecimento em três oportunidades. Tem-se aqui a origem da pena de revelia pela não apresentação de defesa processual, hoje tratada pelos artigos 319 e seguintes do Código de Processo Civil brasileiro.

A formatação mais aproximada à atual foi introduzida pelo Imperador Justiniano. A formalização por escrito foi exigida, tanto do autor como do réu, sendo que este era comunicado, também por escrito, do dever de fazer-se presente no Tribunal.

Nos seus primórdios, o Direito Francês assemelhava o início da relação litigiosa ao Romano. A grande diferença era a possibilidade da efetivação da citação em qualquer pessoa da família, e não somente no réu. O não-comparecimento deste, após três citações feitas, acarretaria na tomada dos seus bens em favor do reclamante.

A evolução deu-se pela utilização de "enviados especiais" para a entrega da citação e, posteriormente, era esta determinada pelo juiz. A grande alteração deu-se no século XVI, quando a citação passou a ser escrita, devendo ser registrados circunstanciadamente os fatos ocorridos.[14]

O Direito português, como discorre Fanck,[15] teve origem no Romano.

> A citação por palha somente seria substituída na Ordenações Manuelinas, pela citação por licença perante testemunha. Previam as Ordenações, ainda, a citação por porteiro, por carta precatória quando fora de sua jurisdição, por tabelião e, finalmente, a citação por editos.
> A citação por editos dava-se quando a pessoa que deveria ser citada não era certa, ou encontrando-se em lugar incerto, quando se tratava de pessoa violenta, quando estivesse em local sabidamente por todos atacado por pestilência. Previamente a determinação de sua realização deveria o magistrado cercar-se de todas as garantias de impossibilidade de efetivação de outra forma de citação, devendo esta ser tida como último recurso do qual deveria lançar mão.

Do Direito português originou-se a hoje conhecida citação por hora certa, então denominada citação à porta de sua moradia. Também via-se citação por câmara, que retratava a autorização para que os nobres fossem citados.[16]

1.2.2. Citação no direito brasileiro

A origem portuguesa do Brasil por óbvio tem diretos reflexos também na processualização do Direito brasileiro, desde seu princípio. Como lembra Azeredo,[17] "o legislador brasileiro, sujeito, em grande parte, a

---

[14] KUMATSU, Roque; SANSEVERINO, Milton. *A citação no Direito Processual Civil*. São Paulo: Revista dos Tribunais, 1977.

[15] FANCK, Ana Lúcia. *A citação ...* Monografia de conclusão do Curso de Direito da Universidade de Santa Cruz do Sul – UNISC, novembro de 2002.

[16] Esta nos traz à lembrança a necessidade de autorização legislativa para o processamento de Deputados e Senadores nos dias de hoje.

[17] AZEREDO, Luiz Carlos. *O direito de ser citado*. São Paulo: Resenha Universitária, 1980, p. 331.

influência dum condicionamento histórico, acabaria sendo mais fiel à tradição jurídica lusitana do que o próprio legislador português".

Somente por meio do Decreto 763, de 19 de setembro de 1890, as regras do Regulamento 737[18] passaram a ser aplicadas aos litígios de natureza civil. Como enfatiza Correia:[19]

> Referido regulamento alçou a citação à condição de pilar essencial de todo o processo sumário ou ordinário, relacionando-a diretamente à defesa do réu. Sua falta produziria nulidade (art. 672 e 673). A citação feita pela própria parte nos termos das Ordenações Filipinas (l. III, t.1, princ.) não tinha lugar no regulamento 737, tanto porque caíra em desuso como porque estavam extintas as autoridades que, para que ela pudesse ser feita, davam licença.

O mesmo regulamento previa cinco tipos de citação: a) por simples despacho do juiz; b) por mandado; c) por precatória; d) por edital e e) a citação por hora certa.

A Consolidação Ribas, como ficou conhecida a Consolidação das Leis do Processo Civil, como lembra Correia,[20] pouco alterou o estabelecido pelo Regulamento 737. Trazia, entretanto, a caracterização de litigiosa a coisa, a interrupção da prescrição, firmava litispendência e, sobretudo, aplicava os efeitos da revelia, caso não comparecesse o réu.

Como fato histórico, vale ressaltar a autonomia de cada Estado para administração processual civil em seu território, até 1939. Por exemplo, o Código de Processo Civil da Bahia tinha suas origens nos processos alemão e húngaro. Já o Código de Processo Civil paulista oportunizava oito tipos de citação.

Em 1939, o antigo Código de Processual Civil passou a ter vigência única no território nacional. Moderno, para a época, ainda assim manteve-se vinculado às origens lusitanas.

A grande alteração veio com a Lei 5.869, de 11 de janeiro de 1973, a qual instituiu o Código de Processo Civil de 1973, ao inovar com a citação por correio, além de substituir a citação por mandado, pelo termo "oficial de justiça". E, como em todas as normatizações anteriores, manteve-se presente a possibilidade da citação editalícia.

O legislador pátrio, ao constatar a necessidade de atualização processual civil, optou por não criar um novo código, mas alterá-lo gradativamente. Microrreformas processuais foram introduzidas no curso dos 30

---

[18] O Regulamento 737 deu importância à citação, mas tão-somente era aplicado às causas de natureza comercial, posto que surgiu juntamente com o Código Comercial, em 1850.
[19] CORREIA, André de Luizi. *A citação do Direito Processual Civil Brasileiro*. São Paulo: RT, 2001, p. 23.
[20] Ibidem, p. 24.

anos que se passaram. Muitas alterações foram produzidas, algumas trazendo reflexos direitos ao ato citatório, como por exemplo, a Lei 7.359/85, a qual alterou os requisitos da citação editalícia; a Lei 8.952/94, que retroagiu os efeitos da prescrição ao ajuizamento da ação, dentre outras medidas; a Lei 8.710/93, que atribuiu nova regra seqüencial de prioridade às formas de citação, firmou normas sobre a citação pelo correio e especificou quem pode recebê-la, quando for o caso.

Novas legislações flexibilizaram a relação processual pátria. A Lei 9.099/95, mais conhecida como Lei dos Juizados Especiais Cíveis, tornou menos exigente a comprovação da citação, quanto à pessoa que a receber.

Assim, tem-se hoje, a citação tratada pelos artigos 213 a 233 do Código de Processo Civil.

1.2.3. Conceituação de citação

A própria Lei Processual Civil define a citação em seu art. 213.[21]

Para Pontes de Miranda,[22] "a citação angulariza a relação jurídica processual", prosseguindo a ensinar que "é o alicerce do processo e o protótipo do ato processual. Dela é que se parte para o complexo de atos que vai terminar na definitiva entrega da prestação jurisdicional".[23]

Quanto à forma, o mestre ensina que

> é ato escrito, no qual se informa o citado, implicitamente, de que se vai estabelecer, desde aquele momento, a demanda judicial, e, explicitamente, se lhe dá conhecimento da petição inicial e do tempo em que a demanda será tratada. O ato escrito é-lhe essencial.[24]

O Ministro do Superior Tribunal de Justiça Sálvio de Figueiredo Teixeira[25] define a citação como "direito fundamental do ser humano, essencial ao devido processo legal". Já o Procurador de Justiça do Estado de São Paulo Nelson Nery Junior é mais prolixo, aduzindo que:

> Citação é a comunicação que se faz ao sujeito passivo da relação processual (réu ou interessado), de que em face dele foi ajuizada demanda ou procedimento de jurisdição voluntária, a fim de que possa, querendo, vir se defender ou se manifestar.[26]

---

[21] Art. 213. Citação é o ato pelo qual se chama a juízo o réu ou o interessado, a fim de se defender.
[22] MIRANDA, Pontes. *Comentários ao Código de Processo Civil*. Rio de Janeiro: Forense, 1996, Tomo III, p. 199.
[23] Ibidem, p. 200.
[24] Ibidem, p. 266.
[25] TEIXEIRA, Sálvio de Figueiredo. *Código de Processo Civil anotado*. São Paulo: Saraiva, 1992. p. 125.
[26] NERY JUNIOR, N., NERY, R. M. A. *Código de Processo Civil comentado e legislação processual civil extravagante em vigor*. São Paulo: Revista dos Tribunais. 1997. p. 498.

Nota-se da leitura colacionada que todas as definições trazem a figura da informação, da notícia ao réu ou interessado da existência de uma demanda, à qual poderá responder, se quiser. Ora, trata-se de ato formal indispensável e cujo vício torna nulo todo o processado até sua constatação. A sua indispensabilidade está diretamente vinculada aos princípios do devido processo legal, da ampla defesa e do contraditório.[27] Sem ato citatório válido e eficaz, não se configura presente a ciência da parte requerida da existência da demanda. Não ciente da existência da demanda, inexiste informação, consciência da necessidade de defesa, fraudando o preceito constitucional.

Ademais, a citação deve ser pessoal, ou seja, na pessoa do réu, seu representante legal[28] ou procurador com poderes para recebê-la (art. 215, CPC). "A regra sobre citação no Processo Civil brasileiro é de que deva ser feita pessoalmente ao réu" comenta Nery Junior,[29] afirmando que a citação *ficta*[30] somente será permitida não sendo possível "fazer chegar a ele a notícia de que pode comparecer ao processo para se defender", ou seja, deve o Estado proporcionar à parte-ré ser informada, pessoalmente, da existência da ação, até porque, como já estudado, é de interesse deste Estado que seja garantido o direito à defesa. Daí a constatação de Pontes de Miranda:[31]

> A citação deve ser pessoal, não porque se tenha de dar o contato imediato entre as partes mediante essa pessoalidade da comunicação do citado – princípio francês da imediatidade da citação, que é falso – e sim porque o Estado tem interesse em que se faça pessoalmente.

Ora, não haveria mesmo de se compreender que, com as exigências formais que a lei pátria traz para a efetivação do ato citatório, se o fizesse por meio de terceiros descompromissados com os interesses *sub judice*. Ainda, a cautela do legislador foi tamanha, ao determinar que não se faça a citação quando constatado o estado de demência do réu e/ou a incapacidade de receber e perceber o ato (art. 218, CPC). Há toda prova ineficaz o ato citatório realizado, quando o réu não estiver em condições (leia-se estado de lucidez mental) de perceber a importância e fundamentalidade do ato e, desta forma, a existência da demanda contra si aforada.

---

[27] VIDIGAL, Maurício da Costa Carvalho. *Citações e intimações. Anotações aos arts. 213 a 242 do CPC*. São Paulo: Juarez de Oliveira, 1999, p. 6.
[28] Na forma dos artigos 8º e 12 do CPC, os quais definem a representação em juízo.
[29] NERY JUNIOR, Nelson. "Citação com Hora Certa e a Contestação do Curador Especial". *Revista AJURIS*, vol. 47, p. 76-89, nov. 1989.
[30] Assim consideradas a citação por hora certa (arts. 227/229, CPC) e a editalícia (arts. 231/233, CPC), na lição do autor, as quais serão objeto de estudo próprio, a seguir.
[31] MIRANDA, 1996, p. 214.

Ao tratar da falta de citação válida, o tratamento não é menos definitivo. Deve o Tribunal conhecê-la de ofício, quando não alegada em sede de recurso voluntário, para decretar a nulidade do processo, como já decidiu de forma unânime a 1ª Turma do egrégio Superior Tribunal de Justiça, em acórdão da lavra do Ministro gaúcho Ari Pargendler.[32] Na mesma esteira, por óbvio, deve o Juiz de primeiro grau conhecê-la desde na função de fiscalizador das condições da ação.

Aliás, a imperiosidade já nasce com a necessidade do seu requerimento na petição inicial (art. 282, VII, Código de Processo Civil brasileiro), sob pena de decretação da inépcia (art. 284, parágrafo único, Código de Processo Civil brasileiro). Em uma perspectiva mais formal,[33] não sendo requerida pelo autor (mesmo após determinada a emenda, na forma do artigo 284, *caput*, do CPC), não pode o juiz, *ex officio,* determinar fazê-lo, restando-lhe tão-somente decretar a extinção do processo sem julgamento do mérito.[34]

De outra banda, como bem conclui Antonio Dall'Agnol,[35] "a citação objetiva não apenas o chamamento de alguém a juízo para defesa de seus interesses, como, também, cientificá-lo da pretensão deduzida, do pedido".

1.3. A citação válida como forma de angularizar o processo

A redação do artigo 214 do Código de Processo Civil informa da indispensabilidade da citação inicial do réu para a validade do processo. Vale aqui, inicialmente, buscar a inconformidade com o texto legal, de Pontes de Miranda:[36]

---

[32] AC nº 93.04.19411-3/SC, julgado em 24 de junho de 1993.

[33] A formalidade, compreendendo a função social do processo, na maioria das vezes dá lugar a adequações que se fazem por determinação judicial. Entretanto, cada passo processual frustrado acarreta em, no mínimo, perda de tempo e atravancamento dos meios judiciários.

[34] NERY JUNIOR, NERY, 1997, p. 567. Por outro lado, buscando o aproveitamento dos atos judiciais praticados, em respeito ao Princípio da Economia Processual, entendeu não haver nulidade pela inexistência de requerimento de citação, quando o réu fez-se presente apresentando defesa, em sede de Recurso Especial nº 32.171-6-RJ, que teve como Relator o Ministro Eduardo Ribeiro, 3ª Turma do Superior Tribunal de Justiça, julgado em oito de fevereiro de 1994. Entretanto, as informações corretas e necessárias a perfeccionalização da citação incumbe ao autor, o qual responderá pela frustração do ato devido à incorreção de seus dados (Recurso Especial nº33.528-4-AM, que teve como Relator o Ministro Waldemar Zveiter, também da 3ª Turma do STJ, julgado em dois de agosto de 1993).

[35] DALL'AGNOL, Antônio. *Comentários ao Código de Processo Civil.* São Paulo: Revista dos Tribunais, 2000, vol. 2. p. 435.

[36] MIRANDA, 1996, p. 201.

No art. 214 fala-se de ser necessária a citação "para a validade do processo". O dizer é fora da ciência. A citação é necessária para a *angularização* da relação jurídica processual. Há ações que não exigem a angularidade e o processo se vai compondo sem ter havido citação. A terminologia exata muito importa ao Direito como a todos os ramos do conhecimento.

Adiante, o mestre relaciona algumas ações que dispensam, ou, melhor dizendo, nas quais inexiste o ato citatório, tais como aquelas que buscam a dissolução da sociedade conjugal, sejam separações ou divórcio, ambas de forma consensual. Trata-se de crítica por demais oportuna e correta, à qual este pesquisador se filia.

Já Antonio Dall'Agnol, Tereza Arruda Alvin Wambier e Arruda Alvin não fazem esta crítica.[37]

Porém, para que se angularize a relação processual, a citação deve ser válida, ou seja, o ato seja cumprido na forma determinada pela lei processual. Os vários tipos, leia-se possibilidades de proceder na citação, possuem características próprias as quais devem, imperiosamente, ser atendidas. O não-cumprimento acarretará no reconhecimento de nulidade da citação (aquela que ocorreu, foi feita, mas é ineficaz), acarretando na repetição do ato e seguintes já realizados.

Porém haverá sempre que interpretar a necessidade de nulidade com a existência de prejuízo ao réu, na forma do artigo 249, § 2°, CPC.[38] Inexistente prejuízo, ou seja, se o réu, a despeito da citação viciada, optou por apresentar sua defesa a contento, nenhum motivo existe para a decretação da nulidade. A repetição desnecessária do ato citatório acarretaria em evidente prejuízo ao andamento célere do feito e, por conseguinte, do direito.

1.4. Saneamento da falta de citação válida

A falta de citação válida, por sua vez, somente será sanada pelo comparecimento espontâneo do réu, apresentando ou não defesa (art. 214, § 1°, CPC). Aqui, várias hipóteses podem ser destacadas como passíveis de ocorrer no dia-a-dia dos foros, como, por exemplo, o réu que outorga procuração a advogado, sem poderes para receber citação,[39] e este, a junta

---

[37] DALL'AGNOL, 2000, p. 475.

[38] Art. 249. O juiz, ao pronunciar a nulidade, declarará que atos são atingidos, ordenando as providências necessárias, a fim de que sejam repetidos, ou retificados.
§ 2° Quando puder decidir do mérito a favor da parte a quem aproveite a declaração da nulidade, o juiz não a pronunciará nem mandará repetir o ato, ou suprir-lhe a falta.

[39] Art. 38 do Código de Processo Civil apresenta, entre outros poderes especiais, ou seja, aqueles que devem estar expressos no instrumento de mandato, o de "receber citação inicial".

no processo, retirando-o em carga;[40] o advogado com poderes de receber citação junta seu instrumento de mandato,[41] sem manifestar-se ou confirmar a citação; ou ainda, o réu que, mesmo sem ter sido citado, comparece à audiência, com ou sem advogado, sendo ali citado.[42] Enfim, a regra processual é clara e não tem merecido grandes discussões a respeito.

O fato é que o comparecimento espontâneo, o que vem sanar qualquer vício de citação, em se fazendo presente tão-somente para argüir a nulidade, reabre o prazo de resposta.[43] Em fazendo-se, entretanto, presente já com a resposta, tem-se como totalmente sanada a nulidade, posto que, ao menos em tese, nenhum prejuízo à defesa causou.[44]

1.5. Hipóteses de citação

As diversas formas de citação, tratadas pelo artigo 221 do Código de Processo Civil, devem ser analisadas de forma individual, para que se possa encaminhar para o ponto fundamental a ser discutido no presente trabalho.

---

[40] Vale aqui fazer referência à decisão da 6ª Câmara de Direito Privado do Tribunal de Justiça do Estado de São Paulo, nos autos do Agravo de Instrumento n°102.629.4/9: "Advogado sem poderes para receber a citação inicial. Nulidade da sentença. 'Nulo é o ato citatório realizado na pessoa do advogado sem poderes especiais para receber a citação inicial'... Conforme vem estatuído no art. 214, § 1°, do CPC, prossegue o acórdão, o comparecimento espontâneo do réu em juízo supre a falta de citação. 'Por comparecimento espontâneo entende-se o ingresso nos autos de procuração outorgada, com firma reconhecida pelo réu a advogado' (ANTÔNIO CLÁUDIO DA COSTA MACHADO, *CPC Interpretado*, 2ª edição, p.179). No mesmo sentido RT 529/226 e RT 613/259.", tudo In: REVISTA JURÍDICA. n° 262, ago. 1999. São Paulo: Notadez Informação. p. 81-82. Ainda lê-se em NEGRÃO, Theotonio. *Código de Processo civil e legislação complementar em vigor*. São Paulo: Saraiva, 2002. p. 277. "A juntada de procuração sem poderes para receber citação não importa em comparecimento espontâneo do réu: 'Não se assimila ao comparecimento espontâneo, a que alude o artigo 214, § 1°, do CPC, a petição que o advogado, sem poderes para receber citação, requer, simplesmente, a juntada de procuração aos autos'." (STJ – 3ª Turma, REsp 193.106-DF, rel Min, Ari Pargendler, j. 15.10.01, deram provimento, v.u., DJU 19.11.01, p. 261).

[41] A juntada aos autos de procuração com poderes para receber citação equivale ao comparecimento espontâneo do réu. Assim: "A juntada de procuração, pela ré, onde consta poder expresso a seu advogado para receber citação, implica no comparecimento espontâneo, como previsto no art. 214, § 1°, da lei adjetiva civil, computando-se a partir de então o prazo para oferecimento da contestação" (STJ – 4ª Turma, Resp. 173.299-SP, Rel. Min. Aldir Passarinho Jr., j. 26.6.00, deram provimento, v.u., DJU 25.9.00, p. 104), in NEGRÃO, op. cit., p. 277.

[42] Deve ser aqui excetuado o comparecimento do Curador nomeado pelo juízo, o qual não detém poderes para receber citação.

[43] É nesse sentido a redação dos §§ 1° e 2° do artigo 214 do Código de Processo Civil.

[44] Como ensinam MIRANDA, 1996, p. 211-212, e NERY JUNIOR, N., NERY, R. M. A., 1997. p. 499, o legislador processual prestigiou o sistema que se orienta pelo aproveitamento de todos os atos processuais produzidos, regularizando, sempre que possível, nulidades sanáveis. Ou seja, sem prejuízo à parte não há vício a ser reconhecido.

1.5.1 Citação pelo correio

A primeira forma apresentada pela Lei é a citação pelo correio (art. 221, I, CPC), sendo que o legislador optou pela descrição excludente, para enquadrar os casos a ela aplicáveis (art. 222, CPC). Ainda, no artigo seguinte, apresenta os requisitos para a sua perfeccionalização. O principal deles é que a correspondência seja postada para entrega, pelo carteiro, ao citando, em mãos.[45]

A citação pelo correio mereceu maior impulso a partir do advento da Lei 8.710, de 24 de setembro de 1993, a qual deu nova e atual redação ao antigo[46] artigo 222. Agora, pela simples leitura do artigo, tem-se que grande parte das ações poderão ter seu impulso (angularização) por meio da citação postal, a qual passou a ser conhecida como a forma de citação regra no Direito Processual Civil brasileiro:

> Art. 222. A citação será feita pelo correio, para qualquer comarca do País, exceto:
> a) nas ações de estado;[47]
> b) quando for ré pessoa incapaz;[48]
> c) quando for ré pessoa de direito público;[49]
> d) nos processos de execução;
> e) quando o réu residir em local não atendido pela entrega domiciliar de correspondência;
> f) quando o autor a requerer de outra forma.

Dentre todas as hipótese excludentes, temos que nenhuma justificativa de ordem prática existe para não permitir a citação por meio de carta postal nos processos de execução.[50] Ora, mesmo quando hoje expedem-se mandados de citação, intimação, penhora e avaliação de bens, todos os atos determinados no mesmo instrumento, são eles realizados em momentos distintos e independentes entre si. Assim, bastaria que se expedisse carta de citação e, passado o prazo para o pagamento ou indicação de bens penhoráveis,[51] fosse então expedido mandado para os demais atos, todos

---

[45] Tecnicamente denominado Aviso de Recebimento em Mãos Próprias – ARMP, o que indica ao carteiro que somente poderá efetuar a entrega à pessoa indicada como destinatário.

[46] Art. 222. A citação pelo correio só é admissível quando o réu for comerciante ou industrial, domiciliado no Brasil (redação revogada).

[47] São chamadas ações de estado aquelas que dizem respeito ao estado e capacidade das pessoas, tais como separação judicial, divórcio, interdição, tutela, etc.

[48] Aqueles indicados nos artigos 5º e 6º do Código Civil brasileiro.

[49] União, Estados, Municípios, autarquias e partidos políticos. Não se enquadram as empresas públicas e sociedades de economia mista e os sindicatos (VIDIGAL, 1999. p. 34).

[50] Até porque esta forma citatória já vem sendo aplicada nas Execuções Fiscais, por força da Lei 6.830/80 (art. 8º, I).

[51] Art. 652. O devedor será citado para, no prazo de 24 (vinte e quatro) horas, pagar ou nomear bens à penhora (Código de Processo Civil).

intimatórios. Há de se referir, porém, que autores de escol como Antonio Dall'Agnol, Candido Rangel Dinamarco e Athos Gusmão Carneiro têm por justificada a providência da exclusão em tela, ante a necessidade de prática de mais de um ato ao mesmo tempo.[52]

A maior preocupação que devem ter os autores, quando o procedimento citatório for o denominado de citação por correio, é a efetivação (ou, talvez melhor seria dizer não-efetivação) do ato por meio de pessoa estranha à relação processual. O texto processual de forma objetiva afirma o dever de entregar a carta ao citando (art. 223, parágrafo único, primeira parte), o que, por vezes, não ocorre. Nesses casos, tem a jurisprudência pátria definido:

> CITAÇÃO VIA POSTAL EM AÇÃO DE DESPEJO, CUMULADA COM COBRANÇA DE ALUGUERES – RECEBIMENTO POR TERCEIRA PESSOA, QUE NÃO OS FIADORES, QUE NÃO TOMARAM PARTE DO PROCESSO DE CONHECIMENTO – Citação nula que se decreta, e, de conseqüência, se declara extinto o processo de execução, com arbitramento de honorários advocatícios, a serem pagos por quem promoveu a execução contra os fiadores. Entendimentos jurisprudenciais. Recurso conhecido e provido.[53]

No mesmo sentido:

> CITAÇÃO PELO CORREIO – CONDÔMINO – Carta recebida pelo zelador do prédio que não estava autorizado a representá-lo. Nulidade da citação. Recurso especial conhecido e provido.[54]

Ainda, reconhecendo a nulidade da citação, o Superior Tribunal de Justiça (RSTJ 88/187 e 95/391), além de precedentes junto ao Tribunal de Justiça do Estado do Rio Grande do Sul (RJTJRS 172/28).

Quanto à citação de pessoa jurídica, outra angústia permanente dos operadores do Direito, o Desembargador Antônio Dall'Agnol,[55] do Tribunal de Justiça deste Estado, traz reflexão contrária ao texto legal, a qual merece atenção:

> Perdeu-se, aqui, sem dúvida oportunidade de definitivamente dispor sobre a validade e eficácia de citação quando *comprovadamente* entregue a carta no endereço do estabelecimento principal (ou mesmo em outro, desde que nele realizado o negócio

---

[52] Comentário encontrado em DALL'AGNOL (2000, p. 523), sendo que deste se extrai "Melhor que a efetive (a citação em processo de execução) o oficial de justiça, que, atento, de logo saberá sobre a situação patrimonial do executado".

[53] TAPR – AI 129.659-7 – 2ª C. Civ. Rel. Juiz Moraes Leite – Unânime – DJPR 06.08.1999, *in* Revista Jurídica, 266/124.

[54] STJ – Resp. 208.791 – 3ª T. Rel. Min. Eduardo Ribeiro – DJU 23.08.1999, in Revista Jurídica 263/117.

[55] DALL'AGNOL, 2000, p. 531.

jurídico), de nada valendo as tentativas que doutrina e jurisprudência vinham trabalhando para superar as notórias dificuldades que a diligência traz. Se ao oficial de justiça, servidor experiente, fácil não é, nas grandes sociedades comerciais, realizar a citação nas pessoas de seus diretores, o que se dirá do simples carteiro?

Precedentes jurisprudenciais nesse sentido já se fazem sentir, reconhecendo como válida a citação realizada por meio de empregado da empresa-ré, mesmo que sem poderes expressos para recebê-la, em homenagem à Teoria da Aparência:

> CITAÇÃO – TEORIA DA APARÊNCIA – GERENTE DE AGÊNCIA BANCÁRIA. Pelas peculiaridades da espécie, tem-se por válida a citação feita em gerente de instituição financeira, se a *actio* decorre de atos por ele praticados com aparência de poderes de direção e comando. Recurso conhecido e provido. Decisão unânime.[56]

Do acórdão vale compilar manifestação do Desembargador-relator:

> Por oportuno, trago a lume relanços do julgado do colendo Superior Tribunal de Justiça, da lavra do conspícuo Ministro Cesar Asfor Rocha que com brilhantismo proclamou que "*à expressão réu ausente, não se contém nos estritos limites do conceito expresso no Código Civil (art. 463)*... Apenas quis o legislador, e em boa hora, facilitar o acesso à jurisdição, diminuindo as dificuldades para a ela chegar, tendo em conta a vastidão do território nacional, os elevados custos processuais e as conhecidas dificuldades para praticar atos judiciais fora da sede em que se desenvolva a causa. (...) Assim, o que o legislador processual quis, em verdade, e fê-lo, foi conferir ficticiamente a esses, mandatário, administrador, feitor ou gerente, nas hipóteses acima cogitadas, poderes para receberem citação pelas pessoas que eles representarem, quando a ação se originar de atos por eles praticados" (REsp nº 96.229/AM, *in* RSTJ vol. 102, p. 366).[57]

Desta forma tem-se interpretação mais elástica da regra expressa na parte final do parágrafo único do artigo 223 do Código de Processo Civil, o que, por certo, beneficia o autor no sentido de facilitar o acesso à jurisdição (aqui entendida como a implementação do ato citatório), fazendo com que as empresas passem a acautelar-se nos atos de seus prepostos.

Assim, a citação por correio acarreta em uma série de cautelas a serem tomadas não apenas pelos serventuários da Justiça, aos quais cabe o encaminhamento das correspondências. Também aos advogados, que desejam ver seus processos terem andamento normal e célere.

---

[56] TJGO – AI 18.582-2/180 – 2ª C. Civ. Rel. Des. Fenelon Teodoro Reis – Unânime – DJGo 21.12.1999, In: REVISTA JURÍDICA. nº268, fev. 2000. São Paulo: Notadez Informação. p. 96-99.
[57] Idem, p. 98.

1.5.2. Citação por oficial de justiça

As demais hipóteses não enquadráveis nas citações por intermédio dos correios,[58] sendo conhecido o endereço do réu, serão através do oficial de justiça (arts. 224 até 230, CPC). Trata-se da chamada citação por mandado, cabendo ao oficial de justiça, como auxiliar do juiz e detentor de fé pública, efetuar a citação do réu, cumprindo com as formalidades do artigos 225 e 226 do Código de Processo Civil.

Nesta modalidade de citação, especial atenção merece é a citação por hora certa (arts. 227 até 229, CPC), medida excepcional aplicável, em regra, quando constatada a tentativa de fuga, pelo réu, do ato citatório. Trata-se de exceção à regra de que a citação deva ser pessoal, uma vez que, em não mais encontrando o réu, considerar-se-á perfeccionalizada a citação na pessoa certificada pelo oficial de justiça.

Antes de ser deferida a citação por hora certa, deverá o Oficial de Justiça ter procurado o réu em seu domicílio em três oportunidades, em horários distintos, e, ante a ausência injustificada, suspeitar (com alguma certeza que possa levar o juiz a também assim crer) da tentativa de ocultação ao ato. A procura deverá ocorrer na residência do réu, havendo posicionamento jurisprudencial no sentido de que não válida a citação com hora certa no local de trabalho.[59]

Discussão doutrinária e jurisprudencial vem sendo travada para definir a validade do ato citatório por hora certa, quando a entrega da contrafé procedeu-se à pessoa diversa daquela[60] com quem tenha procedido no levantamento da hora que lá retornaria. Pontes de Miranda[61] tem por válida a citação realizada com qualquer outra pessoa que estiver na casa, como majoritariamente se vê na doutrina. Nery Junior,[62] entretanto, coleta ementa em contrário:

> Levantamento da hora certa. Mesma pessoa. É ineficaz a citação por hora certa se a contrafé não é entregue à mesma pessoa que recebeu a intimação do oficial de justiça. A marcação e o levantamento da hora devem ser procedidos na mesma pessoa.

---

[58] Ou, por evidente, naqueles casos em que a correspondência tenha retornado sem entrega ao destinatário, seja pela negativa de recebimento, seja pelo não encontro do endereço ou da pessoa.

[59] NERY JUNIOR, N., NERY, R. M. A., 1997, p. 512. No mesmo sentido DALL'AGNOL, 2000, p. 550-551 e MIRANDA, 1996, p. 296.

[60] Por evidente que toda a preocupação restará afastada se o réu estiver presente. Assim, passará ele a ser citado normalmente, informando o oficial de justiça, por meio de certidão, os fatos ocorridos e o seu comparecimento.

[61] MIRANDA, op. cit. p. 302. No mesmo sentido DALL'AGNOL, op. cit., p. 560.

[62] NERY JUNIOR, N., NERY, R. M. A. *op. cit.*, p. 512.

Buscando novamente o desejo do legislador processual ao fixar a regra, penso que bem caminha a ementa ao exigir a presença da mesma pessoa, a qual deverá se fazer presente. Pouco proveito haveria se, marcada a data com uma pessoa, e o levantamento da marcação viesse a ocorrer por intermédio de outra, talvez sem qualquer informação ou compreensão do que estaria ocorrendo ou tivesse ocorrido de um dia para o outro (ou seja, tenha ou não o réu sido avisado do ocorrido).

Por outro lado, e obviamente, em não havendo qualquer tipo de coerção para que a mesma pessoa permaneça ou retorne ao local, e efetivamente pretendendo o réu ocultar-se, dificilmente o ato seria concluído. Aliás, ninguém sendo encontrado no local, no dia e horário designados para levantamento da marcação, estará prejudicado o ato, na interpretação majoritária da doutrina.[63]

Importante registrar, porém, que o debate doutrinário e jurisprudencial vem em busca da perfeccionalização do texto legal consubstanciado no artigo 227 do Código de Processo Civil. Ali o Legislador omitiu, de forma propositada ou não, a exigência da presença da mesma pessoa no local.

A exigência consubstanciada no artigo 229 do Código Processual Civil[64] traz polêmica quanto ao momento no qual começará a correr o prazo contestacional: da juntada aos autos do mandado de citação devidamente certificado, na forma do artigo 241, II, do mesmo diploma legal, ou, da juntada aos autos da comprovação da entrega da carta, telegrama ou radiograma dando ciência ao réu dos atos praticados, na forma cumulada dos artigos 229 e 241, I, do texto processual?[65] Trata-se de dúvida que vai dizimada mediante interpretação sob a ótica constitucional, garantindo ao réu (citado por hora certa) a amplitude de defesa e contraditório, acolhendo-se a segunda hipótese. Como ensina Ada Pellegrini Grinover:[66]

> Tenho como certo que, nas hipóteses de citação "com hora certa" – em que a lei continua a exigir, para aperfeiçoamento, validade e eficácia do ato, o envio de carta (Código de Processo Civil, artigo 229, inalterado) – o prazo para resposta somente poderá fluir a partir da efetiva juntada aos autos do instrumento que corporifica o recebimento dessa carta, isto é, da juntada do respectivo "AR" (aviso de recebimento).

---

[63] Aqui vale a leitura de DALL'AGNOL, op. cit., p. 560, que apresenta suas razões em confronto com interpretação mais flexível de Pontes de Miranda.

[64] Art. 229. Feita a citação com hora certa, o escrivão enviará ao réu carta, telegrama ou radiograma, dando-lhe de tudo ciência.

[65] Art. 241. Começa a correr o prazo:
I – quando a citação ou intimação for pelo correio, da data de juntada aos autos do aviso de recebimento;
II – quando a citação ou intimação for por oficial de justiça, da data da juntada aos autos do mandado cumprido.

[66] GRINOVER, Ada Pellegrini. Citação por hora certa. *Revista Jurídica Consulex*, nº1, de 31 de jan. 1997.

Por via de conseqüência, em não retornando o AR com a assinatura do réu, não estará efetivada a citação, restando ao autor tão-somente a via editalícia. Ao contrário, preenchidas as formalidades processuais, dar-se-á o réu por citado, sendo-lhe nomeado curador para proceder na sua defesa, na forma do artigo 9º, II, do Código de Processo Civil. Nenhuma dúvida deve restar que a atuação do curador nomeado estará restrita às informações constantes nos autos, o que dificulta, sobremaneira, o trabalho de defesa.

Ainda não possível proceder na citação do réu, seja porque desconhecido seu endereço (o que impede que seja citado por correio), seja porque busca ocultar-se (e de ninguém pode o oficial de justiça utilizar-se para proceder na citação por hora certa), resta a terceira forma de citação e a qual merecerá maiores atenções até a conclusão do presente trabalho: a editalícia.

A citação por edital será analisada com amplitude de ângulos de visão, dada a importância e contraste com o princípio da ampla defesa.

1.6. A citação editalícia e o seu objetivo

A citação por edital vem regrada pelos artigos 231 a 233 do Código de Processo Civil brasileiro, sendo que, para o presente trabalho, interessarão os casos expressos no inciso II do art. 231: "Art. 231. Far-se-á a citação por edital: II – quando ignorado, incerto ou inacessível o lugar em que se encontrar" (o réu).

Quando se estuda que o ato citatório é indispensável para a integralização da lide e sua inexistência ou nulidade torna sem efeito todos os atos até então praticados, conclui-se que a citação editalícia deve ser analisada com extrema cautela em busca de conclusão de atendimento ou não ao princípio constitucional da ampla defesa.

A primeira hipótese de citação editalícia é aquela quando não forem conhecidos ou forem incertos os réus (art. 231, I, Código de Processo Civil). Nas palavras de Antonio Dall'Agnol:[67]

> Casos existem em que não se conhece quem seja o outro sujeito da relação de direito material, ou se desconhecem quem, de muitos, seja ele. Em circunstâncias tais, resolve-se pela citação por éditos, na impossibilidade fática de identificação desse sujeito, frente à necessidade de submeter-se a relação jurídica ao exame do juiz.

---

[67] DALL'AGNOL, 2000, p. 574.

Situações, por óbvio totalmente excepcionais e que tornam, na grande maioria das vezes, o processo uma mera formalidade desacompanhada de produção de defesa e de prova. O processo torna-se mero instrumento formalizador da pretensão do autor, independentemente de maior ponderação probatória.

O inciso segundo do mesmo artigo 231 do Código de Processo Civil prevê a citação ante a inexistência de informações quanto ao paradeiro do réu, ou, mesmo que conhecido, for inacessível. A ignorância do paradeiro do réu poderá vir aos autos de duas formas: *a)* pela própria indicação do autor, afirmando não saber o local em que se encontra; *b)* pela tentativa de localização, por carta e por oficial de justiça, o qual certificará não tê-lo encontrado e não saber onde se encontra.

A primeira hipótese apresenta os riscos inevitáveis de o autor afirmar o desconhecimento do local no qual o réu se encontra, buscando vantagem indevida, e, então, ilícita. Já antevendo estes riscos, o legislador foi sábio ao estabelecer penalização à parte que fraudulentamente alegar o desconhecimento do paradeiro do seu algoz.[68]

A figura da multa, como agente penalizador pelo uso indevido de artifício processual lícito, deve, necessariamente, ser acompanhada da anulação daquele ato citatório (editalício), com a sua repetição, desta feita da forma e no local corretos. Ademais, reabertos os prazos para o réu dizer o que de direito, nova instrução probatória e sentença devem ser levadas a efeito, caso tais atos já tenham sido realizados.

A segunda hipótese também merece comentários atentos. Tendo o autor indicado o domicílio do réu, lá não é ele encontrado (ou mesmo o local não o seja). Não se quer tratar, inicialmente, da hipótese da citação por hora certa, já antes vista, mas da efetiva informação de desconhecimento do réu ou de sua mudança anterior, sem que conhecido por quem agora ali resida ou trabalhe, o novo local.

Surge, então, dupla interpretação da incumbência levada ao oficial de justiça pelo *caput* do artigo 226. O Desembargador do Tribunal de Justiça do Rio Grande do Sul Antonio Dall'Agnol[69] defende, juntamente com Moniz de Aragão e Helio Tornaghi, que:

> Ao oficial de justiça incumbe a procura do réu, importando isso em que ele esgote os meios necessários à localização do citando, não se adstrindo a apenas verificar se ele se encontra no endereço fornecido pelo autor.

---

[68] Art. 233. A parte que requerer a citação por edital, alegando dolosamente os requisitos do artigo 231, I e II, incorrerá em multa de cinco (5) vezes o salário mínimo vigente na sede do juízo. Parágrafo único. A multa reverterá em benefício do citando.
[69] DALL'AGNOL, 2000, p. 543.

Em contraponto, o Desembargador do Tribunal de Justiça de São Paulo Mauricio Vidigal[70] leciona que:

> A obrigação de o oficial de justiça procurar o réu é limitada pelas informações trazidas pelo autor ou colhidas em sua diligência, não existindo para o funcionário o dever de comportar-se como detetive a fim de localizar o citando, pois não tem tempo, meios e formação profissional para agir dessa forma.

Não há que se desconhecer que a pura e simples procura pelo réu no endereço informado na exordial, pelo autor, acarreta em mera substituição da atividade do carteiro. Nenhum acréscimo é feito na expectativa de implementar a citação. Por este motivo, filiamo-nos à corrente defendida pelo Des. Dall'Agnol. Vale ressaltar que, quando tanto se fala hodiernamente em busca de meios que possibilitem acelerar a prestação jurisdicional, grande passo dar-se-à ao atribuir ao próprio oficial de justiça a busca de informações junto aos órgãos de prestação de serviços como os de fornecimento de energia elétrica, água e saneamento, telecomunicações.

A simples devolução do mandado pelo oficial, certificando de que no endereço informado na inicial o réu não foi encontrado, passando os autos às mãos do magistrado que determinará à parte-autora que fale sobre a certidão, devendo esta, então, limitada às informações que dispuser e lhe forem facultadas junto aos mesmos órgãos, voltar a manifestar-se. Considerando, ainda, que a nova manifestação do autor deverá ser levada à apreciação do magistrado e que a sua decisão deverá ser publicada no órgão de imprensa próprio, para então ser o mandado desentranhado e novamente entregue ao oficial de justiça, ... têm-se muitos dias, quiçá meses perdidos em desproveito do autor.

Ademais, órgãos de consumo como as empresas de telefonia, em regra, não formalizam informação quanto à existência de contratação e o endereço de seus contratados sem determinação judicial. Outros, como as empresas de energia elétrica, prestam informações informalmente, sendo que, se necessária a formalização, também exigem requisição judicial. Os serviços de proteção ao crédito, por outro lado e por óbvio, dado ao necessário sigilo de suas informações, restringem-se ao atendimento às ordens judiciais. Daí a interpretação que teria o Oficial de Justiça, no cumprimento de suas atribuições de citar o réu, facilitada a possibilidade de obtenção de informações, face ao respeito institucional que representa.

Assim, duas hipóteses devem ser aventadas: *primeira*: não encontrando o réu no endereço indicado, mas sendo-lhe informado o novo ou mesmo local de serviço, não bastará ao oficial de justiça, tão-somente, informar

---

[70] VIDIGAL, 1999, p. 46.

por meio de certidão, devolvendo o mandado. Deverá prosseguir na diligência, cumprindo a ordem judicial de proceder na citação; s*egunda*: não encontrando o réu no endereço indicado e tampouco recebendo informação de outro endereço, deverá o Oficial de Justiça proceder em buscas juntos aos órgãos de consumo da comarca para, após, devolver o mandado sem cumprimento. Enfim, proceder na busca nos limites da sua comarca, mas sem, por óbvio, intentar práticas investigatórias típicas da polícia civil.

Vale agora referência à decisão tomada pelo egrégio Tribunal Superior Eleitoral[71] que proibiu os juízes eleitorais de primeiro grau, bem como os Tribunais Regionais Eleitorais, de fornecer o endereço dos eleitores cadastrados, sob argumento de que muitos estariam evitando o recadastramento como forma de não serem encontrados. Trata-se, a toda prova, de evidente solução pensada tão-somente em benefício do órgão público, esquecendo da importância da informação certa em prol da tutela jurisdicional; esquecendo do dever do Estado de prestar esta jurisdição da melhor forma ao cidadão; esquecendo, por fim, de que a localização do réu não interessa só ao autor, mas ao próprio réu que, por vezes, não sendo encontrado, tem cerceado seu direito de defesa real e efetiva.

1.7. A ficção jurídica da citação editalícia

Esgotadas as formas de localização do réu, e, por conseguinte, impossibilitada sua citação pessoal, resta a hipótese da citação editalícia. Dos requisitos formais que o legislador firmou no artigo 232 do Código de Processo Civil,[72] fixemo-nos, por ora, naquele que regra a publicação dos éditos nos meios de comunicação (inciso III).

---

[71] Por meio da Resolução nº 19.432, publicada no Diário da Justiça da União em data de 24 de abril de 1996, a qual vem sendo cumprida à risca pelos juízes de primeiro grau.
[72] Art. 232. São requisitos da citação por edital:
I – a afirmação do autor, ou a certidão do oficial, quanto às circunstâncias previstas nos ns. I e II do artigo antecedente;
II – a fixação do edital, na sede do juízo, certificada pelo escrivão;
III – a publicação do edital, no prazo de quinze dias, uma vez no órgão oficial e duas vezes em jornal local, onde houver;
IV – a determinação pelo juiz, do prazo, que variará entre vinte (20) e sessenta (60) dias, correndo da data da primeira publicação;
V – a advertência a que se refere o art. 285, segunda parte, se o litígio versar sobre direitos indisponíveis.
§ 1º Juntar-se-á aos autos um exemplar de cada publicação, bem como do anúncio, de que trata o n. II deste artigo.
§ 2º A publicação do edital será feita apenas no órgão oficial quando a parte for beneficiária da Assistência Judiciária.

A publicação do edital no órgão oficial, pouca, para não dizer nenhuma utilidade demonstra. Os órgãos oficiais, leia-se Diários Oficiais da União, Estados e Municípios (quando os publicam), não são lidos pelo cidadão, mas somente por aqueles profissionais que, em razão de sua função, deles dependem: os operadores do direito em regra são assinantes dos Diários Oficiais da Justiça;[73] os administradores de empresas, contadores, economistas, dos Diários Oficiais dos Estados ou União; os funcionários públicos, quando lhes interessa manter-se informados do dia-a-dia do seu empregador (estes, ainda, via de regra, fazem sua leitura no local de trabalho).

Pretender que a publicação de editais de citação seja forma de publicizar, de dar conhecimento a réus da existência de ação judicial em tramitação, não passa, nos dias de hoje, de fantasiar o direito de um perfeccionismo inexistente. Trata-se de formalismo jurídico que outrora talvez pudesse ser indispensável e útil, mas que atualmente não passa de instrumento de encarecimento do processo, sem qualquer resultado prático.

Ainda mais ilusória fica a busca pela real ciência dos réus citados por edital, quando se interpreta, na leitura da parte final do inciso III do artigo 232, que fica dispensada a publicação nos jornais não-oficiais quando inexistentes na comarca. Ora, tem-se, então, a citação sendo efetivada, com força jurídica, por meio de uma única publicação no Diário Oficial da Justiça. Na busca de soluções mais práticas, é válida a tentativa de garantir o pleno e real conhecimento da existência da lide, como demonstra Mauricio Vidigal

> Jornal local é o publicado na sede da comarca, mas já se admitiu, corretamente, que o edital fosse veiculado em jornal editado na última cidade em que o réu teve residência conhecida. Entenderam-se corretas também publicações em comarcas distintas, uma no local onde proposta a ação e outra na cidade em que a ré tinha sede (JTACSP-Lex, 166/28).[74]

Não se desconhece que, em pequenas cidades do interior dos estados brasileiros, quando inexistente imprensa local, natural a circulação de jornais de outras cidades próximas. Assim não se procedendo, pouco producente seria a publicação do edital em jornal não lido no local em que, possivelmente, pudesse ser encontrado o réu.

---

[73] Muito embora nos tempos de internet, a Ordem dos Advogados do Brasil, por meio da seccional do Rio Grande do Sul, já disponibiliza, gratuitamente, que o advogado receba diariamente, nas primeiras horas do dia, o resultado de pesquisa realizada junto aos Diários da Justiça do Estado e da União, informando da existência ou não de intimações em seu nome. No mesmo sentido o Serviço de Informações Judiciárias – SIJ, já há mais tempo e, este, de forma remunerada.

[74] VIDIGAL, 1999, p. 60. No mesmo sentido Julgados do Tribunal de Alçada Cível de São Paulo, Lex 62/86.

Por outro lado, não é incomum que se tenham certidões de Oficiais de Justiça informando da não-localização do réu e de sua transferência para outra cidade, nominada, mas sem endereço certo. Sabe-se da cidade em que estará o réu, mas não de seu domicílio pessoal ou profissional. Aqui, também, parece ser bem-vinda a medida de publicação dos editais naquela cidade, em direta afronta ao que dispõe o inciso III do artigo 232 do Código de Processo Civil: *jornal local*. Por outra, há que se buscar, de todas as formas lícitas e possíveis, propiciar o pleno e efetivo conhecimento, por parte do réu, da existência de demanda contra si aforada.

Precisa e oportuna a decisão levada aos autos do Agravo de Instrumento[75] relatado pelo Magistrado Gilson Dipp, julgando a validade de edital publicado em comarca diversa daquela na qual tramitava o processo:

> Um dos grandes autores na matéria, antigo Consultor- Geral da República, em livro clássico, recomenda evitar "conseqüência incompatível com o bem geral", ensinando que "dentro da letra expressa procure-se a interpretação que conduza a melhor conseqüência para a coletividade" (Carlos Maximiliano, "Hermenêutica e Aplicação do Direito", 1941, nº 178, pg. 204). Para Maximiliano, é necessário ter presente o resultado final de cada interpretação, sendo "antes de crer que o legislador haja querido exprimir o conseqüente e o adequado à espécie do que o evidentemente injusto, descabido, inaplicável, sem efeito" (ob. cit., nº 178, p. 204). Afinal, segundo o mesmo autor, "deve o direito ser interpretado inteligentemente: não de modo que a ordem legal envolva um absurdo, prescreva inconveniências, vá ter a conclusões inconsistentes ..." (ob. Cit., nº 179, p. 204/205).
> Assim, ainda quando o sentido literal do art. 232, inciso III, do Código de Processo Civil autorizasse a ilação de que fez precedente a respeitável sentença de primeiro grau,[76] esse impulso, de um dispositivo isolado, tinha de conformar-se ao desídio geral da lei: *a melhor e mais adequada publicidade.* Ademais, nessa idéia dominante se inspirou o legislador. Logo, não é lícito, por apego à literalidade, inverter-se o intento, transformando uma garantia de publicidade num empecilho à sua mais adequada e autêntica obtenção.

Assim, mais uma vez presente que a citação editalícia deve buscar satisfazer o seu objetivo, qual seja, dar conhecimento ao réu da existência da demanda. Somente assim estará sendo adequada à real ampla defesa.

Resta trazer, neste tocante, comentário do Desembargador Antonio Dall'Agnol,[77] ao discutir, de forma rápida mas presente, a oneração do feito, com os custos de publicações dos editais, às partes:

---

[75] A.I. interposto ao Tribunal Regional Federal da 4ª Região, nº 90.04.01703-8-PR, 03/4/1990, In http://www.trf4.gov.br/trf4/processo/pg_resp1.asp.
[76] A qual declarou ineficaz a citação editalícia em razão da quebra do artigo indicado.
[77] DALL'AGNOL, 2000, p. 583.

Como não raro, neste País, em vez do Estado assumir o encargo, transfere-o para o cidadão, onerando uma das partes, no caso o réu, que se vê, assim, em nome de benefício ao autor, de algum modo prejudicado, pois mais provável que o edital atinja seus objetivos com publicações feitas no órgão particular do que no diário oficial. Correta nos parece a solução que era dada, em alguns Estados da Federação, que oneravam os cofres públicos, com cobrança em momento posterior, com as publicações que se realizavam em jornais particulares.

É certo que não se deva onerar a parte desprovida de meios, mas nem por isso correto se ostenta sacrificar os interesses da parte contrária.

Os custos com a publicação dos três editais, por vezes, superam o montante das demais custas judiciais, acarretando aos menos assistidos que não se enquadram no rol dos beneficiados pela gratuidade, dificuldades para o seu pagamento. De outro lado, a exigência de pagamento, por parte do autor, antecipadamente, das custas processuais, leva à convicção de que, em sede de sucumbência, nada de retorno receberá. Afinal, o demandado será citado por edital.

Enfim, a citação editalícia tem sido sinônimo, na prática de hoje, de oneração dos custos processuais, sempre em nome de uma imaginária forma de possibilitar a defesa. Como já antes mencionado, talvez fosse esta a melhor forma de publicitar a existência da ação judicial, nos idos de 1973, quando edição do Código de Processo Civil vigente. Hoje, com custos jornalísticos altos e um crescimento desregrado das comunidades urbanas, a resposta financeira talvez devesse ter origem junto ao Estado, cerrando fileiras com a lição de Antonio Dall'Agnol.

Afinal, melhor do que uma ficção jurídica, a juridicização da ficção, o que somente ocorrerá com a união dos posicionamentos doutrinários e jurisprudenciais, na espera da atualização legislativa.

1.8. Citação editalícia nas ações sob a égide da gratuidade judiciária

Ainda mais séria e prejudicial às partes é a regra consubstanciada no § 2º do artigo 232. A dispensa de publicação dos editais no "jornal local" (duas vezes) quando "a parte for beneficiária da Assistência Judiciária" acarreta em dupla penalização.

Por assistência judiciária, como ensina Fabiana Marion Spengler,[78] que cita Marcacini, "pode-se entender o patrocínio gratuito da causa por

---

[78] SPENGLER, Fabiana Marion. A contagem do prazo processual dobrado conforme o art. 5º, § 5º da Lei 1060/50. *Revista do Direito*, Santa Cruz do Sul: Editora da UNISC, 2000, n. 13, p. 130.

um advogado. É, na verdade, um serviço organizado, podendo ser prestado pelo Estado ou então por instituição não estatal". Tem-se, aqui, portanto, o acesso à justiça patrocinado gratuitamente, dedicado a "todo aquele cuja situação econômica não lhe permita pagar as custas do processo e os honorários de advogado, sem prejuízo do sustento próprio ou da família".[79]

Conclui-se, que, obviamente, estarão isentas das publicações dos editais nos jornais locais aquelas ações que tiverem, ao menos no pólo ativo, pessoas de baixa renda. Também perfeitamente compreensível que, via de regra, esta camada populacional que cada vez mais cresce, litiga contra pessoas do mesmo nível social e econômico. Em outras palavras, a maioria avassaladora das ações judiciais premiadas pela assistência judiciária envolve pessoas de classe social e econômica baixa.[80]

Desta forma, tem-se que a citação editalícia publicada tão-somente no Diário da Justiça (órgão oficial encarregado de publicações indispensáveis, cujo pagamento está isento na forma do art. 3º, III, da Lei 1.060/50), atinge exatamente aquela camada populacional mais necessitada não apenas econômica, mas social e culturalmente. Aqueles que mais necessitam do suporte estatal para a compreensão dos atos judiciais, seja para a efetivação do seu acesso à justiça, seja para possibilitar o exercício de sua defesa, ficam mais desamparados. É esta mais variada gama de cidadãos, com direitos e deveres iguais aos econômica e socialmente mais avantajados, que não tem acesso ao Diário da Justiça para leitura. São eles que mais necessitariam ser comunicados pela imprensa normal.

Esta restrição traz evidentes influências no exercício do direito de postular e de se defender. Ao autor e ao réu. Ao direito e à justiça, então.

Ao autor, que vê reduzida a possibilidade de que o réu venha a ter conhecimento da existência da lide. De três publicações, somente duas serão realizadas. E, permanece a determinação de publicação exatamente naquele órgão de imprensa que pouca ou nenhuma publicidade trará ao

---

[79] Art. 2º, parágrafo único, da Lei 1.060, de cinco de fevereiro de 1950, que estabelece normas para a concessão de assistência judiciária aos necessitados. A Carta política de 1988 trouxe nova interpretação à norma, afirmando que o "Estado prestará a assistência jurídica integral e gratuita aos que comprovarem insuficiência de recursos" (art. 5º, LXXIV). Aqui vale mais uma vez buscar a lição de SPENGLER, Ibidem, p. 130, quando define assistência jurídica como "aquele instituto que engloba a assistência judiciária, sendo mais ampla que esta e por isso mais completa, uma vez que envolve serviços jurídicos não relacionados propriamente ao ajuizamento de uma ação, ou seja, casos que muitas vezes não dizem respeito a processos judiciais". Portanto, mais ampla do que a assistência judiciária preconizada pelo artigo 232, § 2º, do Código de Processo Civil.

[80] Vale aqui, tão-somente como forma de ilustração, informar que o Gabinete de Assistência Judiciária Gratuita do Curso de Direito da UNISC define como clientes aquelas pessoas que comprovem renda familiar inferior a cinco salários mínimos brutos (além, é claro, de, em regra, não serem proprietários de veículos automotores e imóveis de valores consideráveis).

ato. O autor, assim, se para a efetiva prestação jurisdicional e plena satisfação da pretensão deduzida na exordial, necessitar da localização do réu, ficará insatisfeito. Vale exemplificar o pouco proveito da citação editalícia em casos de ações de alimentos e execução de alimentos, considerando que o litígio envolva pessoas de classe econômica inferior.[81]

Ao réu, maior é o prejuízo. Menores são as chances de que venha a tomar conhecimento da existência da demanda. Aumenta o risco de decisão em seu desfavor que poderia ter desfecho diverso ante a produção de defesa real e técnica, com produção de prova.

Este mesmo réu que, citado regularmente, já deverá contar com os préstimos da Defensoria Pública (ou congênere) para a defesa dos seus interesses, corre o risco de, não sendo localizado, sequer poder defender-se.

A lei, porém, apresenta solução, poderá dizer o leitor menos avisado, referindo-se à determinação contida no artigo 9º do Código de Processo Civil:

> Art. 9º O juiz dará curador especial:[82]
> I – ao incapaz, se não tiver representante legal, ou se os interesses deste colidirem com os daquele;
> II – ao réu preso, bem como ao revel citado por edital ou com hora certa.

Como curadores especiais, via de regra, são nomeados aqueles profissionais que prestam assistência judiciária.

Porém, e vale tornar repetitivo posto que fundamental à discussão, realizam eles trabalho técnico de defesa dos interesses do curatelado, tão-somente munidos das informações constantes nos autos, ou seja, com aqueles subsídios que o próprio autor já informou ao juízo (e, por força de corolário lógico, são do seu – autor – interesse).

Entretanto, na atual sistemática processual, com a prevalência desta forma de citação, ainda que com as dificuldades que lhes impõem ao cumprimento do encargo, é importante a participação do curador especial. Ao menos a análise dos aspectos técnicos-jurídicos podem e devem ser feitas. A lisura no proceder do autor, a análise da documentação acostada e a postulação de providências eventualmente cabíveis (como, por exemplo, a requisição de informações e documentos) e que, por força da ausência do réu, não podem por ele ser trazidas.

Afirma Leonardo Greco que a falta ou nulidade de citação no processo de conhecimento nulifica os atos praticados.

---

[81] Ante a inexistência de patrimônio que garante o pagamento da pensão alimentícia, fixá-la sabendo não ter como cobrá-la, pouca solução trará ao menor necessitado.
[82] Curador especial é aquele que exerce o *munus* público somente dentro do processo, sem envolvimento com a vida pessoal ou profissional da parte. Finda a ação judicial, findo o encargo.

> É a única nulidade do processo de conhecimento que não fica sepultada nem pela coisa julgada, nem pela chamada *coisa definitivamente julgada*, subsistindo mesmo depois de transcorrido o prazo para a ação rescisória. A eficácia da sentença nesses embargos não fica restrita à destruição do título no processo de execução. A declaração de nulidade atinge a sentença no processo de conhecimento e todos os atos desse processo a partir do momento em que o réu deveria ter sido regularmente citado. Abrange todos os tipos de execuções de títulos judiciais, mesmo aquelas em que não há coisa julgada (jurisdição voluntária, processo cautelar), aquelas em que a citação se faz na pessoa do advogado (liquidação), as que não comportam ação rescisória (juizados especiais), a sentença arbitral e a sentença homologatória de partilha judicial.[83]

Citado por edital, não tendo vindo aos autos, impõe-se a nomeação de Curador Especial para representação de seus interesses. Afinal, como prossegue Leonardo Greco,[84]

> O desencadeamento dos atos coativos contra o devedor somente se justifica se houver certeza de que foi ele efetivamente cientificado da execução e de que foi intimado a cumprir espontaneamente a obrigação, e não o fez.

Assim, o curador especial pode praticar todos os atos de interesse do réu revel. E deve fazê-lo.

Note-se que a preocupação trazida pelo eminente Ministro Waldemar Zveiter tão-somente corrobora os motivos que impulsionaram esta pesquisa, quando questiona, de forma expressa: "pois não se sabe se ele – o réu revel – não quis contestar ou não pôde, ou mesmo não soube da citação". Estar-se-ia, ali, tratando de uma das tantas vítimas da citação editalícia?

No mesmo sentido, o magistério de Cândido Dinamarco,[85] quando argumenta que a nomeação de curador especial visa a suprir a defesa do réu, até a possibilidade de ter-lhe escapado a efetiva ciência, conhecimento da existência da demanda, pois "a exigência de defesa do revel pelo curador tem fundamento no princípio do contraditório, pois não se sabe se ele não quis contestar ou não pôde, ou mesmo não soube da citação".

Em se tratando de ações de conhecimento, seja o réu pessoa física ou jurídica, a nomeação de curador especial na forma do já referido artigo 9º, I, do Código de Processo Civil, é pacífica. Passados os prazos do edital e de contestação, certificada a inexistência desta, resta ao magistrado, tão-

---

[83] GRECO, Leonardo. *O processo de execução*. Rio de Janeiro: Renovar, 2001, vol. 2. p. 602.

[84] Idem, p. 198. Como prossegue o autor, a citação editalícia é o último recurso, última hipótese, após terem sido esgotadas as tentativas de localizar o devedor.

[85] DINAMARCO, Cândido. *Fundamentos do Processo Civil moderno*. São Paulo: Revista dos Tribunais, 1986. p. 330.

somente e sob pena de nulidade insanável, nomear curador à lide. Tem-se passo único a ser seguido, qual seja, o oferecimento da resposta.[86]

Ora, seguindo a linha de raciocínio, fácil concluir que a citação editalícia não vem respondendo ao objetivo pelo qual foi criada, em especial quando os feitos já tramitam sob a égide da gratuidade judiciária. Uma única publicação de editais nos Diários Oficiais, jornal não lido pelo cidadão comum, desejando que a parte se dê por citada e intimada, não passa de mero formalismo sem qualquer resultado prático. A ampla defesa do réu vai resguardada tão-somente para fins de lei.

1.9. Citação editalícia no Direito de Família

Basilar para o operador do direito, em especial aquele afeito à administração dos dramas humanos, que o Direito de Família abarca a grande maioria das ações que tramitam sob a égide da gratuidade judiciária. Assim, todo o raciocínio até aqui desenvolvido diz de forma direta com este ramo do Direito.

Como forma de exercício exemplificativo, pode-se tomar as ações de separação judicial litigiosa, de divórcio direto ou convertido e, finalmente, de execução de verba alimentar.

1.9.1. Citação editalícia nas ações de separação judicial

É comum as ações de separação judicial litigiosas serem precedidas de situações de desconforto tal a um ou a ambos os cônjuges (assim como aos filhos), que apresentem riscos de violência física ou emocional. Estas situações levam à busca, em especial pelas mulheres agredidas, de meios coercitivos para o afastamento imediato e liminar do cônjuge agressor.

O afastamento de um dos cônjuges do lar, coercitiva ou espontaneamente, faz com que, por vezes, a localização seja dificultosa. O afastado, quando da inexistência de patrimônio partilhável, afasta-se da família sem mesmo deixar localização. Sem a implementação imediata da ação de separação, a dificuldade de localização do marido, com o passar dos dias, torna-se cada vez maior.

Entretanto, o estado civil continua vinculando as partes, além da necessidade de auxílio financeiro para a criação dos filhos. Tem-se, então,

---

[86] Na forma do Capítulo II do Título VIII do Livro I do Código de Processo Civil brasileiro, o réu poderá apresentar resposta em forma de contestação, exceções (impedimento, suspeição ou incompetência) e reconvenção, como se vê nos artigos 297 a 318.

a citação do marido por meio editalício, na ilusão de implementar-se a tarefa de dar-lhe conhecimento da existência da demanda e de seu direito de defesa. Partilha-se patrimônio, mínimo, em regra, e fixa-se verba alimentar. Tudo, sem que tenha, o réu, sido eficazmente procurado.

1.9.2. Citação editalícia nas ações de divórcio direto

Quando a demanda busca a decretação do divórcio, seja ele modo direto, seja por conversão, maior a probabilidade de não-localização de uma das partes. O longo tempo de separação fática ou de transcurso após a separação judicial faz com que os antes apaixonados, pouco contato tenham e queiram ter. A inexistência de filhos, então, sacramenta um definitivo rompimento.

A prova do lapso temporal faz-se por meio testemunhal. A partilha dos bens acaba não ocorrendo, ante a ausência do réu. Mais uma vez fixa-se verba alimentar e regulamenta-se o direito de visitas aleatoriamente.

1.9.3. O efeito da citação editalícia nas execuções de alimentos

O grande reflexo da citação editalícia vem ocorrer nas execuções de verba alimentar. Com o comparecimento do réu, após longo tempo de ausência, o(a) credor(a) da pensão alimentícia passa à fase executória.

O réu, então, vê-se diante do risco de decreto prisional (execução de alimentos no rito do artigo 733, CPC) pelo não-pagamento de pensão alimentícia, obrigação que, até aquele momento desconhecia ter-lhe sido imposta. Não há que se falar, por óbvio, do dever moral de auxiliar no sustento dos filhos. Mas dos reflexos pessoais de uma norma processual anômala e em desacordo com a realidade judicial.

Importa notar que, por vezes, e não poucas, o devedor de alimentos, além de não ter tido ciência da obrigação legal, a tem, então, em valores superiores às suas reais possibilidades. E esta constatação ocorre somente no momento em que o débito já se encontra consolidado; em que a espada da lei já se lhe está apontada.

1.10. Considerações finais

A dicotomia existente entre a realidade processual e a fática está presente. O descompasso entre a lei e o seu alcance real é visível. Há que se buscar uma forma de efetivar o conhecimento, por parte do réu, da existência da ação contra si aforada. Deve-se possibilitar que o princípio constitucional da ampla defesa cubra, com seu manto, também ao réu menos assistido cultural, econômica e emocionalmente. Que em um dos momentos mais tormentosos do ser humano, a desilusão de um casamento desfeito não lhe imponha males maiores, agora por força de uma legislação desatualizada.

Não se pretende pregar o fim da citação editalícia. Pretende-se, sim, vê-la adequada à realidade social. Na esteira das palavras de Sutherland, trazidas pelo magistrado Gilson Dipp, no já referido acórdão de AI nº 90.04.01703-8-PR, ao afirmar: "Se, perquirindo o sentido geral e o objetivo da lei, estes se mostrarem desconformes com o conteúdo literal de qualquer de seus artigos e parágrafos, tais artigos e parágrafos devem ser interpretados, se possível, de acordo com o sentido geral da lei (*in Statutes and Statutory Construcution*, 2ª ed., 1904, § 211, p. 319/320)".

Antes da citação editalícia ser determinada, há de se esgotar, modo definitivo, a possibilidade de localização do réu. As buscas aos órgãos de fornecimento de água, energia, telefonia, além das informações possíveis de ser encontradas nos meios policiais, são fundamentais. Deve-se ressuscitar a possibilidade de obter informações junto aos Tribunais Eleitorais, dentre tantas outras oportunidades.

Passada esta esfera, a publicação única deverá ocorrer em órgãos de comunicação de massa, e não no obsoleto Diário Oficial de Justiça. Uma única publicação em jornal de circulação local passa longe de representar o ideal de publicização, entretanto será inúmeras vezes mais eficaz do que no órgão oficial.

Ou seja, a aplicação da lei deve buscar objetivo principal e primordial que somente é alcançado quando sinônimo de justiça. E, para assim chegar, não poderão, os operadores do direito, deixar de proceder na interpretação da norma sob a lente da constitucionalidade.

1.11. Referências bibliográficas

ALVES, José Carlos Moreira, *et al. As garantias do cidadão na Justiça*. In: TEIXEIRA, Sálvio de Figueiredo (org.) São Paulo: Saraiva, 1993. 391 p.

ALVIM, José Manoel de Arruda; PINTO, Teresa Arruda Alvim. *Repertório de jurisprudência e doutrina sobre nulidades processuais*. São Paulo: Revista dos Tribunais, 1992.

AZEREDO, Luiz Carlos. *O direito de ser citado*. São Paulo: Resenha Universitária, 1980. P. 331.

CORREIA, André de Luizi. *A citação do Direito Processual Civil Brasileiro*. São Paulo: RT, 2001. P. 23.

DALL'AGNOL, Antônio. *Comentários ao Código de Processo Civil*. São Paulo: RT, 2000, vol. 2.

DINAMARCO, Cândido Rangel. *A instrumentalidade do processo*. São Paulo: Malheiros. 1999.

DINAMARCO, Cândido. *Fundamentos do Processo Civil moderno*. São Paulo: RT, 1986.

GRECO, Leonardo. *O processo de execução*. Rio de Janeiro: Renovar, 1999, vol 1.

——. *O processo de execução*. Rio de Janeiro: Renovar, 2001, vol. 2.

GRINOVER, Ada Pellegrini. Citação por hora certa. *Revista Jurídica Consulex*, n°1, de 31 de janeiro de 1997.

KUMATSU, Roque; SANSEVERINO, Milton. *A citação no Direito Processual Civil*. São Paulo: RT, 1977.

LEAL, Rogério Gesta. *Teoria do Estado, cidadania e poder político na modernidade*. Porto Alegre: Livraria do Advogado, 1997.

MARCACINI, Augusto Tavares Rosa. *Assistência Jurídica, Assistência Judiciária e Justiça Gratuita*. Rio de Janeiro: Forense, 1982.

MAZZILLI, Hugo de Nigro. *O acesso à justiça e o Ministério Público*. São Paulo: Saraiva, 1998.

MIRANDA, Pontes. *Comentários ao Código de Processo Civil*. Rio de Janeiro: Forense, 1996, Tomo III, pg. 302.

NALINI, José Renato. *O juiz e o acesso à Justiça*. São Paulo: RT, 2000.

NERY JUNIOR, Nelson. Citação com Hora Certa e a Contestação do Curador Especial. *Revista AJURIS*, vol. 47, nov. 1989. p. 76-89.

NERY JUNIOR, Nelson, NERY, Rosa Maria Andrade. *Código de Processo Civil comentado e legislação processual civil extravagante em vigor*. São Paulo: Revista dos Tribunais, 1997.

SILVA, Ovídio Baptista da. *Comentários ao Código de Processo Civil*, São Paulo: RT, 2000, vol. 1.

SPENGLER, Fabiana Marion. A contagem do prazo processual dobrado conforme o art. 5º, § 5º da Lei 1060/50, *Revista do Direito*, Santa Cruz do Sul, n. 13, p. 129-142, jan.jun.2000.

——. *Alimentos – da ação à execução*. Porto Alegre: Livraria do Advogado, 2002.

TEIXEIRA, Sálvio de Figueiredo. *Código de Processo Civil anotado*. São Paulo: Saraiva, 1992.

VIDIGAL, Maurício da Costa Carvalho. *Citações e intimações. Anotações aos arts. 213 a 242 do CPC*. São Paulo: Juarez de Oliveira, 1999.

2. Ação monitória no processo de família

2.1. Introdução

No Direito de Família, cuida-se de proteger o interesse das partes envolvidas, por ser esse um dos princípios do direito como um todo, mas, principalmente, por se tratar de uma parcela do direito privado que possui um viés público face à intervenção do Estado. Essa intervenção se dá, justamente, na proteção de direitos e na imposição de deveres, objetivando dar segurança a família como célula formadora da sociedade.

Justamente por isso é que o Direito de Família vem recepcionando boa parte das principais alterações do CPC produzidas nas últimas décadas. Mesmo quando não se verifica, numa primeira análise, a pertinência dessas novidades, depois de uma observação mais acurada pode-se encontrar possibilidades de utilização muitas vezes importantes e extremamente pertinentes.

Assim, ao falar em ação monitória, num primeiro momento, ela parece mais interessante ao direito das obrigações, quiçá aos contratos, ou outras áreas do direito civil, mas, alguns doutrinadores têm levantado a bandeira defendendo sua pertinência e validade junto ao Direito de Família. Pode-se, então, questionar: é realmente cabível o procedimento monitório junto ao Direito de Família? Em que situações ele pode ser utilizado?

Objetivando atacar tais dúvidas e resolver o impasse é que se desenvolveu o presente trabalho que tem por meta, primeiramente, discutir a ação monitória em si, desde sua criação, seu conceito e histórico para, posteriormente, imbricar aquelas informações ao Direito de Família e discutir a possibilidade de ação monitória, sua pertinência e importância.

É, pois, o que se pretende com o texto a seguir.

2.2. Conceito de ação monitória

Primeiramente, ao se discutir a ação monitória, é importante ressaltar que ela foi introduzida no direito brasileiro através da Lei nº 9.079, de 14 de julho de 1995, publicada junto ao Diário Oficial em 17 de julho do mesmo ano, entrando em vigor sessenta dias após a sua publicação.

Nas exatas palavras de Aurélio Buarque de Holanda, a palavra *monitória* significa: "aviso com o que se convida o público a ir dizer o que souber a cerca de um crime. Advertência, conselho". Já a palavra *monitório* significa: "que adverte, repreende ou admoesta; monitorial.[87]

Segundo o Vocabulário Jurídico De Plácido e Silva,[88] monição vem do latim *monitio,* de *monere* (advertir, avisar), na significação jurídica, e em uso antigo, era o aviso ou convite para vir depor a respeito de fatos contidos na monitória. A monitória, assim, era a carta de aviso ou de intimação para depor. Monição. Na terminologia do Direito Canônico, é a advertência feita pela autoridade eclesiástica a uma pessoa, para que cumpra certo dever ou não pratique um ato, a fim de que evite a sanção ou a penalidade a que está sujeita, pela omissão ou ação indicadas.

Conseqüentemente, a palavra *monitória*, que intitula a ação ora discutida, tem por objetivo advertir alguém de que deve cumprir com sua obrigação que pode ser pagar, entregar coisa fungível ou bem imóvel. É esse pois, o seu principal objetivo.

Na verdade, segundo Ernani Fidélis do Santos, a ação monitória serve sempre que existir títulos que revelem obrigação líquida, certa e exigível sem terem a forma executiva.[89] É justamente por isso que, segundo Orlando de Assis Corrêa, a ação monitória tem por objetivo a instituição de "um título executivo judicial em favor do autor, relativa a: pagamento de soma em dinheiro, entrega de coisa fungível ou de bem móvel".[90]

Conseqüentemente, sempre que o autor tiver, em suas mãos, a comprovação da existência de obrigação inadimplida, não possuindo, por outro lado, título executivo que lhe possibilite sua execução, poderá, ao invés de buscar o caminho do processo de conhecimento, adotar o procedimento monitório, mais célere, para fazer valer seu direito e ver cumprida a obrigação. Foi pensando em uma solução para tal inadimplemento que o

---

[87] FERREIRA, Aurélio Buarque de Holanda. Novo Dicionário Aurélio da Língua Portuguesa. 2 ed. Rio de Janeiro: Nova Fronteira, 1986, p. 1153.
[88] DE PLÁCIDO E SILVA. Vocabulário Jurídico.Vol. III. São Paulo: Forense, 1967, p. 1033.
[89] SANTOS, Ernani Fidélis dos. *Manual de Direito Processual Civil*. São Paulo: Saraiva, 2000, p. 168.
[90] CORRÊA, Orlando de Assis. *Ação Monitória*. Rio de Janeiro: Aide, 1995, p. 34.

legislador introduziu a alteração do CPC, na forma de ação, com procedimento singular para a cobrança de obrigações quando inexistente título executivo, dispondo, no entanto, o credor de comprovante da dívida ou da obrigação.

Segundo Cristiane Delfino Rodrigues Lins,[91] a ação monitória trata-se de

> ação de conhecimento, porque sua finalidade é fazer com que o judiciário tome conhecimento do título que possui e reconheça seu caráter de executável. Tem fins condenatórios porque o objetivo do autor é a condenação do réu e conseqüentemente proporcionar a interposição de execução sem as delongas naturais do procedimento ordinário. E por fim, é procedimento de cognição sumária, porque o juiz, mediante a prova escrita apresentada pelo autor, se for a mesma suficiente para convencê-lo a cerca da sua legalidade, defere a expedição do mandado *inaudita altera parts*, ou seja, sem ouvir a parte contrária.

Da mesma forma, é importante que se diga que o procedimento monitório já existia e era utilizado em outros países antes de ser recepcionado pelo direito brasileiro. Assim, é de conhecimento e utilização dos italianos desde 1922, por força da Lei 1.035. Os alemães também utilizam o procedimento monitório, assim como os austríacos e os portugueses, dentre outros. Porém, não interessa, no presente trabalho, que seja esmiuçada a forma de utilização, os detalhes e o tratamento que cada um dos países estrangeiros dispensam à ação monitória, por se discutir aquele último instituto diretamente direcionado ao direito de família. Mas, antes que se faça a análise do procedimento da ação monitória, é preciso que se fale sobre as duas espécies de ação monitória existentes, apontando aquela utilizada no direito brasileiro. Desse assunto tratar-se-á adiante.

2.3. Tipos de procedimentos monitórios

Existem dois tipos de procedimentos monitórios: o puro e o documental. Segundo Elaine Harzheim de Macedo,[92] o primeiro consiste na "propositura da ação sem maiores pré-requisitos, dispensando, inclusive a comprovação desde logo do crédito alegado pela prova documental." De acordo com a mesma doutrinadora, já o procedimento monitório documental pressupõe, para sua instauração, de "prova documental, diversa, por

---

[91] LINS, Cristiane Delfino Rodrigues. Ação monitória no direito brasileiro (Lei 9079095). Disponível em: http://www1.jus.com.br/doutrina/texto.asp?id=892, acessado em 20 de novembro de 2002.
[92] MACEDO, Elaine Harzheim. Da ação monitória. In: *Inovações do Código de Processo Civil*. Organizador José Carlos Teixeira Giorgis. Porto Alegre: Livraria do Advogado, 1997, p. 232.

óbvio, do título executivo, posto que, se o credor está munido de documento com força executiva, dispensável a ação monitória".

Conseqüentemente, no primeiro caso, teríamos uma ação baseada apenas nas alegações do autor, da qual o requerido se oporia através de embargos que também dispensariam qualquer motivo. Na segunda hipótese, o magistrado determina o pagamento ou a entrega da coisa, e o requerido, por sua vez, se quiser se opor ao feito, o faz via embargos que lhe ofertaria a possibilidade do contraditório, onde então se realiza a cognição que transformaria o juízo sumário em ordinário. Do contrário, sem defesa, o mandado adquire força de executiva.

Diante das duas espécies de procedimento monitório observa-se que o legislador brasileiro apoiou-se no segundo modelo, ou seja, no procedimento monitório documental para introduzir junto ao CPC aos arts. 1.102a, 1.102b e 1.102c. Atrelada a opção da espécie de procedimento monitório escolhido pelo legislador vem a finalidade que esse pretendeu emprestar-lhe é que é o ponto que se discutirá adiante.

2.4. Finalidade da ação monitória

A ação monitória possui como principal característica a busca pela rapidez na tramitação do feito. Essa, sem sombra de dúvidas, é sua missão primordial, uma vez que é clara tal intenção quando o art. 1.102c, *caput*, e § 3º dispõe que o mandado inicial se constituirá de pleno direito em título executivo judicial, quer na hipótese de ausência de embargos, quer quando esses forem rejeitados.

Conforme Elaine Harzheim de Macedo,[93]

> o procedimento monitório tem por escopo exatamente a constituição do título executivo por um caminho mais célere, tendo por base o juízo de verossimilhança e servindo-se de uma ação sumária, ao contrário do processo de conhecimento que constitui o título embasador da execução pela via da ampla cognição dos fatos, dispensando, inclusive, qualquer meio de prova inicial.

E a mesma doutrinadora conclui, afirmando que justamente para dotar o credor de um caminho próprio, desde que existente prova documental e partindo da convicção de que o devedor não possui oposição séria a fazer, é que se criou o procedimento monitório.

---

[93] MACEDO, 1997, p. 227.

Outra finalidade do procedimento monitório é a oportunidade que se dá ao requerido, descumpridor de sua obrigação, de o fazer, no prazo de resposta, sem que precise arcar com custas e honorários advocatícios. Desse modo, pode vir espontaneamente, após o recebimento do mandado, adimplir sua obrigação. Se deve importância em dinheiro, poderá comparecer ao cartório e informar sua intenção de pagar e fazê-lo; se possui obrigação de entregar coisa fungível ou bem móvel, não havendo complexidade no modo de entrega, pode também agir pessoalmente.

Mas, além de conhecer a importância e a finalidade, é preciso, que se discorra sobre a necessidade de prova documental no procedimento monitório, assunto do qual ocupar-se-á a seguir.

2.5. Da prova escrita

O art. 1102a do CPC é claro ao referir a necessidade de que se traga aos autos prova escrita que possa embasar o procedimento. Porém, tal prova não deve possuir eficácia de título executivo pois se assim fosse, seria, então, o caso de execução e não de procedimento monitório.[94] Mas, o que vem a ser, exatamente, a prova escrita? Por prova escrita entende-se todo e qualquer documento firmado pelo requerido, donde se obtenha a convicção da obrigação a cumprir, mesmo que não tenha sido essa, exatamente, a finalidade pela qual foi produzido.

As palavras de Salvatore Satta[95] confirmam tal afirmação no momento em que alerta para o fato de que mesmo existindo referência legal (art.1.102a) para a expressão "prova" escrita ela não possui vez no mandado injuntivo, de modo que o termo deve ser entendido como o "documento" do qual o crédito procede.

Nesse sentido, poderia servir de prova até mesmo documentos singelos, dentre eles

> Um "vale", como é muito comum existir entre pessoas de menor nível de instrução, um bilhete, onde se diga que se vai devolver determinada quantia, ou de entregar determinada coisa, um recibo, no qual se mencione determinada coisa que foi recebida, e que será devolvida ou entregue, um cheque sem força executiva, por já haver

---

[94] Ação monitória baseada em prova escrita sem eficácia de título executivo guarnece pedido de restituição por sub-rogação em débito. Aquele que deve soma em dinheiro, devidamente comprovada pela prova escrita trazida aos autos, é devedor de título executivo judicial formado pela monitória. Sentença confirmada. (Apelação cível nº 197239817, quinta Câmara Cível, Tribunal de Justiça do RS, relator: des. Clarindo Favretto, julgado em 25/02/99)
[95] SATTA, 1993, p. 688.

transcorrido o prazo de lei para o processo de execução, uma nota promissória ou letra de câmbio, nas mesmas condições, um contrato sem assinatura de testemunhas, um fax etc.[96]

De outra banda, para Ernani Fidélis dos Santos,[97] não é qualquer forma escrita que faz o título hábil para o pedido monitório. "Mister que ele revele obrigação certa, líquida e exigível. Declaração de terceiros, por exemplo, não dá certeza da dívida, nem o sacado que não aceitou a letra de câmbio pode ser considerado devedor certo da obrigação."

Nessa seara, observa-se que se o escrito contém a confirmação de uma dívida mas não revela, porém, o seu valor, ele prova tão-somente a existência do débito, mas não é meio confortador o suficiente para o ajuizamento de ação monitória, devendo, nesse caso, buscar o adimplemento da obrigação via ação ordinária. Conseqüentemente, o simples começo de prova escrita, disposta no CPC brasileiro, mais precisamente junto ao artigo 402, inciso I, não é meio hábil para instruir o procedimento monitório.

Resumindo, é preciso prova escrita, que tenha liquidez, certeza e exigibilidade, porém, segundo Ernani Fidélis dos Santos salienta, é importante observar que, para se ajuizar uma ação monitória, é suficiente a prova escrita, mas não necessariamente de valor definitivo e absoluto, bastando que gere indício sério de existência da dívida, não se exigindo também do requerente descrição minuciosa da causa, sendo suficiente a simples referência à prova juntada. De acordo com o mesmo autor, ao devedor, citado, é que se atribui o ônus de instaurar a controvérsia, dando amplitude ao contraditório, o que, no entanto, não faz inverter o ônus da prova e até o da alegação respectiva do fato, voltados, então, para o requerente, já embargado. Exemplificando, justifica que no cheque prescrito, basta que o requerente o indique, descrevendo. Se embargada a injunção, ao requerente embargado compete alegar e provar a causa da dívida, a que se liga a prova escrita... mas, salienta que quando da oposição de embargos, ocorrendo, por parte do credor a sua impugnação, ao embargado compete cumprir complementação demonstrativa da dívida e a ainda provar o alegado.[98]

Conseqüentemente, pode-se concluir que o conceito de prova escrita diz respeito "a todo o escrito que, emanado da pessoa contra quem se faz o pedido, ou de quem o represente, o torna verossímil ou suficientemente provável e possível".[99]

---

[96] CORREA, 1995, p. 31.
[97] SANTOS, Ernani Fidelis dos. *Manual de Direito Processual* Civil. São Paulo: saraiva, 2000, p. 169.
[98] Ibidem, p. 169-170.
[99] CALAMANDREI, Piero. *Opere Giuridiche*, v.IX. Milano: Morano, 1972, p. 88, apud ALVIM, J.E. Carreira. *Procedimento monitório*. Curitiba: Juruá, 1995, p. 66.

E quanto à prova testemunhal? Ela vem refutada pelo próprio artigo 1102 a do CPC que faz referência expressa à prova escrita e, conforme palavras de Calamandrei,[100] na dependência de fundamentação da convicção de existência da obrigação com relação ao escrito, se esse depender de prova subsidiária ou complementar "consistente em prova oral (testemunhal por exemplo) – que o procedimento monitório não admite, na primeira fase – deverá o credor buscar a tutela para o seu eventual direito em sede ordinária".[101]

O que se pode afirmar, com vista na citação anterior, é que o procedimento monitório possui duas fases, conforme o que será trabalhado posteriormente, e apenas na primeira, por ser de rito sumário, é que não cabe instrução probatória. Na segunda fase, ou seja, depois da oposição de embargos, a prova testemunhal pode ser requerida, deferida e colhida aos autos, uma vez que o feito já estaria tramitando pelo rito ordinário.

Desta feita, o documento que servirá para instruir a inicial, a título de prova escrita e que, posteriormente, será instituído, através da sentença, favorável ao autor, base para título executivo judicial, deve possuir as características de certeza do crédito inadimplido, liquidez e individualização da coisa discutida.

Concluindo, se importante a análise do que significa prova escrita na ação monitória também o é, sem sombra de dúvidas, a discussão das fases pelas quais passa o processo monitório, que é justamente o assunto que adiante se abordará.

2.6. Fases da ação monitória

A ação monitória adota o procedimento processual por fases, dispondo, então, de duas fases ou de dois momentos: um primeiro, que não estabelece o contraditório e que precisa de prova escrita suficiente para

---

[100] Ibidem, p. 66.
[101] Monitória fulcrada em nota promissória. Alegação de pagamento. Pretensão de comprovação do pagamento mediante exclusiva prova testemunhal. Descabimento. CPC, art. 401. alegação da inclusão de juros onzenários incomprovada. 1 – Descabe o acolhimento dos embargos quando incomprovada a alegada quitação do débito relacionado a nota promissória que embasa a ação monitória. Ônus previsto no art. 333, II, do CPC. 2 – Monitória lastreada em nota promissória. Prova exclusivamente testemunhal que se mostra inadmissível a respeito da alegação do réu-embargante de haver quitado a dívida, que tinha valor superior a dez (10) salários mínimos vigentes no país na epoca de formalização do negócio. Ausência de começo de prova escrita. Inteligência dos artigos 401 e 402 do Código de Processo Civil. 3 – Onzena incomprovada. Sentença de improcedência dos embargos mantida. Apelo improvido. (apelação cível nº 70003545860, décima câmara cível, Tribunal de Justiça do RS, relator: Des. Paulo Antônio Kretzmann, julgado em 14/11/02)

ensejar a convicção da existência e do descumprimento da obrigação. Esse momento inicial obedece ao procedimento sumário e tem prosseguimento até a expedição do mandado que determina o pagamento ou a entrega da coisa.

Com a citação do requerido, esse pode se omitir, cumprir a obrigação ou então opor embargos. Ocorrendo a oposição de embargos, inicia-se a segunda fase do procedimento, que envolve, agora sim, o contraditório e a ampla defesa, onde pode-se coletar prova testemunhal e que segue o rito ordinário.

Segundo Carreira Alvim,[102] que cita Hugo Rocco,[103] no primeiro momento a demanda monitória possui uma instrução inteiramente escrita, sumária e incompleta. Nesse momento, o juiz baseia sua convicção para receber, mandar processar a ação e determinar a citação do requerido na probabilidade do direito do autor, extraída da prova escrita carreada aos autos. Na segunda fase, a convicção anterior pode ou não vir a tornar-se certeza, a partir do cabedal probatório carreado aos autos, por ambas as partes, por ocasião da instrução do feito. O magistrado passa então a ter certeza da existência ou inexistência da obrigação e do seu cumprimento.

Justifica tal afirmação o fato de que primeiramente o contexto probatório é unilateral e extremamente sumário, o que posteriormente se corrige com a oposição dos embargos. Posteriormente, se improcedentes os embargos ou se os mesmos não forem opostos, tem-se, então título executivo suficiente para mandar processar a execução e através da força executiva fazer cumprir a obrigação. Os procedimentos utilizados para que o feito assim se desenvolva fazem parte da discussão que se travará adiante.

2.7. Procedimento da ação monitória

O que se pretende alcançar com a ação monitória é, com certeza, o cumprimento da obrigação avençada e inadimplida de forma célere, conforme o referido. Para que tal objetivo seja realizado, parte-se da prova documental existente e percorre-se o caminho da cognição sumária.

Da mesma forma, é importante que se ressalte, além da importância da prova documental, a necessidade de que a coisa seja certa e fungível e

---

[102] ALVIM, J. E. Carreira. *Procedimento monitório*. Curitiba: Juruá Editora, 1995, p. 72.
[103] ROCCO, Hugo. *Tratado de derecho procesal civil*, vol. 6. Buenos Aires: Depalma, 1981, p. 126.

se for quantia monetária que esta seja líquida, pois se os valores exigirem liquidação, o procedimento escolhido não poderá ser o monitório.

Então, ao ajuizar a ação, o autor traz ao conhecimento do magistrado a situação já posta e as provas documentais que possui. A petição inicial deverá revestir-se dos requisitos do art. 282 do CPC. É parte legítima para mover a ação aquele que for credor de outrem em obrigação que envolva valores monetários ou entrega de bem. É parte legítima, para figurar como requerido, toda e qualquer pessoa, física ou jurídica, desde que inadimplente quanto ao cumprimento de obrigação em dinheiro ou de entrega de coisa.

Recebida a ação, o magistrado, defere a expedição do mandado de pagamento ou de entrega da coisa no prazo de 15 dias.[104] Ocorrendo a citação válida do requerido, este poderá cumprir a ordem, se opor a ela ou simplesmente se fazer omisso.[105]

Mas, se o requerido quiser se opor à pretensão do autor, deverá fazê-lo através de embargos, no mesmo prazo (15 dias), o que suspende a eficácia do mandado. Os embargos não dependem de prévia segurança do juízo e se processam nos mesmos autos, através do rito ordinário. Em não havendo a oposição de embargos, ou ocorrendo sua rejeição, constitui-se o título executivo judicial, o que converte o mandado inicial em mandado executivo, prosseguindo a execução.

Porém, se o requerido cumprir o mandado, através do pagamento ou da entrega do bem, fica isento de custas e honorários advocatícios. Ao magistrado, por sua vez, caberá a tarefa de liberar o valor depositado judicialmente, o que deve ser feito via alvará judicial, ou a entrega da coisa se esta ainda não ocorreu diretamente ao autor, visando a cumprir os objetivos do feito e extinguir a relação processual.

Para Ernani Fidélis dos Santos, a razão da isenção é de que, até este momento, não há nem efeito condenatório nem de resistência à pretensão

---

[104] "Justificamos nosso entendimento de que o mandado a ser expedido, nesta fase, denomina-se mandado monitório porque é mandado que aconselha, indica o caminho, adverte o devedor para que cumpra a obrigação.... Não tem por finalidade única sua citação, a fim de que responda ao pedido do autor; não tem, por outro lado, finalidade de pressionar para que cumpra em prazo exíguo, como é o de 24 horas, para cumprir a obrigação sob pena de penhora de seus bens na execução...Simplesmente lhe dá conhecimento do pedido do autor, e sinaliza o caminho a seguir, isto é, o cumprimento da obrigação, advertindo-o, ao mesmo tempo, de que não a cumprindo e não apresentando embargos, haverá reconhecimento tácito do pedido, transformando-se o processo em processo de execução, pelo proferimento da sentença condenatória." (CORREA, 1995, p. 45).
[105] "...a revelia no procedimento monitório, não gera julgamento antecipado da lide (art. 320, II), nos exatos termos do art. 330, II, porquanto, ao verificar-se (a revelia) o mandado inicial já terá sido expedido e o devedor citado para cumpri-lo, a ausência de embargos apenas converte esse mandado em título executivo judicial." (ALVIM, 1995, p. 121).

insatisfeita, sendo finalidade procedimental a formação do título executivo.[106] O cumprimento da obrigação, porém, não comporta discussão alguma, relativamente ao valor da dívida, se se tratar de pagamento em dinheiro, ou à quantidade ou qualidade da coisa a ser entregue; aceito o cumprimento da obrigação, não pode a parte fazer qualquer reparo ao que foi pedido, restando-lhe, tão-somente, o cumprimento da obrigação.[107]

Noutro sentido, se o requerido simplesmente fica inerte, preclui seu direito à defesa, não mais podendo discutir a veracidade das informações do autor, nem a validade do documento que instruiu a inicial. Poderá, é claro, intervir no processo, a qualquer tempo, conforme o disposto no art. 422, mas receberá "no estado em que se encontra", e só poderá discutir questões de direito, na apelação à sentença; no processo de execução, porém, cabem as mesmas alegações dos arts. 741 e seguintes.[108]

No entanto, é necessário que se diga que quando se omite na oposição de embargos, o requerido, nesse caso devedor, se autoprejudica, pois provoca

> a criação de título, o que equivale dizer que tal ato tem efeitos análogos ao reconhecimento de pedido no processo de conhecimento. Em conseqüência, pessoas jurídicas de direito público, cujos representantes não tenham poder de transacionar, não podem figurar no pólo passivo da relação processual no procedimento monitório, devendo-se dizer o mesmo com relação aos incapazes não autorizados.[109]

Da mesma forma, segundo Correa,[110] se houver necessidade de produção de prova, o autor deverá protestar por elas desde o ajuizamento da ação, e se houver documentos a juntar, devem eles acompanhar a petição de interposição da defesa, ou protesto por sua juntada.

Ainda, vale ressaltar que as partes poderão acordar entre si antes de vencido o prazo de embargos ou, depois que esses tenham sido apresentados, na fase de conciliação, mediante iniciativa do magistrado, ou, a qualquer tempo.[111]

Por outro lado, o valor da causa na ação monitória é aquele que se refere ao valor da obrigação inadimplida; se for valor monetário, é aquele que constar no documento; se a obrigação diz respeito a entrega de coisa fungível, ou de bem móvel, é o valor que o autor atribui a esses bens.

---

[106] SANTOS, 2000, p. 171.
[107] Ibidem, 50-51.
[108] Ibidem, p. 49.
[109] SANTOS, 2000, p. 173.
[110] CORREA, 1995.
[111] SANTOS, op. cit. p. 51.

2.8. Embargos do devedor

A oposição feita pelo requerido, ou devedor, na demanda monitória, é um marco deveras importante, pois é ela que, na forma de embargos, divide o procedimento monitório em duas fases ou etapas, conforme o já relatado anteriormente.

Na verdade, o procedimento monitório é singelo e rápido. Possui poucos atos processuais, que, no dizer de Elaine H. Macedo,[112] se resumem a "petição inicial, distribuição, tombamento, registro e autuação, conclusão, recebimento (ou não) da inicial, expedição de ordem, que se materializa pelo mandado a ser cumprido pelo oficial de justiça." Conseqüentemente, pelas palavras da autora, os embargos não pertencem ao procedimento monitório. Mas a sua oferta divide a demanda monitória em duas fases distintas (sobre as quais discorremos anteriormente), suspendendo o prosseguimento do feito em termos de procedimento injuntivo. Então, todos os demais atos processuais decorrerão dos embargos opostos e mesmo que estes venham a ser rejeitados, não se retoma mais a ação injuntiva e, sim, se dá início ao processo de execução.

Opostos os embargos, suspende-se o cumprimento do mandado inicial até que ocorra o julgamento. Ao contrário do procedimento executivo, os embargos são opostos e tramitam junto à demanda monitória, e não em autos apartados. O prazo legal aponta 15 dias, para que se ofereça embargos, prosseguindo, então, o feito pelo rito ordinário, conforme o disposto no art. 1.102c, § 2º, com prazo de 15 dias para contestação dos embargos e de 10 dias para réplica. Conforme o art. 331 do CPC, pode-se designar audiência de tentativa de conciliação que, se não ocorrer, dá vazão ao saneamento do processo. Posteriormente, produzem-se as provas necessárias, tem-se a audiência de instrução e julgamento e finalmente a sentença.

Por outro lado, se os embargos instituem o contraditório e a ampla defesa, devem possuir matéria abrangente que envolva questões de fato e de direito relacionadas à obrigação que se pretende ver cumprida.

Mas, outra dúvida pode assaltar os operadores jurídicos: depois de formado o título executivo, por omissão ou por improcedência dos embargos, pode-se oferecer embargos novamente, dessa vez à execução? Segundo Carreira Alvim[113] é possível, observando a impossibilidade de se discutir "questões que foram ou que deveriam ter sido objeto de discussão na fase de conhecimento".

---
[112] MACEDO, 1997, p. 245.
[113] ALVIM, 1995, p. 120.

2.9. Sentença e recurso cabível

É importante frisar que conforme as duas fases do processamento monitório, a primeira não comporta sentença e nem recurso, pois, se o devedor, ao receber a citação, se omite, constitui-se contra ele um título executivo perfeito, se ocorre a oposição de embargos, processam-se os mesmos pelo rito ordinário e daí sim, ocorre a sentença e posteriormente o recurso. Assim, nas exatas palavras de Ernani Fidélis dos Santos:

> a conjugação do provimento inicial com a inércia do devedor ou com o efeito da improcedência dos embargos cria uma eficácia executiva equiparável à de sentença condenatória, mas não há nem se pode presumir ou admitir declaração jurisdicional de direito nem solução de litígio. Daí não se servir o processo a indagações que possam declarar direito para efeito de formação de título executivo. As obrigações, embora não vazadas em título de execução, devem, em sentido processual, ser incontroversas e devidamente limitadas, isto é, com os requisitos de convencimento que informam a certeza, a liquidez e a exigibilidade.[114]

Assim, no momento em que existe a oposição do requerido, suspende-se a eficácia do mandado inicial e dá-se início à segunda fase do procedimento monitório, ou seja, a fase de rito ordinário, o que, segundo Elaine H. Macedo,[115] nos leva à conclusão de que:

> Duas ações estão se processando: a principal, que é a ação sumária, suspensa por força da oposição, e os embargos, que é ação incidental e de plena cognição, seguindo o rito do procedimento ordinário. A extinção da primeira, portanto, depende do julgamento de acolhimento da insurreição e enquanto isso não acontece, a ordem de pagamento ou entrega da coisa fica suspensa, sem surtir efeitos.

É por isso que a mesma doutrinadora afirma que a sentença que julga improcedente os embargos monitórios tem "igual eficácia das sentenças condenatórias proferidas nos processos de cognição tradicional: declara a existência do crédito, exorta o devedor ao pagamento e constitui título executivo judicial".[116] Conclui-se daí que tal sentença mune o credor de meios que lhe possibilitem receber a obrigação inadimplida em função da coisa julgada que lhe torna indiscutível o crédito favorável a si.

Conseqüentemente, se a partir da segunda fase a ação monitória segue o rito ordinário, seus recursos são aqueles comuns a qualquer outra ação que obedeça ao mesmo rito, ou seja, aplica-se "às decisões interlocutórias o agravo; à sentença, a apelação; a qualquer decisão que não seja de mero expediente e aos acordos, os embargos de declaração. Cabem, se

---
[114] SANTOS, 2000, p.168.
[115] MACEDO, 1997, p. 247.
[116] Ibidem, p. 247.

for o caso, recurso especial e recurso extraordinário, bem como os agravos de decisões monocráticos dos membros dos tribunais".[117]

Existe a possibilidade de execução provisória da sentença enquanto o recurso tramita? Elaine H. Macedo[118] salienta que não existe um consenso sobre o assunto, pois a própria Lei 9.079/95 se faz omissa. Salienta ainda que é de reconhecida utilidade admitir a execução provisória e que se o problema é a insegurança e a incerteza na manutenção ou reforma da sentença atacada pelo recurso, cita o exemplo da antecipação de tutela que também permite (segundo o mesmo art. 520, VII do CPC) seu recebimento apenas no seu efeito devolutivo e conseqüentemente, a execução provisória. E conclui, dizendo que o procedimento monitório requer uma efetividade procedimental que não se alcança através do sistema convencional dos recursos de apelação recebido em ambos os efeitos.

Parece-nos correto e sensato tal posicionamento, uma vez que, impingir ao autor da ação monitória a espera pelo julgamento do recurso de apelação para só depois receber sue crédito é andar na contra-mão da história, correndo o risco de esvaziar o procedimento monitório de conteúdo, importância e eficácia. Mas Carreira Alvim tem outro posicionamento quando salienta: "tem cabimento o recurso de apelação, a cargo da parte que haja sucumbido, ou ambas, na sucumbência recíproca, em qualquer caso, no duplo efeito, já que proferida no curso de um procedimento ordinário. A execução só terá seqüência após o trânsito em julgado da sentença".[119] O doutrinador mencionado não justifica ou embasa sua posição, o que, de qualquer forma, serve para ilustrar a contradição doutrinária existente sobre o assunto.

2.10. Possibilidade de ação monitória no processo de família

Anteriormente, tratou-se a respeito de conceituação, possibilidade e fundamento jurídico, dentre outros itens que dizem respeito à ação monitória. Mas se faz necessário discutir sobre o cabimento da demanda monitória junto ao Processo de Família, que, sabe-se, é direito privado com viés eminentemente público, possuindo, em sua normatização, regras cogentes[120] que não podem ser desconsideradas pelos cidadãos.

---

[117] CORRÊA, 1995, p. 16.
[118] MACEDO, op. cit., 1997.
[119] ALVIM, 1995, p. 122.
[120] "Em técnica jurídica, diz-se do que é impositivo; diz-se, também, do que deve ser observado." (NEVES, Iêdo Batista. *Vocabulário prático de tecnologia jurídica e de brocardos latinos*. 3 ed. Rio de janeiro: Fase, 1990).

Convém lembrar que a família atual sofre a intervenção do Estado,[121] para proteger, limitar e restringir.[122] É claro que tal intervenção é sobremaneira reduzida se comparada a algumas décadas atrás, mas ela ainda acontece, senão, o que dizer daqueles que sofrem limitações legais na escolha do regime de bens do casamento que disciplinará o patrimônio dos cônjuges?[123] E aqueles que não podem buscar a dissolução da sociedade matrimonial porque ainda não completaram o prazo legal mínimo de vida conjugal?[124]

Feita essa breve introdução sobre a intervenção do Estado na família, é importante que se passe a discutir sobre a possibilidade de utilização do procedimento monitório, instituto utilizado em larga escala especialmente junto ao direito obrigacional, mas que não vem merecendo atenção quando a demanda envolve alguma contenda pertencente ao Direito de família. Questiona-se, pois, a validade, a eficácia e a aplicação da ação monitória nessa área cercada de normas cogentes, de direitos personalíssimos e tão visada pelo Estado que procura desempenhar seu papel delimitador e protetor de direitos.

Nesse sentido, questiona-se a possibilidade de ajuizar procedimento monitório quando inexistente título judicial que embase execução, no caso de sentença prolatada ou acordo entabulado junto aos autos de qualquer procedimento de direito de família, uma vez que, conforme o já referido, toda a execução precisa estar baseada em título líquido, certo e exigível.

---

[121] Sobre a dicotomia entre Direito Público e Direito Privado, Juarez Freitas reitera: "O Direito Privado e o Direito Público – nada obstante persistirem importantes diferenças funcionais (exemplo: maior ou menor grau de transparência nas relações jurídicas), que não podem ser esmaecidas por inteiro, sob pena de se reeditarem lamentáveis equívocos 'patrimonialistas' – precisam encontrar seus fundamentos mais profundos no bojo da Constituição, uma vez que, a rigor, implícita ou explicitamente, qualquer seara deve ser vista como campo nobre de incidência e de concretização das regras e dos princípios constitucionais. Dito de outro modo, todo e qualquer ramo de Direito mostra-se, como sublinhado no capítulo anterior, campo de incidência da Constituição e, bem por isso, restou afirmado que, em determinado aspecto, *toda interpretação sistemática é também interpretação constitucional*. (FREITAS, Juarez. *A interpretação sistemática do Direito*. 3 ed. São Paulo: Malheiros, 2002, p. 225/226).

[122] O agir do Estado pode produzir benefícios à família, protegendo-a, amparando-a, ajudando-a em suas funções primárias, mantendo seu equilíbrio, trazendo-lhe meios de melhor alimentar e educar os filhos, e assim por diante. Porém, se recomendamos precaução nesta tendência é porque a penetração e força do Estado não pode ser molde a alienar as responsabilidades básicas, coisificá-los, ou robotizá-los, pondo em risco, por essa via, o próprio poder originário do povo. A população e a família precisam controlar e fiscalizar o Estado na proporção em que este amplia seus poderes e área de atuação. (PEREIRA, Sérgio Gischkow. Tendências modernas no Direito de Família. *Revista dos Tribunais*, 628, fev/1988, p. 33).

[123] Art. 1.641 Código Civil brasileiro.

[124] Segundo art.1.574 do Código Civil brasileiro, esse prazo mínimo é de um ano de casados.

Nessa seara, Rolf Madaleno relaciona que podem ser entendidos como título judicial no Direito de Família,

> o acordo amigável de separação judicial, o de dissolução de sociedade de fato, a demanda de divórcio, acordo sobre alimentos, sobre guarda de filho, regulamentação de visitas, partilha de bens comuns e qualquer outra transação apresentada em juízo por casais, concubinos ou familiares que acertam deveres e direitos pertinentes ao desfecho de suas relações familiares. Apenas que por estas circunstâncias diárias da vida, quando eles rompem os seus vínculos, tendem a documentar os seus compromissos conjugais, advindos de parentesco, do concubinato e que antes, quando juntos pais e filhos em prevalente harmonia, era natural que seus compromissos fluíssem espontaneamente. Também encaixam-se na condição de títulos de execução definitiva as sentenças condenatórias oriundas de contenciosos familiares, depois de transitadas e julgadas. Em caráter provisório estão as decisões judiciais interlocutórias de provimento liminar, além da sentenças com recursos recebidos meramente no efeito devolutivo.[125]

No entanto, sabe-se que, se o título não possuir forma executiva, ele não comporta a possibilidade de execução, o que, em Direito de Família, pode significar sérios percalços para a vida do credor que corre o risco de não receber o crédito que lhe pertence. Ocorre que para os títulos que apontam obrigação líquida, certa e exigível, mas não possuem forma executiva, os operadores do direito brasileiro utilizam-se do chamado procedimento monitório ou de injunção.

Conseqüentemente, segundo Rolf Madaleno, "mostra-se tarefa fácil transportar para dentro do contexto do Direito de Família, as inúmeras possibilidades de eleição da via monitória, como instrumento de rápida solução de muitos conflitos conjugais que entulham os Juízos de Família com morosos processos de conhecimento".[126] Nesse contexto, aquele doutrinador sugere a utilização eficaz do procedimento monitório como caminho viável para o recebimento de créditos que não possam ser acolhidos pelo processo de execução.

Por conseguinte, o credor utiliza-se da "prova escrita, sem força executiva, mas que irá se transformar em título executivo, desde que se refira a uma soma em dinheiro ou a bem móvel fungível ou infungível".[127]

Então, Ediltom Meireles elenca exemplos de prova escrita embasadora do procedimento monitório, como *v.g.*: a) títulos executivos extrajudiciais já prescritos; b) confissões de dívidas assinadas pelo devedor, mas sem testemunhas; c) duplicatas sem aceite; d) cartas pessoais reconhecen-

---

[125] MADALENO, Rolf. *Novas Perspectivas no Direito de Família*. Porto Alegre: Livraria do Advogado, 2000, p. 54.
[126] MADALENO, 2000, p. 57.
[127] Ibidem, p. 58.

do o débito e prometendo sua quitação; e) extratos de hotéis sobre despesas feitas pelo hóspede; f) carnês de despesas condominiais; g) saldos bancários negativos; h) serviços de profissionais liberais.[128]

Desta feita, a ação monitória não só foi recebida pelo Direito de Família como já vem gerando decisões jurisprudenciais conforme o acórdão do Tribunal de Justiça do Rio Grande do Sul, da 5ª Câmara Cível na Apelação Cível nº 197239817. Tratava-se, lá, do caso de uma ex-esposa que acionou demanda monitória para se ver ressarcida de valores por ela despendidos no pagamento do IPTU do imóvel conjugal onde ficou residindo com os filhos depois da sua separação. A sua alegação fora de que os pagamentos do IPTU vencidos no curso das núpcias eram encargo do varão provedor da família. Trecho do aresto concluiu que: "não havia nenhum fato impeditivo, modificativo ou excludente da obrigação do requerido de ressarcir os valores efetivamente pagos pela requerente, tornando-se certa sua responsabilidade referente aos valores comprovadamente pagos à Municipalidade".[129]

Na verdade, parece pouco crível que, no caso exemplificado anteriormente, a ex-esposa precise promover uma ação ordinária de cobrança do IPTU. O mesmo poderia ser aplicado no caso de outros impostos, como o IPVA, que diz respeito a veículos automotivos, dentre outras coisas que podem ser pagas por uma das partes e recebida da outra através da ação monitória.

Na mesma esfera, segundo Rolf Madaleno, encontra-se a hipótese de locativos oriundos de bens conjugais, cujos valores venham sendo indevidamente embolsados pelo cônjuge oponente. A oportuna compensação desses créditos na futura partilha nem sempre será a solução mais atraente, podendo ser promovido procedimento de injunção, à vista dos contratos ou dos recibos de locação, para a cobrança da meação do cônjuge autor.[130]

O mesmo pode-se referir quanto aquele genitor que possui obrigação (determinada em sentença transitada em julgado ou acordada judicialmente) de alcançar ao filho valores mensais para que este possa cursar universidade. Se não o faz, o filho, sozinho, não pode terminar seus estudos de modo que o outro genitor alcança-lhe os valores necessários para que o curso seja concluído com êxito, tudo isso porque aquele, que possui a seu favor um título executivo (filho), não quer ajuizar a ação de execução. Entende-se, pois, como cabível a ação monitória ajuizada pelo genitor que,

---

[128] MEIRELES, Edilton. *Ação de execução monitória*. São Paulo: LTr, 1997, p. 59.
[129] MADALENO, 2000, p. 59.
[130] Ibidem, p. 61.

mesmo não possuindo obrigação, arcou com os custos universitários do filho, proporcionado-lhe a conclusão do curso e o diploma. Esse, com certeza, possui créditos em seu favor, mas não possui título líquido, certo e exigível que lhe permita a execução direta. Nesse caso, utilizando da prova escrita que possui (comprovantes do pagamento realizado e cópia da sentença ou do acordo que demonstre a obrigação para com o filho), pode ajuizar ação monitória buscando o adimplemento dos valores, em seu favor, uma vez que substituiu o genitor irresponsável, arcando com sua obrigação.

Conseqüentemente, evidencia-se a possibilidade de ação monitória no Direito de Família, uma vez que os direitos personalíssimos, bem como as normas cogentes que fazem parte de seu conteúdo, não sofrem qualquer ataque pela escolha daquele procedimento que visa tão-somente a alcançar o crédito de forma mais célere. Mas, pode-se utilizar a ação monitória para receber valores correspondentes à verba alimentar inadimplida e prescrita? Pode-se fazer uma analogia entre esse crédito e aquele oriundo do cheque prescrito? Estas dúvidas também podem assaltar o operador jurídico e merecem uma análise mais profunda. Tal discussão far-se-á adiante.

2.11. Possibilidade de ação monitória na dívida alimentar prescrita

O direito a alimentos é imprescritível,[131] sendo que somente prescreve em dois anos, segundo o artigo 206 do CC, a possibilidade de execução das prestações alimentícias em atraso. Nesta esteira, o artigo 23 da Lei de Alimentos ressalta que a prescrição referida só alcança as prestações mensais, e não o direito a alimentos.

No entanto, é preciso que se determine o alcance desta imprescritibilidade da verba alimentar, que vem muito bem exposto por Gomes,[132] quando este relaciona que é necessário evidenciar três situações:

> 1ª, aquela em que ainda não se conjuminaram os pressupostos objetivos, como, por exemplo, se a pessoa obrigada a prestar os alimentos não está em condições de ministrá-los; 2ª, aquela em que tais pressupostos existem, mas o direito não é exercido pela pessoa que faz jus aos alimentos; 3ª, aquela em que o alimentando interrompe o recebimento das prestações deixando de exigir do obrigado a dívida a cujo pagamento está este adstrito.

---

[131] Segundo Marmitt, "a imprescritibilidade condiz com a irrenunciabilidade do direito alimentar. Mas a irrenunciabilidade restringe-se aos alimentos devidos entre parentes, *jure sanguinis*, não sendo extensivas às outras espécies de alimentos, nem aos devidos entre cônjuges que não são parentes consangüíneos." (MARMITT, Arnaldo. *Pensão alimentícia*. 2 ed. Rio de Janeiro: Forense, 1996, p. 30).
[132] GOMES, Orlando. *Direito de Família*. 7 ed. Rio de Janeiro: Forense, 1987, p. 409.

Ainda, no dizer de Gomes,[133] na primeira hipótese elencada, não se pode cogitar de prescrição, uma vez que o direito ainda não existe. Na segunda, sim, pois o seu exercício não se tranca pelo decurso do tempo. Na terceira, é admitida a prescrição, não do direito em si, mas das prestações vencidas e inadimplidas no prazo de dois anos.

Desta feita, quando inadimplido o débito, por um período superior a três meses, ajuiza-se uma execução por quantia certa que é utilizada para cobrar tantos quantos meses se encontrem vencidos, sempre acrescidos de juros e correção monetária. No entanto, conforme ressalta o artigo 741, VI, do Código de Processo Civil, a prescrição pode ser alegada, tendo em vista o artigo 206 do Código Civil que a fixa em dois anos nas prestações alimentares.

Segundo Pontes de Miranda,[134] "prescrição é a exceção, que alguém tem, contra o que não exerceu, durante certo tempo, que alguma regra jurídica fixa, a sua pretensão ou ação". Para aquele mesmo doutrinador, a prescrição serve para "manter a paz social e a segurança jurídica" justamente pelo fato de que

> não destroem o direito, que é; não cancelam, não apagam as pretensões; apenas, encobrindo a eficácia da pretensão, atendem à conveniência de que não perdure por demasiado tempo a exigibilidade ou a acionabilidade.[135]

Sábias são essas considerações, principalmente no sentido de que, se não executou alimentos em mais de dois anos, por certo o exeqüente não precisou daqueles valores para manter sua sobrevivência. Injusto seria, pois, manter o executado obrigado a uma dívida cujo caráter alimentar pelo passar do tempo se esvaiu e cujo valor se avulta ao ponto de tornar, muitas vezes, impossível o pagamento total.

Porém, não se pode perder de vista que a prescrição referida não alcança o filho sob poder familiar do devedor ou o cônjuge na constância da vida conjugal, tudo conforme o que vem elencado no art. 197 e seus incisos do atual CC. Assim, não pode o devedor de alimentos, enquanto genitor e detentor do poder familiar, alegar prescrição de crédito alimentar em favor de filho seu, ainda menor, até por uma questão de proteção de um dos direitos decorrentes da filiação.

No entanto, é necessário vislumbrar o suporte fático das regras sobre prescrição para que esta possa ser alegada, quais sejam:

---

[133] GOMES, Orlando. *Direito de Família*. 7 ed. Rio de Janeiro: Forense, 1987.
[134] PONTES DE MIRANDA, Francisco Cavalcanti. *Tratado de Direito Privado*. Campinas: Bookseller, 2000, p. 135.
[135] Idem, p. 136.

a) a possibilidade da pretensão ou ação (não é necessário que exista a pretensão ou ação, razão por que o que não é devedor, mas é apontado como tal pode alegar a prescrição, exercer, portanto, o *ius exceptionis temporis*); b) a prescritibilidade da pretensão ou da ação; c) o *tempus* (transcurso do prazo prescricional) sem interrupção, e vazio de exercício pelo titular da pretensão ou da ação.[136]

Ocorre que, quando se fala em direito a alimentos, deve-se observar que a prescrição não incide sobre este, apenas sobre as prestações alimentícias já vencidas, conforme o disposto no artigo 23 da Lei 5.478/68. Assim, se vencidos três anos da verba alimentar estando estes inadimplidos, pode o credor cobrar apenas dois anos, uma vez que o terceiro já se encontra atingido pela prescrição. Em caso de cobrança do tempo integral, o executado pode embargar alegando tal fato.

Mas, sabe-se, de antemão que a cártula de cheque prescrita, apesar de não comportar mais execução, comporta procedimento monitório, servindo como prova escrita de uma dívida que é líquida e certa, porém deixou de ser exigível. De maneira análoga, podemos falar do débito alimentar, vencido e inadimplido, ele também é líquido e certo, porém não mais exigível, conseqüentemente, poderá também ser adimplido através do procedimento monitório.

Sabe-se que existem formas de execução do crédito alimentar rápidas e que permitem o pronto pagamento do mesmo, porém, isso somente se torna possível antes que a prescrição tenha alcançado as parcelas, servindo como exemplo a possibilidade de execução através do art. 733 do CPC,[137] que ameaça o devedor de prisão civil em caso de não-pagamento ou justificativa da impossibilidade de efetuar o mesmo no prazo de três dias.

Assim, não obstante mais demorada se comparada com a execução de alimentos propriamente dita (uma vez que o crédito alimentar tem preferência e as demandas que digam respeito a sua execução também), a ação monitória pode ser a única maneira de ver adimplidos valores que não mais podem ser executados porque prescritos e nesse sentido o procedimento monitório se aplica não só ao Direito de Família como também à execução de alimentos prescritos.

---

[136] Ibidem, p. 146.
[137] Segundo construção doutrinária e jurisprudencial somente as três últimas parcelas poderiam ser executadas sob ameaça de coação pessoal, ou seja, prisão civil do devedor inadimplente. Mas tal posicionamento não é único, encontrando-se adeptos da possibilidade de execução de um número de parcelas maior. Nesse sentido, ver SPENGLER, Fabiana Marion. *Alimentos – da ação à execução*. Porto Alegre: Livraria do Advogado, 2002.

2.12. Considerações finais

De todo o exposto, pode-se concluir que o procedimento monitório foi um grande passo alcançado pelo operador jurídico na busca da satisfação de créditos inadimplidos, que não tenham gerado título executivo, de forma célere. Não raras as vezes, é através da ação monitória que o credor recebe o que lhe é devido sem que antes precise atravessar um desgastante processo de conhecimento, para a partir dele formar o título executivo e alcançar a possibilidade de execução.

Conseqüentemente, possuindo prova escrita da existência do crédito, pode acionar o devedor e em apenas um procedimento judicial receber o que lhe é devido, sem maiores delongas ou desgastes, conseqüências de procedimentos judiciais demorados.

Da mesma forma, evidencia-se que a inclusão do procedimento monitório no âmbito do Direito de Família significam, muitas vezes, a solução de problemas rapidamente e sem maiores desavenças, tudo porque utilizar de tal remédio jurídico não significa ferir a dignidade das partes envolvidas, podendo significar, quiçá, a solução para uma interminável discussão familiar.

O mesmo pode-se afirmar quanto à possibilidade de receber valores inadimplidos e prescritos resultantes da verba alimentar. Da mesma forma através da qual se executam cártulas de cheque prescritas, pode-se receber os créditos alimentares: pela via do procedimento monitório.

Vista desse modo, a ação monitória poderá significar o recebimento de créditos considerados perdidos porque corroídos pela prescrição. É maneira de possibilitar ao credor receber aquilo que lhe é devido principalmente porque, além de ser um direito que lhe cabe, é um direito que serve para garantir-lhe a vida ou pelo menos uma existência digna, o que é-lhe assegurado pelo princípio constitucional da dignidade da pessoa humana.

Assim, nada mais justo que para defender o direito do credor de alimentos use-se o procedimento monitório no recebimento de tais créditos que lhe são devidos e que muitas vezes não foram executados por desconhecimento, falta de condições financeiras ou até mesmo por compaixão do devedor que, impossibilitado no momento de arcar com suas obrigações, agora se esconde sob o véu da prescrição para se furtar de suas responsabilidades.

2.13. Referências bibliográficas

ALVIM, J. E. Carreira. *Procedimento monitório*. Curitiba: Juruá Editora, 1995.
CORRÊA, Orlando de Assis. *Ação Monitória*. Rio de Janeiro: Aide, 1995.

DE PLÁCIDO E SILVA. *Vocabulário Jurídico*.Vol. III. São Paulo: Forense, 1967, p. 1033.

FERREIRA, Aurélio Buarque de Holanda. *Novo Dicionário Aurélio da Língua Portuguesa*. 2 ed. Rio de Janeiro: Nova Fronteira, 1986, p. 1153.

FREITAS, Juarez. *A interpretação sistemática do Direito*. 3 ed. São Paulo: Malheiros, 2002.

GOMES, Orlando. *Direito de Família*. 7 ed. Rio de Janeiro: Forense, 1987.

LEITE, Eduardo de Oliveira. O direito de família face a nova Constituição. In: *Revista Unimar Jurídica*. Maringá: Imprensa Universitária, 1991.

LINS, Cristiane Delfino Rodrigues. *Ação monitória no direito brasileiro* (Lei 9079095). Disponível em: http://www1.jus.com.br/doutrina/texto.asp?id=892, acessado em 20 de novembro de 2002.

LOBO, Paulo Luiz Netto. A repersonalização das relações de família. *O direito de família e a Constituição de 1988*. Coord. Carlos Alberto Bittar. São Paulo: Saraiva, 1989, p. 54.

MACEDO, Elaine Harzheim. Da ação monitória. In: *Inovações do Código de Processo Civil*. Organizador José Carlos Teixeira Giorgis. Porto Alegre: Livraria do Advogado, 1997.

MADALENO, Rolf. *Novas Perspectivas no Direito de Família*. Porto Alegre: Livraria do Advogado, 2000, p. 61.

MARMITT, Arnaldo. *Pensão alimentícia*. 2 ed. Rio de Janeiro: Forense, 1996.

MAUNZ, Theodor e ZIPPELIUS, Reinhol. *Deutsches Staatsrecht*. 29 ed. Müchen: C. H. Beck, 1994.

MEIRELES, Edilton. *Ação de execução monitória*. São Paulo: LTr, 1997.

NEVES, Iêdo Batista. *Vocabulário prático de tecnologia jurídica e de brocardos latinos*. 3 ed. Rio de Janeiro: Fase, 1990.

PEREIRA, Sérgio Gischkow. Tendências modernas no Direito de Família. *Revista dos Tribunais*, 628, fev/1988.

PONTES DE MIRANDA, Francisco Cavalcanti. *Tratado de Direito Privado*. Campinas: Bookseller, 2000.

ROCCO, Hugo. *Tratado de derecho procesal civil*, vol. 6. Buenos Aires: Depalma, 1981.

SANTOS, Ernani Fidélis dos. *Manual de Direito Processual Civil*. São Paulo: Saraiva, 2000.

SARLET, Ingo Wolfgang. *A Eficácia dos Direitos Fundamentais*. 3 ed. Porto Alegre: Livraria do Advogado, 2003.

SATTA, Salvatore. Direito Processual civil. V.2. Trad. Luiz Autuori. Rio de Janeiro: Borsoi, 1993.

SPENGLER, Fabiana Marion. *Alimentos – da ação à execução*. Porto Alegre: Livraria do Advogado, 2002.

3. A guarda compartilhada e o novo Código Civil brasileiro

3.1. Introdução

O presente texto pretende discutir um dos mais inovadores institutos do direito brasileiro, mais especificamente contido no Direito de Família, que diz respeito à guarda compartilhada. Preliminarmente, cabe ressaltar que o tema "guarda da criança e do adolescente" sofreu grandes e importantes modificações no decorrer da história do direito brasileiro, especialmente depois da Constituição Federal de 1988.

Antes, a prioridade quanto a administração, manutenção, proteção e chefia da família era do homem que chamava para si todos os deveres, assim como todos os direitos inerentes a ela. Com a promulgação da Lei do Divórcio, a guarda dos filhos menores de idade, por ocasião da separação, passou a ser privilégio da mãe, exceto se fosse comprovada sua culpa pelo término da união (especialmente nos casos de adultério). A guarda dos filhos passou a ser competência da mãe por entender-se que esta era mais necessária para o seu desenvolvimento sadio.

No entanto, a Constituição Federal de 1988 veio igualar homem e mulher em direitos e obrigações, firmando os primeiros passos no sentido de possibilitar ao pai todos os privilégios já proporcionados à mãe. A partir deste momento, a guarda dos filhos passou a ser deferida àquele que demonstrasse melhores condições de criá-los.

Com o advento do Estatuto da Criança e do Adolescente (ECA), objetivou-se proteger o bem-estar do infante, primando por atender as suas necessidades, alcançando-lhe não só o necessário para um desenvolvimento físico saudável, mas também emocional. Foi com este intuito que o Brasil ratificou, no Decreto 99.710/90, a íntegra do que foi decidido por ocasião da Convenção Internacional dos Direitos da Criança, que foi aprovada com unanimidade em 20 de novembro de 1989 na Assembléia Geral das Nações Unidas. A partir deste momento, o País passou a trabalhar sob a égide do princípio do "melhor interesse" sempre que envolvidos crianças e adolescentes.

Então, o próximo passo foi buscar alternativas de solução para os terríveis processos de guarda que muitas vezes serviam para alimentar o ódio entre os pais, trazendo danos irreversíveis aos filhos. Neste momento, a guarda compartilhada começa a despontar como um novo modelo de responsabilidade, delineando como solução a guarda do filho comum, zelando por seus interesses, administrando seus bens, mantendo-lhe a educação e o sustento e responsabilizando-se por todos os seus atos.

Neste sentido, pretende-se analisar a fixação da guarda compartilhada e a efetiva garantia do princípio do "melhor interesse", delimitando as reais vantagens e desvantagens para a criança ou adolescente e para seus familiares. Outro aspecto que merece abordagem é aquele que diz respeito especificamente aos fatores psicológicos, verificados nas partes envolvidas no procedimento, investigando a real aplicação da guarda compartilhada, bem como as possibilidades de que este modelo de responsabilidade parental possa vir a ser exitoso.

Mas é preciso observar que quando se pretende discutir a guarda é necessário, primeiramente, ressaltar duas diretrizes: a primeira diz respeito ao fato de que vai-se analisar, aquela deferida à família biológica, pai ou mãe, para ser mais preciso, diferentemente daquela guarda constante no Estatuto da Criança e do Adolescente que trata da colocação em família substituta, não obstante tal dispositivo legal ser mencionado no decorrer do texto por trazer em seu bojo legislação protetora que deve ser observada.[138] A segunda diretriz refere-se ao fato de que se discute também a guarda de menor quando os genitores não vivem sob o mesmo teto, porque nunca foram casados ou porque encontram-se separados, permeando por todos os tipos de guarda, mas com ênfase na guarda dita conjunta ou compartilhada.

Investigar as especificidades da guarda compartilhada e apontar soluções para possíveis litígios entre as partes envolvidas é trabalho de

---

[138] Segundo Antonio Chaves, "a guarda de que trata a lei estatutária só se explica ao menor em situação irregular, isto é, separado da família, por morte ou por abandono dos pais" (CHAVES, Antônio. *Comentários ao Estatuto da Criança e do Adolescente*. 2 ed. São Paulo: LTr, 1997, p. 147). Mas, de acordo com outros autores, conforme Franklin Alves Felipe a "guarda pode ser deferida com relação a qualquer menor de 18 anos, independentemente de sua condição", diante do fato de que o novo Estatuto, que incorpora a doutrina sociojurídica da proteção integral da criança e/ou adolescente, proposta pela ONU, contrariamente aos anteriores Códigos de Menores, acabou com a idéia de situação irregular. (FELIPE, J. Franklin Alves. *Adoção, guarda, investigação de paternidade e concubinato*. 8. ed. Rio de Janeiro: Forense, 1996, p. 41.

grande importância, uma vez que diz respeito à composição de um dos assuntos mais polêmicos encontrados atualmente no direito brasileiro: a definição de um guardião para a criança ou adolescente.

Ocorre que a abrangência da presente pesquisa é ampla, sendo que ainda inexiste legislação a respeito. Por outro lado, esta omissão legal não é fator determinante para que deixe de ocorrer casos de fixação da guarda de menor na forma compartilhada. Então, é de grande importância avaliar as chances de que esta forma de responsabilidade parental seja aplicada com êxito, analisando, conseqüentemente, todos os fatores que possam vir a fomentar este êxito, bem como todos aqueles que possam levá-lo ao fracasso.

Diante deste quadro, necessário investigar quais são as reais vantagens e desvantagens da guarda compartilhada, bem como quais são os casos onde esta pode ter real aplicabilidade. Por outro lado, é importante que se vislumbre a existência ou não de projeto de lei que regulamente sua aplicação, analisando todos os seus aspectos. Da mesma forma, é também relevante que se verifique a forma como os tribunais pátrios têm se posicionado diante dos pedidos de guarda compartilhada e dos possíveis litígios que estes possam suscitar, no intuito de, juntamente com a doutrina, tecer comparativo com as demais modalidades de guarda para fins de elencar e delinear as reais vantagens de cada modelo.

Finalmente, parece de suma importância a discussão sobre a guarda e a educação da criança e do adolescente, principalmente quando ocorre com o viés do "melhor interesse", de maneira completamente descompromissada com esta ou aquela corrente doutrinária, apenas atrelada a uma discussão ética e séria sobre o assunto. Justamente para fins de dirimir a polêmica e buscar soluções elaborou-se o texto que agora se apresenta e que adiante pode ser conferido.

3.2. Família

A família moderna sofreu, com certeza, grandes alterações no último século, sendo que essa evidente transformação trouxe conseqüências para seus mais diversos aspectos, ou seja, alterou-se conseqüentemente o aspecto cultural, conformador da família, antes baseada na figura do pai como chefe supremo, no aspecto econômico, com a entrada da mulher/mãe no mercado de trabalho, no aspecto social ante a nova postura da sociedade diante de situações existentes e que antes sequer eram consideradas como o reconhecimento da família proveniente da união estável, dentre outras tantas.

Mas pode-se perceber que a família, em sua conformação atual e depois de sofridas todas essas alterações, com o passar do tempo e a evolução dos costumes, prima, principalmente pelo afeto que deve unir seus integrantes. Atualmente, se já não existe amor no matrimônio, os cônjuges buscam a solução para a falta de afeto no término do casamento e quiçá no estabelecimento de uma nova união (que poderá ser matrimonializada ou estável), não se mantendo mais atrelados a segmentos sociais e religiosos,[139] que pregam os perigos do divórcio e a manutenção dos laços matrimoniais a qualquer custo.

A palavra *família* surgiu a partir do vocábulo "*foemina*", o que pode ter originado, talvez, a suposição de que a forma primitiva da organização familiar tenha sido a matriarcal, com a prática da poliandria.[140] Mas vale ressaltar que a noção de família tem variado, podendo representar, numa mesma época, concepções diversas. Assim, "no direito romano significava não apenas o grupo de pessoas ligadas pelo sangue ou por estarem sujeitas a uma mesma autoridade como também se confundia com o patrimônio nas expressões *actio familiae erciscundae, agnatus proximus familiam habeto* e outras".[141]

Durante muito tempo, dizia-se que a família pode ser vista de duas formas: "em sentido amplo – conjunto de pessoas ligadas pelo vínculo da consangüinidade, ou seja, os descendentes de um tronco comum;" e ainda, "família em sentido estrito, abrangendo o casal e seus filhos legítimos, legitimados ou adotivos".[142] Mas é importante que se aponte para a nova conformação da família, hoje, deve-se observar que a família ganhou

---

[139] Sobre a influência que a religião sempre exerceu na família vale ressaltar as palavras de Fustel de Coulanges que salienta: "...O que uniu os membros da família antiga foi algo mais poderoso do que o nascimento, o sentimento ou a força física; na religião do lar e dos antepassados se encontra esse poder. A religião fez com que a família formasse um corpo nessa e noutra vida. A família antiga é assim associação religiosa, mais que associação natural (...) Sem dúvida, não foi a religião que criou a família, mas seguramente foi a religião que lhe deu as suas regras (...) A família era assim um grupo de pessoas a quem a religião permitia invocar o mesmo lar e oferecer a refeição fúnebre aos mesmos antepassados" (COULANGES, Fustell. *A cidade antiga*. São Paulo, Martins Fontes, 2000, p. 3637).

[140] MUJALI, Walter Brasil. *Família e sucessões*. São Paulo: Editora de Direito, 2000, p. 14.

[141] WALD, Arnold. *Direito de família*. 11. ed., rev. ampl. e atual. São Paulo: Revista dos Tribunais, 1998, p. 19.

[142] Ibidem, p. 19-20. No mesmo sentido, Orlando Gomes diz que: "modernamente, perdeu o sentido etnológico de grupo das pessoas que vivem sob o mesmo teto, com economia comum. Emprega-se, no entanto, com diverso significado. Em acepção *lata*, compreende todas as pessoas descendentes de ancestral comum, unidas pelos laços do parentesco, às quais se ajuntam os fins. Neste sentido, abrange, além dos cônjuges e da prole, os parentes colaterais até certo grau, como tio, sobrinho, primo, e os parentes por afinidade, sogro, genro, nora, cunhado. *Stricto sensu*, limita-se aos cônjuges e seus descendentes, englobando, também, os cônjuges dos filhos. Designa a palavra família mais estritamente ainda o grupo composto pelos cônjuges e filhos menores." (GOMES, Orlando. *Direito de família*. 7. ed. Rio de Janeiro: Forense, 1992, p. 30).

novos ares, podendo ser, em sentido estrito, aquela formada por apenas um dos genitores e seus filhos, gerando a família monoparental, e quebrando com a concepção de "casal", de modo que a família estrita hoje já não cabe, exatamente, nos contornos traçados por Arnold Wald, citados acima.

Ocorre que, o vocábulo *família* não tem, até hoje, uma significação unívoca, pois sempre foi empregado em várias acepções, muitas vezes aplicando-se às coisas e às pessoas. "Ora significava o conjunto das pessoas sujeitas ao poder do *pater familias*, ora o grupo dos parentes unidos pelo vínculo da cognação, ora o patrimônio ou a herança".[143]

Atualmente, a família tem uma conformação e um significado estrito,

> constituindo-se, na maioria das vezes por pais e filhos, o que representa certa unidade de relações jurídicas, com idêntico nome e o mesmo domicílio e residência, preponderando identidade de interesses materiais e morais, sem expressar, evidentemente, uma pessoa jurídica. No sentido amplo, amiúde empregado, diz respeito aos membros unidos pelo laço sangüíneo, constituída pelos pais e filhos, nestes incluídos os ilegítimos ou naturais e os adotados.[144]

Nesse ínterim, importa sublinhar, mais uma vez, que quando se fala em família formada por pais e filhos, não se pode perder de vista que aqui também se inclui a monoparentalidade anteriormente já referida, ou seja, famílias formadas apenas pelo pai ou pela mãe e seus filhos.

Da mesma forma, a família é extremamente visada e protegida pelo Estado, pois "é um corpo intermediário entre o indivíduo e o Estado".[145] Por isso sofre influência estatal no seu regramento, a tal ponto de proibir e/ou permitir determinadas atitudes, coisa que, em qualquer outra área do direito seria mal visto, mas que, no direito de família é tolerado, mesmo que tal interferência muitas vezes venha a ferir direitos e garantias individuais do cidadão.

Por conseguinte, a intervenção do estado junto ao direito de família também existe em função do estado de família que cada cidadão possui e que lhe é atributo personalíssimo. Tal atributo é conferido através do "vínculo que une uma pessoa às outras: casado, solteiro. Também pode ser considerado sob aspecto negativo: ausência de vínculo conjugal, familiar, filho de pais desconhecidos".[146] Diante disso, pode-se observar a

---

[143] GOMES, 1992, p. 30.
[144] RIZZARDO, Arnaldo. *Direito de família*. Rio de Janeiro: Aide, 1994, p. 23.
[145] MUJALI, 2000, p. 14.
[146] VENOSA, Sílvio de Salvo. *Direito Civil – Direito de família*. 3 ed. São Paulo: Atlas, 2003, p. 32. O mesmo autor vai além quando apresenta as características do estado de família como sendo: intransmissibilidade, irrenunciabilidade, imprescritibilidade, universalidade, indivisibilidade, correlatividade, oponibilidade.

importância que tem, para o mundo do direito, a definição do estado de família de cada indivíduo, o que importaria em conseqüências para a capacidade civil e para determinar, por exemplo, a existência ou não de vícios do casamento, dentre outros tantos.

Concluindo, Arnaldo Rizzardo ressalta que o conceito de família que mais se adapta aos novos regramentos jurídicos diz respeito "ao conjunto de pessoas com o mesmo domicílio ou residência, e identidade de interesses materiais e morais, integrado pelos pais casados ou em união estável, ou por um deles e pelos descendentes legítimos, naturais ou adotados".[147]

Tal conceito conforma e traz em seu bojo todas as possibilidades de família, ou seja, a família matrimonializada, advinda da união estável e a família monoparental, por isso talvez seja o mais moderno e de aplicação mais provável nos dias de hoje. Ocorre que, especialmente naqueles casos onde a família composta por pai e mãe se desfaz e se reorganiza em torno apenas de uma daquelas figuras, que detém sua guarda, enquanto ao outro, que se ausenta, é atribuído o direito/dever de visitar os filhos. Esse pois é o assunto que adiante se abordará.

3.3. Guarda da criança e do adolescente

O conceito de guarda passa, invariavelmente, pelo fato de que ela se constitui em um dos deveres que integram o conteúdo do poder familiar, que, por sua vez, compreende os deveres de ordem jurídica que se impõe aos pais com relação aos seus filhos e a administração de eventual patrimônio que esses possuam.

Atualmente, a guarda é deferida por ocasião da dissolução ou da extinção do casamento a um dos cônjuges que terá o dever de criá-lo e educá-lo enquanto ao outro cabe o dever de prestar alimentos e o direito de visitas. A guarda assim disciplinada vem disposta nos arts. 1.583 e seguintes do CC. No entanto, também existe a guarda deferida a terceira pessoa, nos casos em que os filhos não devem permanecer sob responsabilidade do pai ou da mãe, conforme o art. 1.584, parágrafo único, do CC.

Antes que se discuta esta ou aquela forma de se deferir a guarda a um de seus genitores é importante que se conceitue exatamente o que é guarda, ou seja, quais são as relações existentes entre pais e filhos que fazem parte deste importante instituto do Direito de Família. Por óbvio que todo pai e toda mãe possuem direitos e deveres que lhe são inerentes

---

[147] RIZZARDO, 1994, p. 24.

sobre o filho, resultantes do poder familiar e que são exercidos conjuntamente enquanto a família permanece unida.

Assim, segundo Lopes de Oliveira,[148] a guarda é um dos elementos da autoridade parental, sendo o instituto pelo qual alguma pessoa, seja parente ou não da criança e do adolescente, assume responsabilidade sobre ele, devendo dispensar-lhe todos os cuidados próprios da idade e necessários a sua criação, aqui incluídos, além da assistência espiritual, as condições básicas materiais de alimentação, moradia, vestuário, assistência médica, educação, as atividades de lazer e as complementares nos aspectos culturais, além daqueles de formação educacional, tudo, porém, dentro dos princípios morais vigentes.

Por outro lado, segundo Maria Helena Diniz, pode-se conceituar guarda como

> o conjunto de relações jurídicas existentes entre o genitor e o filho menor, decorrentes do fato de estar este sob o poder e companhia daquele e da responsabilidade daquele relativamente a este, quanto à sua criação, educação e vigilância.

Mas, é preciso também relacionar que a guarda possui, no âmago de seus fundamentos, obrigações e direitos que são conferidos aos pais, dos quais podem-se citar como exemplo o usufruto e a administração do patrimônio do filho, conforme prevê os arts. 1.689 e seguintes do CC, ou então, o direito/dever de visitação previsto no artigo 1.589 do CC, assim como o sustento, a guarda e a educação dos filhos que vêm regrados pelo art. 1.566, IV, do CC. Assim, sobre as obrigações do guardião, Cahali[149] ensina:

> Obriga à prestação de assistência material, moral e educacional à criança ou adolescente. A guarda transfere ao guardião, a título precário, o atributo constante do art. 384, I, do Código Civil no sentido de que lhe compete dirigir a criação da criança ou do jovem; como também lhe compete exigir que aquele lhe preste obediência, respeito e os serviços próprios de sua idade e condição; no dever de assistência material do menor sob sua guarda, entende-se que o guardião sujeita-se á obrigação legal de alimentos em favor daquele, sem prejuízo da obrigação de prestá-los o pátrio poder.

Por isso, cabe aos pais criar e educar sua prole, mantendo seu sustento e oferecendo a estes tudo o que estiver ao seu alcance para fazer-lhes cidadãos de bem. A falha com relação a estes deveres poderá ser punida com inclusive a suspensão ou destituição do poder familiar, passando a criança à família substituta, o que não é objeto do presente trabalho. Mas,

---

[148] OLIVEIRA, J.M. Leoni Lopes de. *Guarda, Tutela e Adoção*. 2 ed. Rio de Janeiro: Lumen Juris, 1999, pp. 35-36 e 54.
[149] CAHALI, Yussef Said. Comentário ao art. 33. CURY, Amaral e SILVA, Mendez (Coord.). *Estatuto da Criança e do Menor*. Belo Horizonte: Del Rey, 1993, p. 277-284.

atualmente, segundo Demian Diniz da Costa,[150] esse conceito de guarda elaborado por Cahali e acima mencionado apresenta um contraponto com a realidade, uma vez que já não se pode mais exigir "obediência, serviço e respeito próprios", pois a relação com a criança já não é mais uma relação de prestação/contraprestação e, sim, uma relação inovadora, calcada em emoções e sentimentos, e não mais numa autoridade paterna incondicional baseada em um respeito e obediência eivados de sentimentos como o medo e de represálias e castigos físicos.

Não se deve perder de vista que se os pais não vivem juntos, aquele que deter a guarda do filho será o responsável por ele com todos os direitos e deveres inerentes a ela. Justamente por isso o legislador pátrio elegeu a guarda para definir a responsabilidade, e não o poder familiar, pois, se do contrário, mesmo estando separados, os dois genitores ainda seriam responsáveis pelo filho comum. Ocorre que existe uma única exceção, cujo exemplo encontra-se no filho que está na guarda direta do genitor visitante, pois, nesse momento, é ele quem detém a guarda.[151]

3.4. A atribuição da guarda na ruptura da família

Mas estando a família unida, ou seja, pais e filhos residindo na mesma casa, quer seja por força do casamento ou da união estável, a guarda dos filhos é atribuição de ambos, dividindo-se entre eles os encargos de criação e educação da prole. Por outro lado, quando ocorre a separação e a família se rompe, ou seja, os genitores passam a residir em lares distintos, hodiernamente apenas um deles detém a guarda dos filhos menores, passando o outro a efetuar visitas em dias e horários previamente aprazados. Segundo Orlando Gomes,[152] "ocorrendo a separação ou divórcio judicial, ou separação de fato, não haverá alteração nas relações entre os pais e filhos, a *potestas* será alterada pela atribuição do direito de guarda a um dos genitores, desmembrado pela regulamentação do direito de visita." Porém, não se pode perder de vista que

> Quando é afirmado que as relações entre pais e filhos não se alteram, é preciso esclarecer que há um deslocamento de parte do exercício do pátrio poder para o genitor que detiver a guarda (normalmente a mãe). Ambos os pais continuam titulares

---

[150] COSTA, Demian Diniz da. *Famílias monoparentais – reconhecimento jurídico*. Rio de Janeiro: Aide Editora, 2002, p. 88.
[151] SALLES, Karen, Ribeiro Pacheco Nioac de. *Guarda Compartilhada*. Rio de Janeiro: Lumen Juris, 2001, p. 22.
[152] GOMES, 1992, p. 370.

da potestas, mas, com o fim da sociedade conjugal, não é possível manter o seu exercício, como outrora.[153]

Nesses casos, não se pode negar que, por melhor que seja o relacionamento entre os ex-cônjuges, ocorre uma desarmonia na educação do filho que agora passará a conviver de forma muito mais estreita com o genitor guardião, correndo o risco de, gradativamente, se afastar daquele que não detém a guarda e apenas efetua visitas periódicas. No entanto, vezes existem nas quais ambos os genitores não possuem condições de permanecer com a guarda do filho por várias razões, dentre elas problemas de saúde, insuficiência financeira ou dificuldades no trabalho, e optam por delegar a guarda a terceira pessoa que poderá ser um parente (normalmente avós ou tios) ou um estranho (amigos da família ou padrinhos) que possuem melhores condições de criar e educar-lhes o filho.[154] Tal situação jurídica é perfeitamente viável, pois:

> Sendo a guarda um dos atributos do pátrio poder e não havendo obrigatoriedade em conviverem, poderá ser delegada a outrem que não sejam os pais. Esta decisão deverá ocorrer por sentença judicial e, preferencialmente, delegada a uma pessoa idônea da família de qualquer dos cônjuges ou conviventes. Mesmo assim, os pais ainda detêm o pátrio poder, pois este é indelegável e só cabe a eles e a ninguém mais.[155]

Atualmente, quando ocorre o rompimento da família com a separação dos pais, estando eles de comum acordo e fixando a guarda, desde que respeitados os interesses do filho, cabe ao magistrado homologar o acordo vertido entre as partes, sendo favorável a tal ato o parecer do Ministério Público. Mas se os pais não chegam a um consenso? Se não conseguem acordar quanto à guarda? Com quem o filho deverá permanecer? Quais são os critérios para definir a guarda? Sobre esse assunto discute-se adiante.

3.5. Critérios de determinação da guarda

Existindo litígio quanto à determinação da guarda e existindo disputa entre os genitores, Grisard[156] utiliza os seguintes critérios para sua determinação:

---

[153] Ibidem, p. 371.

[154] Vale ressaltar que a guarda deferida a pessoas estranhas ao círculo familiar da criança ou adolescente, que tenha por objetivo colocá-lo em família substituta, não interessa ao presente trabalho, conforme o já referido anteriormente.

[155] GOMES, 1992, p. 371.

[156] GRISARD FILHO, Waldir. *Guarda compartilhada: um novo modelo de responsabilidade parental.* São Paulo: RT, 2000, p. 61-68.

3.5.1. O princípio do melhor interesse da criança e do adolescente

O princípio do melhor interesse da criança começou a ser gestado no Brasil por ocasião da Convenção Internacional dos Direitos da Criança, que foi aprovada por unanimidade em 20 de novembro de 1989 na Assembléia Geral das Nações Unidas. Essa convenção foi ratificada no Brasil através do Decreto 99.710/90, que dispõe em seu art. 3º: "Todas as ações relativas às crianças, levadas a efeito por instituições públicas ou privadas de bem-estar social, tribunais, autoridades administrativas ou órgãos legislativos, devem considerar, primordialmente, o interesse maior da criança".[157]

Atualmente, o melhor interesse é observado sempre que venha a se discutir o direito de criança que é motivo de litígio e que precisa ser tutelado. Nesse sentido, vários doutrinadores ressaltam sua importância, dentre eles Antônio Carlos Gomes da Costa, que afirma que a condição peculiar de desenvolvimento

> não pode ser definida apenas a partir do que a criança não sabe, não tem condições e não é capaz. Cada fase do desenvolvimento deve ser reconhecida como revestida de singularidade e de completude relativa, ou seja, a criança e o adolescente não são seres inacabados a caminho de uma plenitude a ser consumada na idade adulta, enquanto portadora de responsabilidades pessoais, cívicas e produtivas plenas. Cada etapa é, à sua maneira, um período de plenitude que deve ser compreendido e acatado pelo mundo adulto, ou seja, pela família, pela sociedade e pelo Estado.[158]

Então, esse princípio se aplica a todo e qualquer procedimento que diga respeito a direito de criança, sendo utilizado freqüentemente nas ações que envolvem dissolução ou extinção do vínculo matrimonial e naquelas dispostas junto ao ECA, dentre elas a adoção, com maior expressão nos procedimentos que discutem a guarda.

O melhor interesse consiste em dar-lhe "uma boa formação moral, social e psicológica; a busca da saúde mental ou a preservação de sua estrutura emocional".[159] Então, quando se discute o melhor interesse da criança e do adolescente direcionado à definição de seu guardião, Francoise Dolto aponta três critérios ou referenciais de continuidade que devem ser observados:

---

[157] PEREIRA, Tânia da Silva. O princípio do melhor interesse da criança: da teoria à prática. *Direito de Família: a família na travessia do milênio.* Coordenador: Rodrigo da Cunha Pereira. Belo Horizonte: IBDFAM: OAB – MG: Del-Rey, 2000.

[158] COSTA, Antônio Carlos Gomes da. Estatuto da Criança e do Adolescente comentado. CURY, Amaral e SILVA, Mendez (coordenadores). São Paulo: Malheiros, p. 39.

[159] BAPTISTA, Sílvio Neves. Guarda e direito de visita. *Direito de Família: a família na travessia do novo milênio.* Coordenador: Rodrigo da Cunha Pereira. Belo Horizonte: IBDFAM, OAB/MG, Del Rey, 2000, p. 291.

a) o *continuum de afetividade* indica que a criança ou adolescente deve permanecer sob a guarda do genitor em cuja companhia o menor se sinta mais feliz e seguro... b) o segundo é o *continuum* social. Ao atribuir a guarda a um dos genitores o juiz deve levar em consideração o ambiente vivido pelo menor no momento da separação dos pais para preservar-lhe o relacionamento social com os colegas e amigos de rua... c) O terceiro *continuum* é o *espacial*. Segundo esse referencial, o espaço dos filhos deve ser preservado porque a personalidade do menor se constrói dentro de certo espaço. Quando há mudança de espaço – do local onde vive, da escola onde estuda –, a criança perde um de seus referenciais, que é o referencial de espaço...[160]

Assim, se é importante que o melhor interesse seja considerado para definir-lhe, dentre outras coisas, o seu futuro guardião, percebe-se que este também deverá prevalecer quando a discussão permeia o fim de um casamento. Nesse sentido, já decidiu o STF: "O que prepondera é o interesse do menor e não a pretensão do pai e da mãe".[161]

Justamente pela importância dada à infância e à adolescência sadias que o interesse concreto da criança, é critério de decisão do juiz. Assim, o magistrado, "examinando a situação fática, determina a partir de elementos objetivos qual é, verdadeiramente, o interesse de determinado menor em determinada situação de fato".[162]

Mas pode-se questionar a forma, ou melhor, os meios através dos quais o magistrado pode se convencer de que esta ou aquela situação proposta é mais segura para o infante, garantido-lhe a proteção de seus interesses. A resposta vem nas palavras de Eduardo Oliveira Leite,[163] quando esse refere que:

a Jurisprudência tem permitido precisar algumas tendências: o desenvolvimento físico e moral da criança, a qualidade de suas relações afetivas e sua inserção no grupo social, a idade, o sexo, a irmandade, o apego ou a indiferença manifestada pela criança, como também as condições que cercam os pais, materiais ou morais. Todos esses elementos são caminhos que servem ao juiz para descobrir, caso a caso, o que lhe parece ser " interesse do menor".

Porém, é preciso que se tenha em mente que o interesse ao qual se refere aqui é aquele capaz de proporcionar à criança ou ao adolescente o completo desenvolvimento de sua personalidade de forma madura e racional, prevalecendo sempre o interesse moral sobre o material.

---

[160] DOLTO, Françoise. *Quand les parents se séparent*. Paris: èditions du Seuil, 1988. Também citado por BAPTISTA, Sílvio Neves. Guarda e direito de visita. *Direito de Família: a família na travessia do novo milênio*. Coordenador: Rodrigo da Cunha Pereira. Belo Horizonte: IBDFAM, OAB/MG, Del Rey, 2000, p. 291/292.

[161] Diário da Justiça da União, 20.12.67, p. 4.405, citado por CRISARD FILHO, 2000, p. 64.

[162] Ibidem, p. 61.

[163] LEITE, Eduardo Oliveira. *Famílias monoparentais*. São Paulo: RT, 1997, p. 197.

Grisard[164] ressalta que algumas vezes sobrepõe-se o interesse material, de forma transitória, sobre o moral, quando, por exemplo, sofre a criança de grave doença, necessitando mais de meios econômicos que suporte seu tratamento médico e/ou hospitalar. Ocorre que, exceto nesses casos, "não se pode confundir maior aptidão pessoal ao exercício da guarda, embora muitos magistrados argumentam representar o econômico um meio garantidor de uma certa estabilidade psicológica da criança."

Por outro lado, há de se considerar que a guarda não é procedimento definitivo. Seu deferimento não determina a extinção ou perda do poder familiar, uma vez que não disposta no art. 1635 do CC, que elenca como motivos: a morte dos pais, a emancipação, a maioridade, a adoção, ou a determinação judicial baseada no art. 1638[165] do mesmo diploma legal.

Assim, a guarda pode ser revista a qualquer tempo, independentemente de quem seja o infante ou o seu guardião, se verificado que a guarda deferida anteriormente já não assegura e reflete a proteção da criança ou do adolescente.

3.5.2. Idade e sexo

Atualmente, não existe fundamento legal que regulamente a determinação da guarda em função de critérios como a idade e o sexo do futuro guardião. Anteriormente, tal regulamentação existia, conforme os artigos 325 a 328 do CC, revogados pela Lei do Divórcio, que veio dirimir a polêmica suscitada pela questão da determinação da guarda.

Da mesma forma, o novo Código Civil cala-se a respeito, mantendo a mesma conduta já instituída pela Lei do Divórcio, de modo que qualquer um dos genitores, independentemente do sexo ou idade que possui, poderá ficar com a guarda do filho e tornar-se responsável pelo mesmo.

É inegável que durante muito tempo atribuiu-se à mãe a prioridade no recebimento da guarda dos filhos menores por ocasião da separação por entendimento de que esta possui mais condições e desvelos nos cuidados dos quais o filho carecia, desde sua higienização, alimentação, enfermidades, até o seu acompanhamento escolar diário. Acreditava-se que a mãe era possuidora de mais desenvoltura e até mesmo que era mais competente para acompanhar a prole no desenvolvimento dessas tarefas. Assim Eduar-

---

[164] GRISARD FILHO, 2000, p. 63-64.

[165] O art. 1638 disciplina como motivos ensejadores da perda do poder familiar a decisão judicial que baseada em castigos imoderados por parte dos pais, abandono destes com relação ao filho, a prática de atos contrários à moral e aos bons costumes, a reincidência reiterada nas faltas anteriormente expostas.

do Oliveira Leite[166] aponta como perigo maior na determinação da guarda o fato que:

> [...] continua residindo nos preconceitos decorrentes do sexo, sempre negativos em relação ao homem, quando se trata de guarda. A referência ao papel tradicional de mãe "naturalmente" boa, abnegada, apegada aos filhos, continua exercendo um poderoso fascínio sobre os magistrados, que não conseguem se desembaraçar de uma tradição, hoje, contestada a nível fático. Para a maioria, como afirmou Décoret, "as mulheres são mais mães do que os homens, pais".

Tal concepção arrefeceu com o passar do tempo e o desenvolvimento ao qual nossa sociedade se sujeitou. Com a entrada na mulher no mercado de trabalho, muitas de suas tarefas domésticas passaram a ser divididas ou até mesmo desempenhadas de forma integral pelos homens, o que demonstrou que estes também poderiam criar e manter uma rotina harmoniosa onde fosse possível destinar aos filhos cuidados tão extremados quantos os maternos.

Porém, Grisard[167] salienta que existem momentos onde é necessária a presença imediata do genitor do mesmo sexo, pois existem conflitos e problemas que podem afetar a criança nessa etapa da vida. "Aí, aparece como mais adequada às filhas a aptidão materna e aos filhos a paterna." Porém, volta a afirmar que "inexistindo limite etário e preferência pelo sexo do menor à determinação da guarda, prevalece a idoneidade dos pais para o seu exercício, tomada aqui essa idoneidade como a capacidade de ser pai e de ser mãe, com fim de promover o desenvolvimento integral dos filhos".

3.5.3. Irmãos juntos ou separados

Quando se trata de decidir ou acordar a guarda de família com mais de um filho, não é aconselhável que os irmãos sejam separados, divididos entre os pais, ou demais parentes, pois tal decisão poderia ter o condão de enfraquecer a solidariedade entre eles e provocar uma cisão muito profunda na família, já alquebrada, fazendo com que os irmãos tornem-se estranhos ou meros conhecidos uns dos outros.

O que se pretende com tal colocação é manter unido o que ainda resta da família que agora se rompeu. Mas, segundo Grisard, "perde razão esse critério, quando há grande diferença de idade entre os irmãos, presumindo-se que cada qual destine um tempo diverso às suas diferentes atividades".[168]

---

[166] LEITE, 1997, p. 200.
[167] GRISARD FILHO, 2000, p. 66.
[168] Ibidem, p. 66.

Assim, segundo aquele mesmo autor, em não sendo possível manter os irmãos todos juntos, recomenda-se um amplo regime de visitas.

3.5.4. A opinião da criança e do adolescente

Não são raras as ocasiões onde os pais, ao final do casamento ou da união estável, e mesmo quando o relacionamento duradouro não aconteceu, mas somente um namoro do qual adveio o filho, não conseguem chegar a um acordo quanto a sua guarda. Nesse caso, o magistrado vai se munir de todos os meios possíveis e lícitos para concluir pelo melhor para o rebento, podendo até mesmo ouvi-lo para verificar sob a guarda de quem gostaria de ficar.

Mas ocorre que a legislação civil brasileira nada dispõe, expressamente, a respeito dessa alternativa, qual seja, a oitiva da criança e do adolescente nos procedimentos onde deverá ser fixada sua guarda. A única referência a tal fato diz respeito ao disposto no art. 45, § 2°, do ECA, que determina que seja ouvido o maior de 12 anos para que consinta com sua adoção.

Mas, para alguns doutrinadores, jamais deve-se impor a escolha por um dos genitores ao filho por ser esta uma situação extremamente constrangedora e dolorosa, podendo tal ato deixar marcas indeléveis em sua personalidade. Nesse sentido, Mayrink[169] salienta:

> ouvir, sim, mas exigir que os filhos escolham, nunca. Todos concordam nesse ponto – magistrados, psiquiatras, psicólogos e assistentes sociais. Seria um conflito muito doloroso, para a criança, perguntar a ela com quem gostaria de morar. Os filhos não querem responder a essa pergunta, porque sabem que escolhendo o pai ou a mãe o outro ficará magoado.

Assenta-se, nesse passo, a moderna doutrina na certeza de que se trata de nítido corte interdisciplinar, como critério possível para enfocar cada um dos aspectos envolvidos a decisão, entre tantos a analisar, a opinião da criança ou do adolescente, afirmada pelas convenções internacionais a eles relativas.

Conforme Nogueira, citado por Salles:

> Aliás, em se tratando de menores que estejam em idade e condições de ser ouvidos, não se pode decidir dos eu destino sem ouvi-los, já que são os maiores interessados na sua sorte. Assim, o próprio Estatuto, no caso de adoção, dispõe expressamente que necessário o seu consentimento (art. 45, § 2º).

---

[169] MAYRINK, José Maria. *Filhos do Divórcio*. São Paulo: EMW, 1984, p. 94.

Ora, atualmente, com a precocidade de nossas crianças, que se alfabetizam com facilidade, tornando-se vivias e capazes de externar suas convicções, não se pode deixar de ouvi-las, quando houver alguma disputa em torno de seus destinos.[170]

Dessa forma, não se determinará, de forma coercitiva, a oitiva do menor ou do adolescenete menor, mas, em estes consentido com tal procedimento, sua opinião é de grande valia, pois reflete a afinidade e a afetividade que possui com o futuro guardião, sendo ambas de extrema importância para que a guarda seja fixada e passe a se desenvolver sem percalços. De outra banda, tão importante quanto a opinião é o comportamento dos genitores e sobre esse assunto se discutirá adiante.

3.5.5. Comportamento dos pais

As condições apresentadas pelo futuro guardião são de suma importância para aferição de quem possui reais condições de manter e se tornar responsável pela educação do infante. Essas condições dizem respeito não só ao aspecto material, ou seja, econômico-financeiro, mas também às possibilidades culturais, sociais e emocionais

Conseqüentemente, se aquele que pretende ser responsável pela criança não possui idoneidade e firmeza de caráter, se sua conduta não se coaduna a bons princípios éticos e morais, tal fato deverá ser levado em consideração ao determinar quem será o guardião, pois "...tratando-se de guarda de filho menor, deve atender-se ao interesse da criança e às condições e comportamento dos pretendentes à guarda".[171]

Dessa forma, a boa conduta do guardião diz respeito não só a sua pessoa, mas também à forma pela qual demonstra seu carinho e desvelo para com o seu pupilo, ou seja, também para com ele é necessário que despenda cuidados que permeiem pela ética e pela manutenção dos bons costumes no sentido de criar cidadãos de bom caráter.

3.6. Modalidades de guarda

3.6.1. Guarda e família substituta

Se não ficar com a família biológica, a criança ou o adolescente poderá permanecer com uma família substituta que supra todas as suas necessidades afetivas e financeiras. No entanto, sua colocação nessa famí-

---
[170] SALLES, 2001, p. 64-65.
[171] GRISARD FILHO, 2000, p. 69.

lia deverá ser motivada, cabendo, muitas vezes ao magistrado, com o apoio e o suporte do serviço de psicologia e assistência social, definir a melhor colocação da criança, protegendo seus interesses.

Nesses termos, o art. 1.584 do CC, em seu parágrafo único, autoriza o juiz a deferir a guarda para pessoa que revele compatibilidade com o exercício de seus atributos, observando sempre o grau de parentesco, a afinidade e a afetividade, conforme o disposto em lei específica.[172]

A guarda de menor deferida a terceiros, sejam parentes ou alguma instituição, obriga seu detentor "à prestação de assistência material, moral e educacional ao menor, conferindo ao guardião o direito de opor-se a terceiros, inclusive aos pais, como se vê no artigo 33 do ECA.[173] Porém, importa ressaltar que os pais, mesmo não detentores da guarda de seus filhos, não se encontram dispensados dos seus deveres, especialmente aqueles inerentes ao poder familiar, dentre os quais pode-se referir a obrigação de prestar alimentos, o que, em sendo permitido, poderia tornar-se um bônus aos pais irresponsáveis, que deixariam de ter qualquer obrigação para com seus rebentos.[174]

Assim, primordialmente, a criança ficará com parentes próximos, sempre resguardando o grau de afetividade e de afinidade entre ambos. Mas, se tais pessoas não existirem, não tiverem disponibilidade ou condições para tanto, a criança poderá ser encaminhada a uma instituição de acordo com o art. 30 do ECA.

Por conseguinte, Karen Ribeiro Pacheco Nioac de Salles diz que essa colocação de criança em família substituta é uma forma especial de guarda, pois:

> A guarda especial será deferida às entidades que mantenham internatos para menores abandonados, que, apesar de inúmeras falhas e deficiência, constituem uma necessidade no sistema de atendimento à infância. Ressalte-se que apenas irão abrigar os menores de dezoito anos.[175]

Mesmo que tais instituições não tenham condições mínimas de abrigar e manter o grande número de crianças ou adolescentes que a cada dia são retirados de suas famílias biológicas ou abandonados pelas mesmas, elas muitas vezes são a única saída para muitas crianças que ficam lá

---

[172] Essa também era a determinação do art. 327 do CC de 1916, que posteriormente foi revogado pela Lei 6.515/77, em seus artigos 10, § 2º, 13 e 15. Já no ECA, a figura do terceiro realiza-se na família substituta.

[173] Silva, *apud* GRISARD FILHO, 2000, p. 73.

[174] Nesse sentido, ver SPENGLER, Fabiana Marion. *Alimentos – da ação à execução*. Porto Alegre: Livraria do Advogado, 2002.

[175] SALLES, 2001, p. 68.

"depositadas", esperando o retorno para casa, ou em algumas circunstâncias, a colocação em família substituta, o que vai depender de outros fatores, dentre os quais sua idade ou raça.

Mas, é preciso que se ressalte o fato de que a guarda também tem por pressuposto garantir ao pupilo a dependência para todos os fins e efeitos de direito e, de modo expresso, os previdenciários, de acordo com o art. 33, § 3°, do ECA, que assegura a proteção à saúde, disposta no art. 227 da Constituição Federal.

Não obstante isso, em inúmeros casos se verifica o mau uso do instituto da guarda, quando os autores da ação têm por objetivo tão-somente estender benefício previdenciário à criança ou incluí-la em seu plano de saúde, esquecendo que os direitos e deveres inerentes ao guardião vão muito além de tal prerrogativa. Nesses casos específicos, o pedido deve ser indeferido para fins de proteger o direito do pupilo que merece muito mais do que um simples benefício previdenciário ou a inclusão em um plano de saúde, sendo dever do guardião cumprir com seu encargo integralmente alcançando toda assistência de que necessita.

No entanto, existem entendimentos contrários que admitem e recebem a colocação de criança na guarda de outros, que não seus genitores, objetivando tão-somente alcançar o plano de saúde, baseando-se na proteção do melhor interesse. Assim:

> Guarda de menor. Posse e guarda de neto. Tratamento médico. Interesse de menor. Prevalência. Recurso provido
> Apelação Cível. Pedido de Guarda de responsabilidade. Indeferimento preliminar de intempesividade recursal rejeitada, nas circunstâncias do caso concreto. Aló objetivando prestar tratamento médico à neta, através de Caixa de Previdência de Servidor Público Municipal. Criança que se acha sob os cuidados da apelante, desde que nasceu. Precariedade de recursos dos pais para que possam suprir suas necessidades. Estudo social em tal sentido. Caracterização de Guarda Compartilhada, à oportunidade da audiência. Manifestação informal das partes em juízo de que o pedido visava tornar possível a inclusão da menor naquele sistema previdenciário. Dever de prestação material, moral e educacional à criança. Existência de penalidades, na hipótese do descumprimento das obrigações art. 33, parágrafo primeiro da Lei 8069. Abdicando os pais da menor de exercerem a guarda de fato e de direito sobre a filha, e sem condições de lhe prestar qualquer assistência material, não há obstáculo à concessão da medida, de caráter provisório, sujeita a fiscalização do Ministério Público. Interesse da menor que deve prevalecer, pouco importando os resultados que advenham desta decisão junto à previdência. Provimento do recurso. Decisão unânime. (TJRJ, Ap. Civ.nº 2000.001.11184, 15ª Vara Cível, Des. José Motta)

Por outro lado, a guarda deferida nesses termos é contrária aos ditames legais e tem por objetivo a locupletação ilícita, portanto, tais pedidos não devem prosperar. Tudo isso porque finalidade maior e principal é conceder, com a instituição da guarda, não a fruição dos benefícios previdenciários, mas sim a prestação de assistência material, moral e educacional como determina o artigo 33 do ECA.[176]

3.6.2. Da guarda atrelada à família natural

Quando ocorre a ruptura da família, ou seja, quando os genitores já não vivem sob o mesmo teto, surge o momento de decidir quem permanecerá responsável pelos filhos que ainda não atingiram a maioridade ou que por algum motivo, mesmo sendo maiores, permanecem incapazes e, conseqüentemente, precisam de um guardião. É importante que se ressalte que além das modalidades de guarda entabuladas pela ruptura da família, acontecida por força da separação dos genitores, discutir-se-ão, adiante, também as possibilidades de se deferir a guarda em família substituta, mesmo que tais definições sejam rápidas, uma vez que não dizem respeito ao ponto central do presente trabalho. Assim, existem várias modalidades de fixação da guarda, sendo que dentre elas pode-se enumerar:

3.6.3. Guarda integrada ao poder familiar

A guarda proveniente do poder familiar, também chamada por Grisard[177] de comum, consiste justamente na convivência e comunicação diária entre pais e filhos, considerados por aquele doutrinador pressupostos essenciais para educar e formar o rebento. Essa guarda ligada ao poder familiar é um direito-dever de convivência com o filho que também lhe alcança a possibilidade de convivência com sua família e lhe assegura as funções parentais, como alimentação, educação, vigilância, representação, dentre outras. Tal prerrogativa se deve ao fato de que sua origem é o poder familiar, ou seja, os pais.

O contraponto a este modelo de responsabilidade parental é a guarda delegada a outros que não os genitores, ou seja, quando a criança é retirada de sua família natural e colocada em família substituta, passando antes, porém, pela intervenção estatal. A guarda delegada também pode ser derivada da lei, e encontra apoio nos artigos 1728 e seguintes do CC, e diz respeito, por exemplo, à tutela, seja ela dativa, legítima ou testamentária, cumprindo o Estado, assim, sua função social, de acordo com o artigo 30 do ECA.

---

[176] SALLES, 2001, p. 70.
[177] GRISARD FILHO, 2000, p. 70.

3.6.4. Guarda fática

Sempre que se fala em guarda, de antemão sabe-se também que o acordo entre as partes, normalmente os pais, é a melhor solução para o desenvolvimento saudável do maior interessado que é justamente a criança. Assim, muitas vezes quando a separação ocorre, os pais acordam sobre a guarda dos filhos de maneira expressa ou tácita, porém sem a homologação judicial, dando vazão a um acerto de guarda fático entre eles. Conseqüentemente, a guarda fática

> É aquela que se estabelece por decisão própria de uma pessoa que toma o menor a seu cargo, sem qualquer atribuição legal (reconhecida aos pais ou tutores) ou judicial, não tendo sobre ele nenhum direito de autoridade, porém todas as obrigações inerentes à guarda desmembrada, como assistência e educação. O vínculo jurídico que assim se estabelece, entretanto, só será desfeito por decisão judicial em benefício do menor.[178]

Se o encargo é entabulado através de acordo não homologado judicialmente, dá-se ensejo a uma situação fática que ainda não foi juridicamente reconhecida pela falta de homologação judicial. Neste sentido, Eduardo Oliveira Leite salienta:

> Como estes acordos expressos ou tácitos são feitos sem o aval do Judiciário permanecem privados de eficácia jurídica o que implica reconhecer a possibilidade de alteração da autoridade parental a qualquer momento ou, a menos, quando uma das partes não mais se conforma com os termos estabelecidos no acordo anterior.[179]

É claro que nesses casos, apesar de precário o acordo entre as partes que entabula a responsabilidade sobre a criança, ele pode vir a ser observado no momento de decisão do magistrado, uma vez que, se está o encargo bem desenvolvido e os interesses protegidos, evitando, assim, que o infante deixasse o atual guardião para residir com outro, abandonando a rotina que até então possuía, o que poderia gerar-lhe insegurança e medo.

Mas, o certo é que, enquanto no mundo dos fatos mas não no mundo do direito, tal modelo de responsabilidade parental não alcança aquele que o detém, nenhuma prerrogativa de representação ou defesa dos direitos da criança ou do adolescente. Mas asssegura então, para o guardião e para seu pupilo, que a guarda deixe de ser fato e se torne direito, através de acordo ou de sentença, transitada em julgado, o que geraria direitos e deveres, líquidos, certos e exigíveis.

---

[178] Ibidem, p. 71.
[179] LEITE, 1997, p. 228.

3.6.5. Guarda provisória e guarda definitiva

O art. 888, inciso VII, do CPC aborda a possibilidade de ser deferida a guarda provisória, de maneira cautelar, quando presentes os pressupostos da ação, quais sejam: *fumus boni iuris e periculum in mora*. Nesse caso, a guarda é deferida, de maneira urgente, àquele que demonstra, num primeiro momento, melhores condições de criá-lo. Posteriormente, no momento da ação principal, o que era provisório pode se tornar definitivo. Nesse sentido, Grisard[180] salienta:

> É na primeira figura, também chamada temporária, a que surge da necessidade de atribuir a guarda a um dos genitores na pendência dos processos de separação ou de divórcio, como modo primeiro de organizar a vida familiar. Trata-se, obviamente, de uma medida *provisória*, tendente a clarear-se quando sentenciada a demanda, tornando-se *definitiva*, após o exame cuidadoso de todos os critérios para atribuição da guarda ao genitor mais apto. O menor, então, confiado à guarda de um só dos pais, ficará sob o regime da *guarda única*.

Da mesma forma, Nogueira afirma que a guarda ainda "poderá ser provisória, quando for determinada para resolver a situação de alguma criança abandonada, devendo o juiz esclarecer àquele que a recebe as implicações que poderão advir de possíveis mudanças".[181]

Mas, por outro lado, é importante observar que a definitividade da guarda é relativa, uma vez que ela pode ser revista a qualquer tempo, desde que tenham ocorrido mudanças que impliquem a necessidade de sua alteração. Conseqüentemente, a guarda é um dos poucos institutos, dentre os quais também se podem citar os alimentos, que permite revisão desde que alteradas as condições das partes para fins de proteger e assegurar o direito em questão. Tal afirmativa é motivada pelo fato de que

> a cláusula *rebus sic stantibus* subordina, nessas questões, a coisa julgada; vale dizer, a sentença é imutável enquanto a situação fática se mantiver a mesma, não incidindo a regra do artigo 471 do CPC. A contrário, tratando-se de relação jurídica continuativa e sobrevindo modificações no estado de fato ou de direito, pode o juiz rever a decisão anterior.[182]

Conseqüentemente, a guarda pode ser revista sempre que houver necessidade de que tal aconteça, mas, também deverá obedecer ao interesse primordial da criança e do adolescente, assegurando sua proteção.

---

[180] GRISARD FILHO, 2000, p. 72.
[181] NOGUEIRA, Paulo Lúcio. *Estatuto da Criança e do Adolescente Comentado*. 4 ed. São Paulo: Saraiva, 1998, p. 44.
[182] GRISARD FILHO, op. cit., p. 72.

3.6.6. Guarda exclusiva

Em ocorrendo a ruptura da família, e restando um dos genitores como guardião da prole advinda do relacionamento, sendo assegurado ao outro o direito à visitação, estaremos diante de uma guarda dita exclusiva, na qual apenas o guardião possui a guarda material e também a guarda jurídica, "isto é, que tenha o direito de reger a pessoa dos filhos, dirigindo-lhe a educação e decidindo todas as questões do interesse superior dele".[183] Ao genitor que não detém a guarda cabe o direito de visitas e de fiscalização da criação e da educação que vêm sendo despendidas por parte do guardião, em favor de seu pupilo.

Grisard,[184] ao analisar aquele modelo de responsabilidade parental, ressalta que a "*guarda jurídica* é exercida à distância pelo genitor não-guardador. A *guarda material* prevista no artigo 33, § 1º, do ECA realiza-se pela proximidade diária do genitor que conviva com o filho, monoparentalmente, encerrando a idéia posse ou cargo".

Em verdade, Eduardo Oliveira Leite[185] salienta que essa modalidade de guarda gradativamente vem abrindo espaço a formas mais modernas de educação e criação, dentre elas a guarda alternada e conjunta ou compartilhada, que trataremos adiante.

3.6.7. Guarda alternada

A guarda alternada é outra maneira de dispor sobre a guarda de filho, sendo, porém, de uso restrito devido, principalmente, às grandes críticas que suscitou. Na verdade, é na guarda alternada que o menor passa determinado período de tempo na casa de um e depois de outro genitor, sucessivamente e, justamente essa inexistência de rotina é que dá vazão aos ataques que esse modelo de responsabilidade parental vem sofrendo porque, a princípio, traria malefícios à prole ante a inexistência de um padrão de comportamento único para com a criança e ao mesmo tempo exigido dela.

Assim, na busca de conceituação, pode-se citar Eduardo Oliveira Leite,[186] que afirma que a guarda alternada supõe

> que a criança viverá sucessivamente, por períodos longos de tempo, na casa de cada um dos seus genitores. Cada genitor exercerá, alternativamente, a guarda do filho

---

[183] GOMES, 1992, p. 281.
[184] GRISARD FILHO, 2000, p. 75-76.
[185] LEITE, 1997, p. 259.
[186] Idem. Ibidem.

com todos os atributos que lhe são próprios (educação, sustento, administração legal, etc.).

Por conseguinte, até mesmo pelo conceito que possui a guarda alternativa, surgem as primeiras críticas, e justamente por isso não é corriqueiramente utilizada porque geradora de instabilidade emocional para o menor, uma vez que este fica exposto a duas formas de criação, ou quiçá, dois padrões de vida diversos, o que, além de gerar uma quebra na sua rotina, causa instabilidade emocional.[187]

Nesse mesmo sentido, também são as palavras de Eduardo Oliveira Leite[188] ao salientar que

> a nível pessoal o interesse da criança é prejudicado porque o constante movimento de um genitor a outro cria uma incerteza capaz de desestruturar mesmo a criança mais maleável e a mudança constante de guarda, certamente, provocará eventuais conflitos sobre a criança que precisa de segurança e estabilidade.

Em contrapartida, existem os defensores da guarda alternada que apontam como vantagens o fato de que a criança convive com ambos os genitores de forma idêntica, ou seja, não apenas visita um deles, como aconteceria na guarda exclusiva. Porém, é preciso salientar que mesmo a convivência sendo a mesma em termos temporais (quantidade de dias, semanas, meses) poderá não ser a mesma em termos de qualidade, pois, em inúmeros casos ocorrerá de um dos genitores dispor mais tempo para o filho do que o outro por várias razões, dentre elas compromissos profissionais.

Ocorre que alguns doutrinadores, como Lagrasta Neto,[189] afirmam:

> A residência, desde logo, definida impede que a criança, em geral instável e desprotegida, sinta-se desconectada de qualquer eixo referencial para desenvolver atividades escolares, de aperfeiçoamento e de lazer: ela deve apresentara-se aos professores e amigos, além dos parentes, obviamente, com endereço certo; saber quem são seus vizinhos; estabelecer padrões de convivência, de honestidade e honradez, a partir das atitudes que, ao longo do tempo, formarão seu juízo crítico, fortalecendo a própria personalidade.

---

[187] MENOR – Guarda – pais separados – Custódia alternada semanalmente – Inconveniência – Permanência sob a guarda da mãe – Direito de visita do pai.
Ementa Oficial: é inconveniente à boa formação da personalidade do filho submetido à guarda dos pais, separados, durante a semana alternadamente; e se estes não sofrem restrições de ordem moral, os filhos, principalmente durante a infância, devem permanecer com a mãe, por razões óbvias, garantindo ao pai, que concorrerá para as suas despesas dentro do princípio necessidade-possibilidade, o direito de visita. (*Revista dos Tribunais*, v. 733, p. 333-336 – TJMG).

[188] LEITE, op. cit., p. 259.

[189] LAGRASTA NETO, Caetano. *Direito de família: a família brasileira no final do século XX*. São Paulo: Malheiros, 2002, p. 123.

Mas, como querer que a criança tenha uma residência fixa, conheça seus vizinhos e apresente esse ou aquele endereço como seu se ela não mora sempre no mesmo lugar? Se ela transita entre dois lares, ora aqui e ora ali? Como garantir que, com rotina tão instável, ela possa crescer sentindo-se segura e protegida? São dúvidas que remanescem e suscitam polêmica quando se fala em guarda alternada.

Por outro lado, o modelo de responsabilidade parental que ora se discute poderá gerar outras dificuldades em termos práticos que vão desde a indefinição pelo responsável na administração do patrimônio da criança até os problemas oriundos do pagamento ou não de verba alimentar.

Waldyr Grisard resume as vantagens e desvantagens da guarda alternada:

> A moderna doutrina adverte que a guarda alternada não está em harmonia com o interesse do menor. Ela é inconveniente para a consolidação dos hábitos, valores e idéias na mente do menor, diante do elevado número de mudanças, repetidas separações e reaproximações, provocando no menor não só instabilidade emocional e psíquica, como também um descontínuo afetivo, espacial e social. Já uma outra vertente vê na guarda alternada a vantagem de permitir ao menor manter relações estreitas com os dois genitores. Considerando os melhores interesses do menor, a Jurisprudência tende a estabelecer o exercício da parentalidade como regime básico.[190]

Diante de tais fatos, importa salientar que na França a guarda alternada também tem encontrado críticas e resistências, pois "juízes, advogados, médicos, psicólogos e trabalhadores sociais, concordam em geral em condenar (a guarda alternada) como contrária (ao interesse da criança), notadamente para as crianças de menos de 5 (cinco) anos".[191]

Então, até por não ser o modelo ideal de responsabilidade parental, a guarda alternada tem encontrado poucos adeptos e sido pouco utilizada junto ao direito brasileiro, nos mesmos moldes do direito estrangeiro. Desta feita, outros modelos se apresentam com mais vantagens para a criança, dentre eles a guarda compartilhada, que será objeto de estudo adiante.

3.6.8. Guarda compartilhada

Depois do exposto anteriormente, percebe-se uma grande mudança comportamental no direito de família no que diz respeito à ruptura da sociedade conjugal e à elaboração de um novo conceito de autoridade

---

[190] GRISARD, 2000, p. 194-195.
[191] Rapport Pelletier (sobre a presidência de MN. Pelletier), p. 17, citado por LEITE, 1997, p. 260.

parental que vem permeado pela vontade dos pais em compartilharem a responsabilidade, a criação e a educação dos filhos. No entanto, conforme poderá se concluir ao final, essa divisão de alegrias e encargos só é possível se existir uma comunicação adequada entre os genitores, o que poderia motivar e manter a guarda compartilhada.

Assim, quando se refere à guarda compartilhada, Grisard salienta que ela é

> um dos meios de exercício da autoridade parental, que os pais desejam continuar exercendo em comum quando fragmentada a família. De outro modo, é um chamamento dos pais que vivem separados para exercerem conjuntamente a autoridade parental, como faziam na constância da união conjugal.[192]

No mesmo sentido, importa referir que Carceri[193] destaca:

> "Guarda compartilhada", também denominada de "guarda conjunta", consiste na situação jurídica onde ambos os pais, separados judicialmente, conservam, mutuamente, o direito de guarda e responsabilidade do filho, alternando, em períodos determinados, sua posse.[194]

Porém, o objetivo da guarda compartilhada vai além da simples responsabilização dos genitores por alguém que ambos contribuíram para que existisse; na verdade, ela significa a intervenção em todos os sentidos no direcionamento da criação e educação dessa criança. Significa, também, um envolvimento emocional maior, o que é extremamente benéfico para ambas as partes: genitor e gerado. Tal beneficio se dá, de um lado, pela satisfação que os pais têm em auxiliar na manutenção e educação do rebento e do outro pela segurança e tranqüilidade que gera ao filho a certeza de estar sendo amado e protegido pelos pais, e não disputado por eles.

Então, a psicóloga e psicanalista Maria Antonieta Pisamo Motta[195] reitera que

> a guarda conjunta deve ser vista como uma solução que incentiva ambos os genitores a participarem igualitariamente da convivência, da educação e da responsabilidade

---

[192] GRISARD FILHO, 2000, p. 111.

[193] CARCERI, Pedro Augusto Lemos. *Aspectos destacados da guarda de filhos no Brasil*. Disponível em http://www1.jus.com.br/doutrina/texto.asp?id=526, acessado em 12 de março de 2002.

[194] É necessário referir que a expressão "guarda compartilhada" ou "guarda conjunta", segundo Denise Duarte Bruno, citando Rabelo, são diferentes entre si, mas, usadas aqui para definir os arranjos, de forma que "os pais e mães dividam a responsabilidade legal sobre os filhos ao mesmo tempo e compartilhem as obrigações pelas decisões importantes relativas à criança." (BRUNO, Denise Duarte. Guarda compartilhada. *Revista Brasileira de Direito de Família*. Porto Alegre: Síntese, IBDFAM, v. 1, n.1, abr./jun., 1999, p. 27/39.

[195] MOTTA, Maria Antonieta Pisamo. Guarda compartilhada. Uma solução possível. *Revista Literária de Direito*. São Paulo, a 2, n.9, p. 19, jan/fev. 1996.

pela prole. Deve ser compreendida como aquela forma de custódia em que as crianças têm uma residência principal e que define ambos os genitores do ponto de vista legal como detentores do mesmo dever de guardar seus filhos.

Por outro lado, a guarda conjunta ou compartilhada soluciona um grande impasse criado ao longo de décadas pela doutrina e pela jurisprudência ao sedimentar a supremacia materna na criação da prole, como se apenas a mãe tivesse condições de ser guardiã dos filhos quando finda a união. Ainda hoje se percebe que, na maioria dos relacionamentos, quando a ruptura acontece, as mulheres permanecem com a guarda dos rebentos, de forma: quase sempre exclusiva. Porém, observa-se que a realidade pode ser outra, o homem tem dedicado mais horas de seu tempo livre em prol dos filhos e tem demonstrado, no crescente número de casos, que sabe sim, cuidar de seus rebentos, cumprindo o papel de guardião tão bem quanto a mãe. Mas, melhor ainda serão os resultados se a criança tiver ambos, pai e mãe, responsáveis por sua guarda, num exemplo típico de guarda compartilhada, que gradativamente vem se impondo e ganhando espaço no direito brasileiro.[196]

3.7. A guarda compartilhada no Brasil

O novo Código Civil brasileiro estabeleceu a figura da guarda entre os artigos 1.583 ao 1.590, o que antes vinha disciplinado pela Lei 6.515, de 1977, em seus artigos 9º a 16º que, por sua vez, vieram substituir e revogar os artigos 325 a 328 do Código Civil de 1916, que disciplinavam a matéria da proteção da pessoa dos filhos na dissolução da sociedade conjugal.

Porém, o novo diploma legal que entrou em vigor em janeiro de 2003 não faz referência à guarda compartilhada, num flagrante esquecimento a

---

[196] Para Salles, a noção de autoridade parental conjunta surgiu a partir das críticas que são feitas ao atual sistema legal de imposição do matriarcado.
São elas:
a) contenta-se a primazia reconhecida à mãe em relação ao direito de ser sempre detentora legítima da guarda, induzindo ao entendimento de que a separação dos pais provoca a separação dos filhos;
b) a ruptura do casal implica culpa de um ou ambos os cônjuges; com o advento da Lei do Divórcio, passou-se a admitir a ruptura por insuportabilidade da vida em comum, independentemente de culpa;
c) a desigualdade entre os cônjuges foi expulsa do ordenamento jurídico, encontrando reconhecimento constitucional e infraconstitucional;
d) as relações concumbinárias são tão válidas quanto as uniões legítimas, cônjuges ou companheiros exercem de forma igualitária autoridade em relação aos filhos;
e) o acesso da mulher ao mercado de trabalho e a redistribuição dos papéis familiares, certamente, só redimensionaram o papel da paternidade numa estrutura que apenas lhe assegura uma função secundária. (SALLES, 2001, p. 86).

um instituto deveras importante e que vem ganhando terreno, paulatinamente, nos tribunais e na doutrina pátria. Tudo isso se deve ao fato de que

> A guarda compartilhada assume uma importância extraordinária, na medida em que valoriza o convívio do menor com seus dois pais, pois "mantém, apesar da ruptura, o exercício em comum da autoridade parental e reserva, a cada um dos pais, o direito de participar das decisões importantes que se referem à criança".[197]

Vale apontar o fato de que tramita o Projeto de Lei n° 6.350/02, de autoria do Deputado Tilden Santiago, que pretende acrescentar novo texto aos arts.1.583[198] e 1.584[199] do novo Código Civil brasileiro, adicionando ao primeiro artigo dois parágrafos e modificando o teor do segundo.

No entanto, conforme salienta Grisard,[200] embora não exista norma expressa e nem seja usual na prática forense, a guarda compartilhada mostra-se lícita e possível, como único meio de assegurar uma estrita igualdade entre os genitores na condução dos filhos, aumentando a disponibilidade de relacionamento com o pai ou a mãe que deixa de morar com a família. Dessa maneira, ela se opõe, com vantagens, à guarda uniparental, que frustra a adequada convivência do filho com o pai ou a mãe não-guardião, deixando de atender às necessidades desse, que não dispensa a presença, permanente, conjunta e ininterrupta, de ambos os genitores em sua formação para a vida. A função parental, nas diversas fases do desenvolvimento dos filhos, não é descartável.

Ante a inexistência de legislação reguladora numa flagrante omissão, o legislador vem utilizando a norma mais adequada à disciplina e aplicação da guarda compartilhada, ainda que não específica, dentre elas o art. 226, § 5°, da Constituição Federal de 1988, que consagra a igualdade entre o homem e a mulher, inclusive nos direitos e deveres concernentes à sociedade conjugal. Por outro lado, o Estatuto da Criança e do Adolescente

---

[197] LEITE apud GRISARD FILHO, 2000, p. 138.

[198] § 1° O juiz, antes de homologar a conciliação, sempre colocará e, evidência para as partes as vantagens da guarda compartilhada.
§ 2° Guarda compartilhada é o sistema de corresponsabilização do dever familiar entre os pais, em caso de ruptura conjugal ou de convivência, em que os pais participam igualmente da guarda material dos filhos, bem como os direitos e deveres emergentes do poder familiar. (Santiago, disponível em http://www.pailegal.net/TextoCompleto.asp?IsTextold=4932208&IsTextoTipo=Justiça. Acesso em 15.04.03)

[199] Art. 1.584 Declarada a separação judicial ou o divórcio ou separação de fato sem que haja entre as partes acordo quanto à guarda dos filhos, o juiz estabelecerá o sistema da guarda compartilhada, sempre que possível, ou, nos casos em que não haja possibilidade, atribuirá a guarda tendo em vista o melhor interesse da criança.
§ 1° A guarda poderá ser modificada a qualquer momento, atendendo sempre ao melhor interesse da criança. (Santiago, disponível em http://www.pailegal.net/TextoCompleto.asp?IsTextold= 4932208&IsTextoTipo=Justiça. Acesso em 15.04.03)

[200] GRISARD FILHO, 2000, p. 140.

(ECA), em seu art. 1º, normatiza a proteção integral, impondo deveres à família, à sociedade e ao Poder Público no sentido de assegurar à criança e ao adolescente uma convivência familiar, de acordo com o artigo 4º e a consideração de sua condição especial como pessoa em desenvolvimento, segundo o art. 6º Por isso é garantido seu direito de participar da vida familiar (art. 16, inciso V), e de "ser criado e educado no seio de sua família", conforme art. 19.[201]

O novo Código Civil disciplina a guarda impondo a necessidade de respeito ao que ambos os pais acordarem quanto à prole comum quando do término do casamento, na esteira do art. 1.583. No entanto, se inexistente consenso, poderá o magistrado atribuir a guarda a quem possui melhores condições para exercê-la (art. 1.584). Mas, se ambos os pais não possuírem condições para o exercício do papel de guardião, a guarda poderá ser deferida a terceira pessoa, próxima à criança em termos de vínculo de parentesco ou por afinidade.

Da mesma forma, o novo casamento do guardião não o impede de continuar a exercer a guarda (art. 1.588), e aquele que não permanece na companhia dos filhos tem o direito de visitá-los, em datas e horários previamente estabelecidos pelas partes, através de acordo, ou determinados pelo magistrado, em sentença.[202]

Assim, a guarda compartilhada, mesmo não possuindo legislação específica, vem sendo deferida baseada em todos os dispositivos anteriores e, principalmente, naqueles que tratam da manutenção dos laços entre a criança e o genitor com o qual ela não mora, mas que, mesmo diante desse fato, se envolve em sua criação e torna-se responsável também. Dessa feita, ainda pode ser utilizado o princípio do melhor interesse, antes disciplinado, para fins de embasar e tornar justo o deferimento da guarda compartilhada.

Então, Grisard salienta que "dos vários dispositivos legais pontuados, foi possível anotar que, antes de impedir, nosso Direito favorece a modalidade de guarda compartilhada, reafirmando a discricionariedade do juiz

---

[201] GRISARD FILHO, 2000, p. 141.

[202] Importa ressaltar que não existe determinação expressa de que o direito de visitas deva ser disciplinado, obrigatoriamente, nos autos da própria separação ou da ação de divórcio. No entanto, não ajustar as visitas poderá trazer prejuízos à criança e ao genitor que não detém sua guarda, sem contar inúmeras possibilidades de litígio em caso do guardião obstacularizar seu exercício. Justamente por isso existe o Projeto de Lei 818/03, de autoria do Deputado Sandes Júnior (PP – GO), para alterar o novo Código Civil. Os argumentos utilizados pelo deputado para propor a alteração dizem respeito justamente à omissão da lei sobre o assunto, salientando: "Os menores, a despeito da separação dos pais e das conseqüências sobre eles recaídas, precisam da presença efetiva e estável dos genitores para que tenham um desenvolvimento e uma formação moral adequados." Atualmente, o projeto encontra-se com a Comissão de Constituição e Justiça e de Redação. (Síntese Publicações, Newsletter Síntese nº 690, enviado em 20 de maio de 2003).

nessa matéria". Ocorre que, infelizmente, essa nova postura, que "privilegia e envolve ambos os pais nas funções formativas e educativas dos filhos menores, ainda é pouco utilizada entre nós, mais pela ausência de Doutrina e Jurisprudência própria do que por sua possibilidade jurídica".[203]

Justamente por esse condão de segurança e continuidade de relacionamento que a guarda compartilhada se faz importante, pois dá à criança a certeza de ser amada e protegida por seus genitores, sem distinção, convivendo com eles e sabendo que ambos são responsáveis por sua educação e pelo suprimento de suas necessidades mínimas.

Em verdade, essas necessidades começaram a ser tornar mais preementes diante da

> alta freqüência do divórcio que passou a ser uma possibilidade previsível, contemporaneamente considerada normal na vida familiar. É um evento grupal, que exige uma reestruturação dos relacionamentos vigentes, reajustados, agora, às demandas das famílias monoparentais. Um lar, onde conviviam pai, mãe e filhos, depois do divórcio biparte-se: mãe e crianças, de um lado; pai, que passa a visitar os filhos com uma freqüência que oscila entre o muito presente e regular ao desaparecimento total, de outro.[204]

No entanto, faz-se necessário dizer que não se aplica a guarda compartilhada somente aos casos de separação ou divórcio. Na verdade, a guarda compartilhada serve para todas aquelas situações nas quais os genitores não compartilham do mesmo teto, independentemente se entre eles existiu um casamento, uma união estável ou apenas um namoro, rompido o relacionamento, a criança poderá ter, em seu benefício, ajustada a guarda conjunta.

Mas importa ressaltar que a guarda compartilhada, como todo o instituto de direito de família, possui vantagens e desvantagens, ou seja, aspectos positivos de grande importância e relevância e outros, alvos de críticas e de ataques ferozes por parte da doutrina e da jurisprudência. Esse é justamente o assunto que se abordará adiante.

3.8. Vantagens e desvantagens do modelo

Primeiramente, cabe salientar que a guarda compartilhada foi recebida e comemorada junto ao direito de família brasileiro como uma opção,

---

[203] GRISARD FILHO, 2000, p. 142/143.

[204] E continua Grisard, "para as crianças, o divórcio apresenta um aspecto positivo e outro negativo. O aspecto positivo é a redução do conflito parental. O aspecto negativo é a diminuição da possibilidade de relacionamento com o pai ou mãe deixa demorar com a família e, conseguintemente, de ser por ele (ou ela) abandonada. Esses efeitos, ligados à exclusão de um dos genitores e não ao divórcio, fazem a criança experimentar sentimentos de rejeição e baixa auto-estima." (GRISARD FILHO, RT, 2000, p. 158/159).

na verdade um novo modelo de responsabilidade parental, quando o que se pretende é a criação e responsabilização conjunta, de ambos os genitores pelo filho comum. Então, observa-se que

> A noção de guarda compartilhada consiste no exercício em comum, pelos pais, de um certo número de prerrogativas relativas e necessárias à pessoa da criança, fazendo os pais adaptarem-se a novas posições e/ou situações, até então acordadas previamente, portanto sem a chancela jurisdicional, mas em benefício inconteste da prole.[205]

Assim, um dos pontos vantajosos da guarda compartilhada é justamente a possibilidade de que os pais possam continuar a agir como tais, partilhando, ou "compartilhando" não só as alegrias, mas também dividindo as responsabilidades e as preocupações. Dessa maneira, os genitores participam da rotina da criança, o que não aconteceria se somente um deles fosse seu guardião, e ao outro apenas exercesse o direito de visitas.[206]

Essa é, pois, a principal vantagem da guarda conjunta: a divisão de tarefas, de alegrias, de dissabores, de preocupações, a convivência próxima, o afeto. Aos pais cabe, conjuntamente, os ônus da criação e os bônus da satisfação em ver o pimpolho crescer saudável, com desenvolvimento psíquico satisfatório. Justamente por isso, tais pais são chamados, por Salles, de "pais cooperativos".[207]

Em resumo, pode-se afirmar que

> A continuidade das relações paterno e materno-filiais, ou seja, a manutenção co-paternal após o divórcio, a proteção dos filhos dos conflitos parentais e o respeito ao direito de estes manterem uma adequada comunicação com ambos os genitores, mais do que quem fica com eles, são os melhores prognósticos que a guarda compartilhada pode oferecer ao desenvolvimento da personalidade do menor.[208]

No entanto, isso não significa que sempre que requerido por uma das partes, sem a concordância da outra, deve prevalecer a guarda compartilhada, antes pelo contrário, se inexistente acordo nesse sentido, pairam dúvidas de que a guarda compartilhada possa ser praticada, ou então que

---

[205] SALLES, 2001, p. 96.

[206] Justamente nesse sentido vem se posicionando a jurisprudência ao determinar que o menor cujos pais morem em lugares distantes permaneça sob a guarda exclusiva de um deles, e não na forma conjunta: GUARDA COMPARTILHADA – GENITOR RESIDENTE EM OUTRO PAÍS – INTERESSES DO MENOR – 1. Inviabilizada a guarda compartilhada na hipótese de o genitor residir em outro país, eis que não ocorreria a efetiva e contínua participação de ambos os pais no integral acompanhamento do filho. 2. Encontrando-se o menor perfeitamente ajustado em seu modo de vida, mantendo bom relacionamento com a genitora e recebendo educação adequada, incabível a transferência da guarda para o outro genitor. (TJDF – AC 2000.01.1.094839 5 (163208) – 1ª T. – Rel. Des. Valter Xavier – DJU 13.11.2002)

[207] SALLES, 2001, p. 107-108.

[208] GRISARD FILHO, 2000, p. 165.

vá trazer reais vantagens para a criança, que deverá ser a principal beneficiada. Justamente por isso que, antes de sentenciar determinando a guarda compartilhada, ou, homologar acordo nesse sentido, o magistrado pode e deve investigar o ânimo dos genitores e se os interesses do filho ficam protegidos. Caso contrário, nada impede que o pedido de guarda conjunta seja indeferido.

Nesse sentido, é necessário salientar as palavras da Desembargadora Maria Berenice Dias, em acórdão da sétima Câmara Cível do TJRS, que, ao decidir sobre uma sentença que determinava a guarda compartilhada, afirmou:

> Nada justifica que seja adotada a chamada guarda conjunta, que no caso nada mais seria do que guarda compartilhada, já que o estado de beligerância vivenciado pelos genitores não permite que seja adotado tal tipo de procedimento. Para seu estabelecimento, indispensável que convivam os pais em perfeita harmonia e que a livre movimentação do filho entre os dois lares não autorize definir ou priorizar a guarda de nenhum.[209]

Por conseguinte, Eduardo Oliveira Leite questiona sobre a possibilidade de tornar viável a guarda conjunta em ambiente hostil no pós-separação e salienta que "antes de tudo, os pais devem decidir sobre a residência da criança e sobre sua educação". Afirma que a residência é importante, uma vez que considera indispensável para a estabilidade da criança ter um ponto de referência, como um centro de apoio.[210]

Conforme as palavras de Eduardo Oliveira Leite, a criança que possuísse uma residência fixa evitaria a possibilidade de crescer como uma planta sem raízes, sem um lugar fixo, com seu quarto, suas coisas, enfim, sem uma rotina, o que, sabe-se, é importante para o seu desenvolvimento saudável. Possuindo uma residência fixa, independentemente com qual dos genitores (a princípio com aquele que possui melhores condições de recebê-la),[211] a guarda compartilhada ainda assim poderá ser exercida, fugindo da possibilidade de confusão com a guarda alternada, outro modelo de responsabilidade familiar, porém alvo de duras críticas.

---

[209] Ementa: guarda conjunta. Só é recomendada a adoção de guarda conjunta quando os pais convivem em perfeita harmonia e livre e a movimentação do filho entre as duas residências. O estado de beligerância entre os genitores não permite a imposição judicial de que seja adotada a guarda compartilhada. Apelo do autor improvido e acolhido o recurso da ré. (Apelação Cível nº 70001021534, sétima Câmara Cível, Tribunal de Justiça do RS, relator: Desa. Maria Berenice Dias, julgado em 21/06/2000).

[210] LEITE, 1997, p. 272.

[211] Quanto ao local de residência, se na casa paterna ou materna, tudo dependerá da situação fática vivenciada pelo casal. Poderá ser a casa materna (se a mãe apresenta melhores condições de acompanhamento da criança) ou poderá ser a casa paterna (se o pai reúne melhores condições para o desenvolvimento da criança) e poderá mesmo ser a casa de um terceiro (avós, por exemplo) se nenhum dos pais reúne aquelas condições. (Ibidem, p. 272).

Assim, conforme proposta de Eduardo Oliveira Leite:

Residência única, logo, o outro genitor fica garantida a obrigação de visita (embora sempre se fale em "direito de visita") e de hospedagem. Um, terá a guarda física da criança (onde genitor e filho moram), mas ambos detêm a guarda jurídica do filho. Obrigação, ou dever de visita, porque o pai ou a mãe que não está com o filho todos os dias, deve visitá-lo para manter sempre vivos os laços que unem pais e filhos.[212]

No entanto, apesar de tais afirmações, alguns autores entendem que a guarda conjunta sempre será prejudicial à criança. Por conseguinte, Segismundo Gontijo escreve:

Prejudicial para os filhos é a guarda compartilhada entre os pais separados. Esta resulta em verdadeiras tragédias, ... em que foi praticada aquela heresia que transforma filhos em iôs-iôs, ora com a mãe apenas durante a semana, ora com o pai noutra; ou, com aquela nalguns dias semana e com este nos demais. Em todos os processos ressaltam os graves prejuízos dos menores perdendo o referencial de lar, sua perplexidade no conflito das orientações diferenciadas no meio materno e no paterno, a desorganização da sua vida escolar por falta de sistematização do acompanhamento dos trabalhos e do desenvolvimento pedagógico, etc.".[213]

É provável que a situação anteriormente exposta e tão temida aconteça e, nesse caso, no entanto, a afirmação confunde guarda compartilhada com guarda alternada, essa sim, severamente criticada pela alternância de residência, rotina e educação a qual é submetida a criança. Porém, na guarda conjunta pura, quando a criança possui uma residência fixa, mas juridicamente está sob a guarda de ambos o genitores, sendo que o não-guardião exerce o direito/dever de visitas, tais fatos não devem ocorre.

Mas Waldyr Grisard Filho aponta um estudo elaborado por Judith S. Wallertein, revelador, em alguns casos, de que a guarda compartilhada

reflete a falta de disposição dos pais em assumir a responsabilidade pelas crianças e constituir um compromisso; que as crianças sob dupla custódia não afastam o medo do abandono; que a transição entre dois lares pode facilmente reforçar a preocupação com a estabilidade e a confiabilidade de pessoas e lugares; que pode prender as crianças à uma relação destrutiva com pai violento ou inadequado; que expõe os filhos do divórcio a um impacto psicológico, potencial, mas devastador: se e quando um pai resolver sair da dupla custódia; que a dupla custódia não minimiza o impacto negativo do divórcio sobre as crianças durante os primeiros anos depois do divórcio; enfim, que não há provas de que a dupla custódia seja o melhor para todas as famílias, ou, até mesmo, para a maioria deles.[214]

---

[212] Ibidem, p. 272.
[213] GONTIJO, Segismundo. Guarda de filho. *COAD-ADV – Informativo Semanal*. Rio de Janeiro, n. 44, p. 563, 564, 1997.
[214] WALLERSTEIN, apud GRISARD FILHO, 2000, p. 176.

Esses dados, sim, são preocupantes, pois de nada adianta deferir a guarda compartilhada se ambos os pais não estão dispostos a se responsabilizar pelos filhos e a dividir todos os encargos, preocupações e alegrias deles advindos. Então, esse modelo de responsabilidade parental pode não ser, conforme as conclusões expostas, a melhor forma de fixação da guarda, mas, em muitos casos, poderá ser utilizada, sempre embasadas no melhor interesse da criança, de acordo com o bom-senso das partes, do Ministério Público, como fiscal da lei e do magistrado.

Justamente por isso a guarda de filhos vai além dos problemas advindos do rompimento de um relacionamento, ultrapassando em intensidade e importância a discussão sobre a culpa dos cônjuges ou companheiros pelo fim da união ou a partilha de bens. Vai além, inclusive da dor da separação que, se mal resolvida, determina problemas de ordem psicoemocional para os cônjuges e para sua prole. Na verdade, durante a crise que envolve o fim de um relacionamento, importa que as partes tenham serenidade para decidir, juntas, pela melhor forma de ajustar a guarda dos filhos. E se essa serenidade não existir? E se o acordo não vier? Nesse caso, espera-se pela sentença, que provavelmente determinará a guarda exclusiva para um dos cônjuges e o direito de visitas para o outro, pois, se não existe tranqüilidade para ajustar a guarda, é provável que compartilhá-la não seja uma boa idéia.

Resumindo, Grisard observa que seria desejável a eleição legal da guarda compartilhada como paradigma, "preferencial, permitindo aos juízes aplica-lo onde se considere benéfico para o grupo familiar" desse modo, rejeitando as duas correntes extremas: "a que vê a guarda compartilhada como panacéia para os consideráveis problemas que o divórcio suscita ou a oposta, que nem sequer a admite".[215]

3.9. Considerações finais

A filiação, como instituto do direito de família é, talvez, um dos mais importantes, justamente porque dele se auferem muitas conseqüências, dentre elas, o exercício do poder familiar, a determinação da guarda, a fixação de alimentos, a administração do patrimônio dos filhos, dentre tantos outros.

---
[215] GRISARD FILHO, Waldir. *Guarda compartilhada: um novo modelo de responsabilidade parental* São Paulo: RT, 2000, p. 199.

Diante de tal importância, percebe-se o quanto esse instituto, bem como as conseqüências jurídicas dele advindas, são fiscalizados pelo Estado que tem o papel de proteger a criança e o adolescente. Assim, nos casos de guarda, sempre que exista dúvida quanto quem possui melhores condições de permanecer com a criança, o magistrado observa vários fatores, dentre eles, e com certeza o principal, a proteção dos interesses do infante.

Assim, se demonstrada a inviabilidade de manutenção da criança em sua família biológica, porque evidenciada a desestrutura do grupo familiar, ela poderá ser colocada em família substituta que lhe alcance condições de crescer e se desenvolver de forma adequada.

Por outro lado, se apontada a possibilidade de manutenção da criança junto à sua família biológica, ela poderá permanecer na guarda do pai ou da mãe, respeitando-se eventuais acordos feitos entre eles, desde que viáveis na sua consecução, ou então, em caso de litígio, fica a demanda pendente de sentença judicial que determine quem será o guardião, após a análise das condições de cada um dos genitores, objetivando o bem-estar da criança.

Da mesma forma, se demonstrada a possibilidade de fixação da guarda conjunta, a chamada guarda compartilhada, nada impede que o magistrado o faça, especialmente nos casos onde exista consenso entre as partes. As dúvidas se instalam quando o consenso não existe, e os ânimos entre os genitores encontram-se acirrados, demonstrando dificuldade em ambos ou em apenas um deles quanto ao relacionamento findo. Nesses casos, doutrina e jurisprudência têm caminhado no sentido de indeferir a guarda compartilhada, entendendo que ela serviria apenas para usar a criança e através dela alimentar os desentendimentos dos pais.

Nesse caso, a guarda conjunta deixaria de cumprir com seu objetivo, qual seja: proporcionar à criança a convivência, a participação e a responsabilização de ambos os genitores em sua rotina, em sua conduta, enfim, em sua existência. No entanto, essa participação deve ocorrer de maneira tranqüila, sem qualquer tipo de atrito ou discussão.

Aliás, se a vantagem existe na manutenção de laços estreitos entre o menor e seus genitores, o risco existe também quando evidente a possibilidade de atrito entre eles e a utilização do filho comum para alimentar o ódio. Nesse caso, deferir a guarda conjunta poderá ser um desserviço à criança, que, ao invés de sentir-se protegida e amada, demonstrará insegurança e medo ante a situação criada pelo conflito entre os pais.

Ocorre que a guarda compartilhada não foi incluída nas disposições legais do novo Código Civil brasileiro, que se mantém silente sobre a mesma. Porém, a grande tônica do novo regramento civil é justamente se calar quanto àqueles institutos jurídicos ainda polêmicos, cujo uso costumeiro da doutrina e especialmente da jurisprudência ainda não consagraram. Assim ocorreu com os direitos dos homossexuais, dentre outros e também se revelou quanto à guarda compartilhada. Porém, isso não significa que ela não possa ser utilizada, baseando-se, se não em norma legal específica, em normas genéricas, como aquelas que defendem o melhor interesse da criança e do adolescente, disciplinadas tanto no Código Civil quanto no ECA.

Nesse sentido, a omissão do códex civil não tem o condão de interferir na aplicação da guarda compartilhada, especialmente quando ela evidencia a manutenção dos laços familiares e as reais vantagens para a criança. Conseqüentemente, diante de tal omissão, não obstante os posicionamentos receptivos e favoráveis, a guarda compartilhada nem sempre é vista com bons olhos, sendo ainda de pequena, mas crescente, utilização junto ao direito brasileiro. Porém, não se pode esquecer que seus objetivos são nobres e que, se bem utilizada, ela poderá servir para a proteção dos interesses da criança.

Na verdade, o que se almeja alcança é fazer jus às palavras de um grande escritor brasileiro, que entende criança como ninguém, e que diz

> ... mas teve uma coisa que o menino não conseguiu segurar: o tempo. E aí o tempo passou e como todo mundo o menino maluquinho cresceu, cresceu e virou um cara legal, mas um cara legal mesmo, e foi aí que todo mundo descobriu que ele não tinha sido um menino maluquinho, ele tinha sido um menino feliz.[216] (O Menino Maluquinho, Ziraldo)

3.10. Referências bibliográficas

BAPTISTA, Sílvio Neves. Guarda e direito de visita. *Direito de Família: a família na travessia do novo milênio*. Coordenador: Rodrigo da Cunha Pereira. Belo Horizonte: IBDFAM, OAB/MG, Del Rey, 2000.

BRUNO, Denise Duarte. Guarda compartilhada. *Revista Brasileira de Direito de Família*. Porto Alegre: Síntese, IBDFAM, v. 1, n.1, abr./jun., 1999.

CAHALI, Yussef Said. Comentário ao art. 33. CURY, Amaral e SILVA, Mendez (Coord.). *Estatuto da Criança e do Menor*. Belo Horizonte: Del Rey, 1993.

CARCERI, Pedro Augusto Lemos. *Aspectos destacados da guarda de filhos no Brasil*. Disponível em http://www1.jus.com.br/doutrina/texto.asp?id=526, acessado em 12 de março de 2002.

CHAVES, Antônio. *Comentários ao Estatuto da Criança e do Adolescente*. 2 ed. São Paulo: LTr, 1997.

---

[216] ZIRALDO. *O menino maluquinho*. Filme patrocinado pelo Banco do Brasil, Governo de Minas Gerais, Correios do Brasil. Produção de Tarcísio Vidigal. Filme de Helvécio Ratton.

COSTA, Antônio Carlos Gomes da. Estatuto da Criança e do Adolescente comentado. CURY, Amaral e SILVA, Mendez (coordenadores). São Paulo: Malheiros.

COSTA, Demian Diniz da. *Famílias monoparentais – reconhecimento jurídico.* Rio de Janeiro: Aide Editora, 2002.

COULANGES, Fustell. A cidade antiga. Tradução: Fernando de Aguiar. S, 2000.

DOLTO, Francoise. *Quand les parents se séparent.* Paris: èditions du Seuil, 1988. Também citado por BAPTISTA, Sílvio Neves. Guarda e direito de visita. *Direito de Família: a família na travessia do novo milênio.* Coordenador: Rodrigo da Cunha Pereira. Belo Horizonte: IBDFAM, OAB/MG, Del Rey, 2000.

FELIPE, J. Franklin Alves. *Adoção, guarda, investigação de paternidade e concubinato.* 8. ed. Rio de Janeiro: Forense, 1996.

GOMES, Orlando. *Direito de família.* 7. ed. Rio de Janeiro: Forense, 1992.

GONTIJO, Segismundo. Guarda de filho. *COAD-ADV – Informativo Semanal.* Rio de Janeiro, n. 44, 1997.

GRISARD FILHO, Waldir. *Guarda compartilhada: um novo modelo de responsabilidade parental* São Paulo: RT, 2000.

LAGRASTA NETO, Caetano. *Direito de família: a família brasileira no final do século XX.* São Paulo: Malheiros, 2000.

LEITE, Eduardo Oliveira. *Famílias monoparentais.* São Paulo: RT, 1997.

MAYRINK, José Maria. Filhos do Divórcio. São Paulo: EMW, 1984.

MOTTA, Maria Antonieta Pisamo. Guarda compartilhada. Uma solução possível. *Revista Literária de Direito.* São Paulo, a 2, n.9, jan/fev. 1996.

MUJALI, Walter Brasil. *Família e sucessões.* São Paulo: Editora de Direito, 2000.

NOGUEIRA, Paulo Lúcio. *Estatuto da Criança e do Adolescente Comentado.* 4 ed. São Paulo: Saraiva, 1998.

OLIVEIRA, J.M. Leoni Lopes de. *Guarda, Tutela e Adoção.* 2 ed. Rio de Janeiro: Lumen Juris, 1999.

PEREIRA, Tânia da Silva. O princípio do melhor interesse da criança: da teoria à prática. *Direito de Família: a família na travessia do milênio.* Coordenador: Rodrigo da Cunha Pereira. Belo Horizonte: IBDFAM: OAB – MG: Del-Rey, 2000.

RIZZARDO, Arnaldo. *Direito de família.* Rio de Janeiro: Aide, 1994.

SALLES, Karen, Ribeiro Pacheco Nioac de. *Guarda Compartilhada.* Rio de Janeiro: Lumen Juris, 2001.

SANTIAGO, Tilden. Projeto de Lei nº 6.350, de 2002: guarda compartilhada. Disponível em pai legal [internet] htt://www.pailegal.net/TextoCompleto.asp?Istextold=4932208&IsTextoTipo=Justiça. Acesso em 15 de abril de 2003.

SPENGLER, Fabiana Marion. *Alimentos – da ação à execução.* Porto Alegre: Livraria do Advogado, 2002.

VENOSA, Sílvio de Salvo. *Direito Civil – Direito de família.* 3 ed. São Paulo: Atlas, 2003.

WALD, Arnold. *Direito de família.* 11. ed., rev. ampl. e atual. São Paulo: RT, 1998.

WALLERSTEIN, apud GRISARD FILHO, Waldir. *Guarda compartilhada: um novo modelo de responsabilidade parental* São Paulo: RT, 2000.

4. Exceção de pré-executividade no débito alimentar

4.1. Noções introdutórias

Sempre que o assunto diz respeito à verba alimentar, temos grandes polêmicas e discussões inflamadas, porque se discutem, nada mais nada menos, do que dois grandes princípios constitucionais: um que protege e garante a vida e/ou outro que assegura a liberdade do ser humano. Falamos, então, do direito de receber verba alimentar, cujo condão é o de garantir a sobrevivência daquele que não pode alcançá-la por si só, e a possibilidade de execução desse direito, em caso de inadimplência por parte do executado. Mas, por outro lado, discutimos também a possibilidade de coagi-lo a pagar através da ameaça de prisão civil, pondo em risco sua liberdade.

Conseqüentemente, trata-se de direitos fundamentais que podem estar ou ser ameaçados, ambos face à inadimplência do executado. Nessa seara, havendo o ajuizamento da execução de verba alimentar, por período recente, poder-se-ia requerer fosse decretada a prisão civil do devedor, possibilitando-lhe o prazo de três dias para que justifique a sua impossibilidade de pagamento, demonstre já ter saldado o débito ou o faça imediatamente. Mas, e se a execução é nula e por um lapso do magistrado que a recebeu, acolheu e determinou a citação do executado, tal nulidade não foi declarada de ofício? E se o executado possui apenas três dias para pagar o débito, mostrar que já o fez ou justificar sua impossibilidade de fazê-lo numa execução nula? Seria justo ameaçar sua liberdade por um lapso do juízo que não reconheceu imediatamente a nulidade?

Em execuções por quantia certa diante de tais questionamentos, poder-se-ia optar pelo oferecimento da exceção de pré-executividade, matéria inovadora, que apesar de não possuir dispositivo legal regulamentador, é defendida pelos doutrinadores e utilizada pelos tribunais na solução de impasses como aqueles anteriormente mencionados.

Mas é possível discutir a exceção de pré-executividade no âmbito do direito alimentar, especialmente quando se trata de débito executado com ameaça de prisão civil? De que forma isso pode ser feito? Não fica, então, prejudicado o direito do alimentando? Tais dúvidas são, justamente, a fonte embasadora do trabalho que ora se apresenta, no intuito de discutir primeiramente a exceção de pré-executividade, seu conceito, a inexistência de previsão legal e sua aplicação. Posteriormente, discutir-se-á a execução de alimentos, para então imbricar ambos e polemizar a aplicação da exceção de pré-executividade nos alimentos.

Tem-se sempre presente o fato de que não se pretende exaurir a discussão sobre a exceção de pré-executividade e seus meandros, bem como não se quer discutir e execução da verba alimentar em toda a sua plenitude. O que se pretende, isso sim, é discutir os elementos embasadores de ambos os institutos e a possibilidade de argüir exceção de pré-executividade na execução da dívida alimentar, independentemente se execução por expropriação de bens ou execução sob ameaça de prisão civil.

Esse é, pois, o texto que se apresenta.

4.2. Conceito e história

Hoje é de grande uso a argüição de exceção de pré-executividade sempre que existirem vícios na execução que não forem reconhecidos de ofício pelo juízo quando do recebimento da ação e determinação da citação. Na verdade, a exceção de pré-executividade surgiu nos idos de 1966, quando Pontes de Miranda[217] elaborou o parecer de n° 98[218] a partir dos problemas atinentes ao pedido de falência da Companhia Siderúrgica Mannesmann. O autor tinha como ponto de estudo execuções cujos títulos

---

[217] PONTES DE MIRANDA, Francisco Cavalcanti. *Dez anos de pareceres*. Rio de Janeiro: Francisco Alves S. A, 1975.

[218] Na década de sessenta, foi pedida, em Belo Horizonte, a decretação da falência da companhia Siderúrgica Mannesmann. No então estado da Guanabara, foi feito o mesmo pedido, havendo o juízo se julgado incompetente. Assim, houve transferência dos autos para Belo Horizonte. No prazo de vinte e quatro horas, fixado pelo artigo 299 do Código de Processo Civil vigente à época, a Companhia Siderúrgica Mannesmann requereu a decretação da nulidade da execução, com o argumento de serem falsos os títulos. Os pedidos de decretação da falência foram indeferidos, com fundamento de que efetivamente os títulos eram falsos. (STÜRMER, Gilberto. Exceção de pré-executividade nos processo Civil e do Trabalho. Porto Alegre: Livraria do Advogado, 2001, p. 63)

foram impugnados com o fundamento de se tratarem de assinaturas falsas as que nestes constavam. Num esforço grandioso, o autor defende que o ônus da prova, no caso da argüição da falsidade dos títulos, caberia ao autor da ação.[219]

Porém, o posicionamento de Pontes de Miranda não é tranqüilo, existindo opositores, dentre eles Alcides de Mendonça Lima,[220] que defende serem os embargos a única forma de defesa do executado, depois de seguro o juízo pela penhora, uma vez que através deles se instaurariam o contraditório e a ampla defesa.

É sabido que toda e qualquer execução necessita, obrigatoriamente, de um título executivo, que, por sua vez, precisa possuir três requisitos, quais sejam: certeza, liquidez e exegibilidade. Da mesma forma, todo o exercício de jurisdição vem calcado em uma série de requisitos que têm início com o recebimento da inicial pelo magistrado, e passa pela verificação, de ofício se aqueles requisitos, não só da própria peça exordial, como também do título executivo na qual ela vem baseada, estão presentes para depois determinar seja citado o réu, dando prosseguimento ao feito.

O fato é que a atividade jurisdicional é desenvolvida por um ser humano, o magistrado, que pode cometer equívocos, como falhar na análise de tais requisitos e determinar a citação do réu em uma execução que não poderia prosperar porque nula. Na verdade, segundo Luiz Peixoto de Siqueira Filho, "seja em virtude do acúmulo de trabalho, ou do fato de alguns vícios não serem facilmente detectados, não é coisa pouco comum escapar do exame inicial a ausência de alguns requisitos necessários ao desenvolvimento da atividade executiva".[221]

Nessa circunstância, seria por demais injusto submeter o devedor à constrição de parte do seu patrimônio, pelo tempo em que o feito perdurar, sem que se tenha uma ação com seus requisitos preenchidos, demonstrando a possibilidade e a viabilidade de seu processamento. Não raras são as vezes em que o devedor precisa dispor de seu patrimônio, não podendo fazê-lo porque este se encontra penhorado, em um processo que não possui condições de chegar a termo com êxito porque nulo.

Por outro lado, também é penoso esperar pelos embargos para argüir tais "defeitos" processuais, depois de seguro o juízo pela constrição ou depósito do valor discutido, pois enquanto esse momento processual não

---

[219] SIQUEIRA FILHO, Luiz Peixoto de. *Exceção de Pré-executividade*. 4 ed. Rio de Janeiro: Editora Lumen Juris, 2001, p. 33-34.
[220] LIMA, Alcides de Mendonça. *Processo de Conhecimento e Processo de Execução*. 2. ed. Rio de Janeiro:Forense, 1992.
[221] SIQUEIRA FILHO, 2001, p. 70.

chega, os prejuízos podem ser terríveis. Conforme o já salientado, pode haver necessidade de alienação do imóvel penhorado ou então de uso dos valores depositados, o que acarretaria grandes contratempos ao executado. Então, são nessas hipóteses que "mostra-se viável a oposição do devedor ao processo de execução fundada nos pressupostos processuais as chamada *objeção de pré-executividade*, porque fulmina no nascedouro o *praeceptum* e o ato executivo de constrição".[222]

Assim, o principal objetivo da exceção de pré-executividade é possibilitar ao devedor o direito de levar ao conhecimento do magistrado os defeitos e vícios da peça exordial antes que ocorra a penhora ou o depósito, obtendo a garantia de que suas alegações serão recebidas e examinadas. Isso tudo porque naquelas situações em que se mostram "evidentes a ilegalidade e a impertinência da demanda executiva, não é justo permitir-se a invasão ao patrimônio do devedor, para somente então abrir-se a possibilidade do contraditório e à defesa do executado".[223]

Conseqüentemente, se o objetivo for conceituar a exceção de pré-executividade, pode-se afirmar que é "a defesa direta – em atenção ao sagrado direito de defesa – do executado no processo de execução que não obedece aos requisitos legais exigidos por lei, independente dos embargos e sem garantia do juízo".[224] Ou então se pode referir que

> é simples petição mediante a qual se levam ao conhecimento do juiz matérias que demonstrem vício do título ou extinção da obrigação, sem necessidade de dilação probatória, com o objetivo de evitar um ato de constrição do bem que se configura injurídico.[225]

Nesse sentido, a atividade executiva propriamente dita, cujos passos dizem respeito à invasão do patrimônio do devedor, somente seria iniciada depois de decidida a exceção de pré-executividade, argüida pelo executado, demonstrando a existência ou não dos requisitos embasadores e possibilitadores da boa e correta formação de modo a possibilitar o prosseguimento do feito.

Finalmente, Luiz Peixoto Siqueira Filho conclui que a exceção de pré-executividade é

> argüição de nulidade feita pelo devedor, terceiro interessado, ou credor, independente de forma, em qualquer tempo ou grau de jurisdição, referente aos requisitos

---

[222] SHIMURA, Sérgio apud Araken de Assis. *Título Executivo*. São Paulo: Saraiva, 1997, p. 72.
[223] Ibidem, p. 72.
[224] KUHN, João Lacê. *O Princípio do Contraditório no Processo de Execução*. Porto Alegre: Livraria do Advogado, 1998, p. 122.
[225] PEREIRA, Rosalina P. C. Rodrigues. *Ações Prejudiciais à Execução*. São Paulo: Saraiva, 2001, p. 411/412.

da execução, que suspende o curso do processo até o seu julgamento, mediante procedimento próprio, e que visa à desconstituição da relação jurídica processual executiva e conseqüente sustação dos atos de constrição material.[226]

Mas depois de discutir um breve histórico do surgimento da exceção de pré-executividade, bem como sua conceituação, é também importante que se comente sobre a nomenclatura utilizada quando se trabalha com a exceção de pré-executividade. É esse, pois, o assunto de que se tratará adiante.

4.3. Natureza jurídica e denominação

A exceção de pré-executividade tem sido chamada de "objeção de pré-executividade" por diversos setores da doutrina. Existem aqueles que apontam a natureza processual do instrumento como objeção, e não de exceção. Estes vêm baseados no fato de que

> a objeção de pré-executividade funciona como um instrumento para alertar o juiz sobre deficiências da petição inicial da execução, que poderiam (*rectius*, deveriam) ter sido reconhecidas de ofício ao despachar a petição inicial. Porém, o espectro de utilização do instrumento em questão, em nosso sentir, não se limita a tais hipóteses.[227]

Mas é importante salientar que outros autores, dentre eles Pontes de Miranda,[228] defendem a tese de que a natureza jurídica da exceção de pré-executividade é justamente de exceção, conseqüentemente, ele, que foi o pioneiro na aplicação de tal forma de defesa, assim a denominou.

Porém, outros doutrinadores existem que, na ânsia de resolver o impasse, diferenciam exceção de objeção, dentre eles Calmon de Passos, citado por Rosalina,[229] que ensina:

> Os fatos extintivos ou impeditivos de natureza substancial ora se apresentam como exceção, ora como objeção. Uma primeira característica distintiva é a de que a exceção não pode ser considerada, de ofício, pelo juiz, enquanto se tratando de objeção, deve o magistrado, de ofício, apreciá-la. Destarte, exige-se para a exceção a oponibilidade do réu; dispensa a objeção a provocação das partes. Por força disso, a exceção é um verdadeiro contradireito do réu, que ele exerce com vistas a elidir as conseqüências jurídicas pretendidas pelo autor; a objeção é um fato que obsta,

---

[226] SIQUEIRA, 2001, p. 92.
[227] ALVIM, Eduardo Arruda. *Processo de Execução*. (Organizado por SHIMURA, Sérgio e WAMBIER, Teresa Arruda Alvim). São Paulo: Revista dos Tribunais, 2001, p. 213-214.
[228] PONTES DE MIRANDA, 1975.
[229] PEREIRA, 2001, 409-410.

de modo absoluto, a concessão da tutela pretendida pelo autor e prescinde, para que isso ocorra, de qualquer manifestação de vontade do obrigado.

Depreende-se, pois, da citação anterior, a aplicabilidade do vocábulo *objeção* como a mais correta para tratar daqueles casos onde o objetivo é levar ao conhecimento do magistrado a nulidade da execução e, conseqüentemente, buscar sua declaração judicial. Além daqueles motivos já elencados, existe o fato de que a expressão *pré-executividade* pode dar o sentido equivocado de algo que vem antes da própria execução, o que não ocorre, de forma alguma, na utilização daquele modo de defesa processual, uma vez que ele só ocorre depois do ingresso da ação, de seu recebimento pelo magistrado e da citação por parte do devedor, ou seja, já existe uma demanda judicial em andamento.

Não obstante as argüições referidas, parece de suma importância a opinião de Gilberto Stürmer,[230] a qual nos filiamos, que salienta:

> O Código de Processo Civil estabelece que as espécies de resposta são a contestação, a reconvenção e a exceção. Entende-se que a exceção de pré-executividade não se trata de ação, pois trata de matérias que o juiz conhece de ofício. Ela é uma peça apresentada pelo réu (executado), decorrente e acessória ao pedido de execução feito pelo autor (exeqüente). Também não se trata de contestação, na medida em que não exige os requisitos processuais daquela, além de ser restrita à execução, onde não é cabível a contestação. É, portanto, um meio de defesa do executado, onde se discute especificamente matéria de ordem pública, já que se trata da ausência dos pressupostos e requisitos da execução.

De qualquer forma, a expressão "exceção de pré-executividade" se popularizou de tal forma que atualmente, mesmo polêmica, vem sendo utilizada diuturnamente quando se busca aquela forma de defesa em procedimentos de execução.

Já Rosalina Rodrigues Pereira[231] escreve que

> a exceção de pré-executividade tem caráter incidental, pois constitui caminho novo no processo de execução, fora do caminho legal então previsto, que seria apenas a via dos embargos. A exceção de pré-executividade está acolhida pelo sistema, mas não prevista por ele. Ao inserir um momento novo, de cognição, no processo de execução, admite-se uma forma de defesa fora do sistema legal, mas que se justifica para evitar a injusta e abusiva constrição do bem.

Mesmo diante da citação dos presentes autores, todos renomados, é perceptível o desencontro de opiniões sobre muitos aspectos que envolvem a exceção de pré-executividade. O que citamos e discutimos aqui é apenas uma parcela de tudo aquilo que já se disse e escreveu a respeito. Por outro

---

[230] STÜRMER, 2001, p. 71.
[231] PEREIRA, 2001, p. 413-414.

lado, não é objetivo do presente trabalho discutir de forma mais fecunda a natureza jurídica ou os percalços de denominação do instituto, de modo que apenas pretendeu-se dar ao leitor uma noção, ainda que restrita, da discussão em torno da nomenclatura. Adiante, pois, tratar-se-á das matérias que poderão ser argüidas na exceção de pré-executvidade, bem como do prazo para fazê-lo e de sua legitimidade.

4.4. Processamento do incidente

Ao falar em prazos, ou seja, na oportunidade de argüição da exceção de pré-executividade, não se encontra embasamento legal que disponha sobre o momento correto em que ela pode ocorrer. Assim, inexistem prazos expostos que vinculem a defesa a determinado período, impedindo argüição posterior. O que se percebe é que doutrina e a jurisprudência admitem a exceção de pré-executividade sempre que ela for utilizada para demonstrar "a falta de pressupostos processuais e condições da ação, isso porque, como matéria de ordem pública, podem ser conhecidas a qualquer tempo pelo juiz mediante simples petição, sem forma ou figura de juízo".[232]

Segundo Helena Gonçalvez, é com a citação que se dá ao réu conhecimento de que contra ele corre uma demanda. Diante disso, embora se admita a objeção de pré-executividade antes da citação, o momento realmente oportuno é após a citação, no prazo de 24 horas para pagar ou oferecer bens à penhora.[233]

Em posicionamento oposto, Rosalina Rodrigues Pereira afirma que a exceção de pré-executividade "pode ser oposta a partir do ajuizamento da execução até o término do prazo para a oposição dos embargos".[234]

Nesse mesmo sentido, Luiz Peixoto de Siqueira Filho[235] conclui ao ensinar que a "argüição de ausência dos requisitos da execução poderá ocorrer em qualquer tempo ou grau de jurisdição, conforme disposto no art. 267, § 3º,[236] do Código de Processo Civil".

---

[232] PEREIRA, 2001, p. 414.
[233] GONÇALVES, Helena de Toledo Coelho. *Processo de Execução.*(Organizado por SHIMURA, Sérgio e WAMBIER, Teresa Arruda Alvim) São Paulo: Revista dos Tribunais, 2001, p. 459.
[234] PEREIRA, op. cit., p. 437.
[235] SIQUEIRA FILHO, 2001, p. 65.
[236] Art. 267. (*omissis*) § 3º O juiz conhecerá de ofício, em qualquer grau de jurisdição, enquanto não proferida a sentença de mérito, da matéria constante dos nºs IV, V, VI; todavia, o réu que a não alegar, na primeira oportunidade em que lhe caiba nos autos, responderá pelas custas de retardamento.

Então, além de não existirem prazos a serem cumpridos quando da argüição da exceção de pré-executividade, também não existe uma forma determinada em lei, ou seja, pode ser feito através de petição inicial, levada ao conhecimento do magistrado, apontando os fatos e os motivos embasadores.

Entende também Leonardo Greco[237] que "para a argüição da exceção não se exige prazo, nem forma ou procedimento especial. Pode ser argüido por escrito ou verbalmente."

Da mesma forma, não existe uma definição legal de quem teria legitimidade para buscar a exceção. Conseqüentemente, a parte legítima para fazê-lo seria o executado,[238] "pois é este o interessado em demonstrar ao juiz que não há título executivo ou que o título apresentado é nulo e, portanto, não há necessidade de constrição dos seus bens para discutir a pretensa execução".[239]

Mas, segundo Marcos Rosa, além do devedor, o terceiro interessado no feito pode argüir exceção de pré-executividade uma vez que não se exige o ajuizamento de "embargos, nem segurança de juízo para que o devedor argua nulidade no processo de execução". O terceiro interessado poderia ser, então, aquele "cujos bens estiverem na iminência de serem penhorados", e que "pudesse se valer da exceção de pré-executividade para ver sustada a ameaça".[240]

Mas, e o curador pode argüir exceção de pré-executividade? É importante não perder de vista que em processos de execução o executado, além de citado, é intimado para ofertar bens em penhora e, feito isto, intimado da penhora.[241] A citação editalícia somente oferece conhecimento (oficialmente) da existência da demanda, mas oportuniza o pagamento sob pena da tomada de outras providências. A intimação de eventual penhora de bens deverá ser procedida por meio de nova publicação de edital, encerrando informação específica de se tratar de intimação para opor embargos,[242] querendo. A nomeação de curador especial para a lide,

---

[237] GRECO, Leonardo. *O Processo de Execução*. V. 4. Rio de Janeiro: Renovar, 2001, p. 627.

[238] Porém, Marcos Valls Feu Rosa, tem posicionamento bastante inovador ao afirmar que "entende que poderia o autor argüir a ausência dos requisitos da execução proposta, pondo fim à mesma, pois a execução nula não traz vantagens final, não havendo qualquer interesse no seu prosseguimento" (ROSA, Marcos Valls Feu. *Exceção de pré-executividade – matérias de ordem pública no processo de execução*. Porto Alegre, Fabris, 1996, p. 48.)

[239] STÜRMER, 2001, p. 75.

[240] ROSA, op. cit., p. 66.

[241] Salvo as execuções de pensão alimentícia que são geridas pelo artigo 733 do Diploma Processual Civil e artigos 18 e 19 da Lei de Alimentos (Lei nº5.478/68) e das quais tratar-se-á adiante.

[242] Como consabido, em sede de execução de dívida a defesa do demandado, não é ofertada por meio de contestação, mas de embargos (art. 736 e seguintes do CPC), que poderão ser opostos pelo próprio

porém, já deve ocorrer do primeiro momento, a partir de findo o prazo assinado no edital de citação e não somente após a publicação do edital de intimação da penhora. Mesmo nos processos de execução, muito embora a citação não tenha os efeitos da ação de conhecimento, impõe-se a proteção do devedor desaparecido.[243]

> No processo de execução citação não é o chamamento inicial do réu ou interessado para defender-se, como prescreve o artigo 213 do Código de Processo Civil em enunciado apropriado para o processo de conhecimento. A citação do executado é o chamamento inicial do executado para vir satisfazer o crédito, para praticar determinado ato ou simplesmente para vir acompanhar a cadeia de atos executórios destinados a satisfazê-lo, conforme estabelecido no procedimento legal.[244]

A motivação de que se proceda na cautela de nomeação de curador já no instante da citação (ou, melhor dizendo, expirado o prazo do edital), além da boa técnica, decorre principalmente da possibilidade de argüir exceção de pré-executividade.[245]

Ora, a exceção de pré-executividade a ser ofertada anteriormente à penhora, com o intuito, exatamente, de evitá-la ante o descabimento da demanda, somente poderá ser apresentada quando a nomeação de curador ocorrer do edital citatório.[246] Vicente Greco Filho[247] já antecipa a motivação, quando leciona da possibilidade, inclusive, em sede de exceção de pré-executividade, da argüição das matérias do artigo 618, CPC,[248] ou seja, aquelas matérias que seriam nominadas de preliminares quando dos embargos. O que se pretende defender neste momento é que a nomeação do

---

devedor (embargos do devedor), pelo cônjuge (em caso de embargos de meação), por terceiros (embargos de terceiros). Em caso de execução de pensão alimentícia, tem-se a figura da justificação (art. 733, CPC).

[243] Nesse sentido, ver SPENGLER NETO, Theobaldo. *Condições e possibilidades do princípio constitucional da Ampla Defesa no Processo Civil Brasileiro.* Santa Cruz do Sul, 2001. 145p. Dissertação (programa de Pós-Graduação em Direito – Mestrado – da Universidade de Santa Cruz do Sul – UNISC).

[244] GRECO, 1999, p. 196.

[245] Sendo que, como ensina Greco "por regra a falta de pressupostos processuais e a de condições da ação matérias de ordem pública, que o juiz deve apreciar de ofício em qualquer tempo ou grau de jurisdição (art. 267, § 3º), a qualquer momento poderá o executado suscitá-la, independentemente de oferecimento de embargos do executado. É o que a doutrina vem denominando de exceção de pré-executividade". (GRECO, 1999, p. 196).

[246] Ademais, não há como deixar de notar que, em não havendo nomeação de curador a partir do ato citatório, não se estará cumprindo com o objetivo que deu motivação à redação do artigo 9º do Código de Processo Civil, não garantindo o exercício do contraditório e da ampla defesa.

[247] GRECO FILHO, Vicente. *Direito Processual Civil brasileiro.* São Paulo: Saraiva, 1995, vol. 3. p. 52.

[248] Art. 618. É nula a execução:
I – se o título executivo não for líquido, certo e exigível (art. 586);
II – se o devedor não for regularmente citado;
III – se instaurada antes de se verificar a condição ou de ocorrido o termo, nos casos do art. 572.

curador desde a certificação de expirado o prazo do edital agilizaria a finalização dos processos, quando possível desconstituir o título ou questionar o ato citatório (inválido).

Vale buscar parte do voto do então juiz Teori Albino Zavascki, proferido na Apelação Cível n° 90.04.09050.9/PR:[249]

> A forma excepcional de oposição do devedor ao processo de execução fundada nos pressupostos processuais merece o rótulo genérico de 'exceção de pré-executividade', porque fulmina no nascedouro o *praeceptum* e o ato executivo de constrição (depósito ou penhora). O vício é decretável de-ofício ou através de requerimento do devedor. O fato constitutivo reclama prova pré-ordenada. A exceção dispensa prévia penhora ou depósito, e, portanto, não se vincula ao prazo de vinte e quatro horas do artigo 652 do CPC.

Ademais, o sistema processual pátrio impede que o demandado, apontado desde o início do processo como devedor, apresente sua defesa, demonstre sua inconformidade com a imputação ou mesmo comprove a inexistência da dívida sem que apresente parte de seu patrimônio à penhora. Somente assim, tornando indisponíveis seus bens (até o montante da dívida e seus reflexos) poderá defender-se, por meio dos embargos. No caso de requerido citado por edital, ainda assim poderá embargar por meio de seu curador nomeado pelo juízo.

Quanto às matérias argüíveis,[250] importa salientar que a ação de execução não serve para discussão sobre o direito das partes, uma vez que o exeqüente traz, ao instruir e como condição para que o feito se processe, título líquido, certo e exigível. Assim, a exceção de pré-executividade cabe quando existir evidente falta de requisito formal que desconsidere o título executivo apto a embasar execução de título judicial ou extrajudicial.[251]

---

[249] 2ª Turma do Tribunal Regional Federal da 4ª Região, por maioria de votos, julgamento ocorrido em 18 de abril de 1991, com a seguinte ementa: "Processual Civil. Execução. Citação por edital. Nomeação de curador especial. 1. É obrigatória a nomeação de curador, na execução, ao executado cuja citação tenha sido feita por edital. Observância dos princípios constitucionais da ampla defesa e de igualdade das partes frente ao processo. 2. Agravo parcialmente provido para limitar a declaração de nulidade à arrematação, nos termos da exordial. 3. Precedentes do Tribunal."

[250] EMENTA: Exceção de pre-executividade. Hipóteses de cabimento. Nulidade da execução (CPC, art. 618). Matéria alegável. Limites. Momento. 1 – Não cabe nos estreitos limites da exceção de pre-executividade a discussão a respeito de matérias que são típicas da incidental constitutiva negativa de embargos de devedor. 2 – A exceção de pre-executividade somente tem cabimento nos estritos casos em que tanger matérias relacionadas ao juízo de admissibilidade da execução, matéria de ordem publica que cabe e deve ser conhecida de oficio pelo julgador, sendo aquelas elencadas no artigo 618 do CPC. 3 – Momento. Descabe a exceção de pre-executividade se já houver penhora, pois a ação própria seria a de embargos. da mesma forma, não tem cabimento se já aforados os embargos. Exceção rejeitada em primeira instancia. Interlocutória mantida. Agravo improvido. (Agravo de Instrumento n° 70004052023, Décima Câmara Cível, Tribunal de Justiça do RS, Relator: Des. Paulo Antônio Kretzmann, Julgado em 13/06/02)

[251] PEREIRA, 2001, p. 455.

Nessa mesma linha de raciocínio, Leonardo Greco[252] leciona:

> Como instrumento da plenitude da defesa, a exceção de pré-executividade pode argüir tanto matéria de ordem pública, quanto nulidades relativas e exceções substanciais que dependem de argüição da parte, como a prescrição; pode ser oferecida antes dos embargos ou depois destes (sobre matéria por estes não preclusas) e, assim, o seu campo de atuação tende a cada vez mais alargar-se, preenchendo todos os vazios defensivos abertos pela disciplina insatisfatória dos embargos.

Segundo Sérgio Shimura,[253] poderá ser argüida na exceção matéria que não dependa de qualquer dilação probatória para sua demonstração.[254] Quanto à decisão que recebe ou não a exceção de pré-executividade, cabe agravo de instrumento. Mas, sendo a exceção recebida e ao final julgada procedente, "a conseqüência é a extinção liminar da execução por sentença, sendo o recurso cabível a apelação". De outra banda, se julgada improcedente, caberá, então, "recurso de agravo de instrumento para o tribunal, com a possibilidade de atribuição de efeito suspensivo e, verificando ausentes as condições da ação, o tribunal extinguirá o processo".[255]

Depois de discorrer sobre a exceção de pré-executividade, é de suma importância que se trate sobre a execução da verba alimentar, discorrendo sobre as possibilidades de defesa do executado. Primeiramente, dar-se-á início ao estudo da execução através da expropriação de bens, para posteriormente discutir a execução da verba alimentar através da ameaça de coação pessoal, a famosa prisão civil do devedor. Esta é, pois, a discussão que se travará adiante.

4.5. Execução da verba alimentar através da expropriação de bens

A execução de alimentos pode efetivar-se de quatro maneiras diferentes: através da penhora de bens do devedor, da ameaça de prisão civil,

---

[252] GRECO, 2001, p. 626.
[253] SHIMURA, 1997, p. 70-71.
[254] Porém, Luiz Peixoto Siqueira Filho discorda especificamente sobre esse ponto ao afirmar que: "É evidente a necessidade da produção de provas para a verificação da existência dos requisitos da execução. No entanto, não há acordo quanto à espécie de prova que seria admitida no processo executivo (SIQUEIRA FILHO, 2001, p. 72).
[255] GONÇALVES, 2001, p. 461-462.
Nesse mesmo sentido a jurisprudência salienta: EMENTA: Embargos de declaração. Processo de execução. Exceção de pre-executividade. Recurso recebido no efeito de infringência para, dar provimento ao agravo de instrumento, acolhendo a exceção de pre-executividade e julgar extinta a ação executiva que não vem instruída em títulos revestidos de liquidez, certeza e exigibilidade. embargos acolhidos.(4 fls) (Embargos de Declaração nº 70003992260, Quinta Câmara Cível, Tribunal de Justiça do RS, Relator: Des. Ana Maria Nedel Scalzilli, Julgado em 27/06/02).

do desconto em folha de pagamento e do desconto em alugueres e rendimentos do devedor.[256] Dessas formas de execução, apenas as duas primeiras interessam nesse momento, sendo que as duas últimas não serão analisadas.

Pretende-se, então, discorrer agora sobre a execução por quantia certa do débito alimentar, como propõe o artigo 732 do CPC, bem como o artigo 19 da Lei 5.478/68. Na verdade, a execução de verba alimentar por quantia certa não se distancia muito da que pretende executar qualquer outro tipo de débito, possuindo suporte legal e requisitos bastante próximos. Justamente por isso, aquela forma de execução, conforme se verá adiante, não encontra entraves na defesa através da exceção de pré-executividade da qual tratou-se anteriormente.

Primeiramente, deve-se mencionar que vários doutrinadores, ao discorrer sobre a execução da verba alimentar, salientam a preocupação do legislador com essa matéria: "O crédito alimentar mereceu generosas atenções do legislador. Exemplo frisante deste singular tratamento desponta na predisposição de vários meios executórios".[257] Parizatto[258] refere:

> O Estado, na outorga da prestação jurisdicional, preocupou-se em deferir uma garantia processual que visa ao recebimento de prestações de caráter alimentar, mercê da própria peculiaridade desta de propiciar recursos à sobrevivência de alguém.

Da mesma forma se posiciona Cahali[259] ao citar:

> A execução da sentença condenatória de prestação alimentícia é uma execução por quantia certa, que, em razão da natureza do crédito e das peculiaridades das prestações a ele relativas, tem o seu procedimento comum adicionado de algumas regras tendentes a tornar mais pronta a execução da obrigação

Na mesma esteira, Gomes[260] salienta que "as sanções comuns são insuficientes. O direito a alimentos é tutelado, em conseqüência, por sanções especiais". Estas sanções ou prerrogativas especiais alcançam seus objetivos com relação à possibilidade de penalização pessoal ou com relação a algumas preferências das quais são dotados os alimentos, como, por exemplo, o privilégio do crédito alimentar sobre qualquer outro, independentemente da natureza deste ou do momento da penhora.

---

[256] Para maior aprofundamento, ver SPENGLER, Fabiana Marion. *Alimentos – da ação à execução*. Porto Alegre: Livraria do Advogado, 2002.
[257] ASSIS, Araken de. Da execução de alimentos e prisão civil do devedor. 2 ed. São Paulo: RT, 1998, p. 149.
[258] PARIZATTO, João Roberto. *Execução de prestação alimentícia*. Rio de Janeiro: Aide, 1995, p. 11.
[259] CAHALI, Yussef Said. *Dos alimentos*. 3 ed. São Paulo: RT, 1998, p. 1021.
[260] GOMES, Orlando. *Direito de Família*. 7 ed. Rio de Janeiro: Forense, 1987, p. 421.

No entanto, percebe-se que, especificamente quanto ao espírito de celeridade do legislador ao procurar dotar a execução do crédito alimentar de peculiaridades possibilitadoras de eficiência e rapidez, a mesma morosidade impressa em processos executivos de outros créditos pode ser ali vislumbrada. Trata-se de feitos que podem levar vários meses ou anos até satisfação total do débito, o que se torna incompreensível com relação a créditos garantidores (ou que pelo menos deveriam ser) da sobrevivência do credor. Talvez se possa encontrar maior celeridade na execução com base no artigo 733 do CPC, mas, com relação à execução por quantia certa do débito alimentar, esta muito pouco se diferencia, em termos de celeridade, da execução de crédito comum.

Por conseguinte, a execução alimentar pressupõe a existência de dívida líquida, certa e exigível, segundo dispõe o artigo 586 do CPC, comprovada por título executivo, que pode ser uma decisão interlocutória fixando alimentos provisórios, sentença transitada em julgado ou o acordo homologado judicialmente, sob pena de ser imposta a nulidade da execução,[261] nos termos do artigo 618, inciso I, do CPC. De posse de tais documentos, aliados àqueles outros imprescindíveis ao ajuizamento do feito, pode o credor executar a dívida, cujo processamento do feito discutir-se-á adiante.

4.6. Processamento do feito e embargos à execução alimentar

Havendo débito alimentar, com parcelas em número superior a três,[262] tem-se adotado como regra a execução do excedente por quantia certa com base no artigo 732 do CPC.

Neste sentido, de posse do título executivo, o credor dá início à execução, preparando a petição inicial, com base no que preceitua o artigo 282 do CPC. A ação então é proposta no foro de domicílio do credor, sendo parte-autora o menor representado ou assistido pela mãe, pai ou guardião. Como parte passiva, tem-se o devedor da verba alimentar. O valor da causa é o que está sendo executado.

---

[261] Esta nulidade "pode ser reconhecida *ex officio*, a qualquer tempo e grau de jurisdição, independentemente de argüição da parte, ou do oferecimento de embargos. A regularidade processual, o *due process of law*, é matéria de ordem pública que não escapa ao crivo do juiz." (NERY, Rosa Maria Andrade e NERY JÚNIOR, Nelson. *Código de Processo Civil Comentado*. 3.ed. São Paulo, 1997, p. 842.)
[262] Execução de alimentos dos últimos três meses é feita com base no artigo 733 do CPC, conforme poderá se verificar adiante.

Ajuizada a ação e tendo o juiz verificado a existência de todos os seus requisitos e documentos, determinará a citação[263] do devedor para que pague ou nomeie bens à penhora num prazo de 24 horas, sendo tal prazo improrrogável e contado de minuto a minuto, devendo o oficial de justiça certificar no mandado o horário da citação como marco inicial da contagem. Decorrido tal prazo, o devedor não pode mais indicar bens à penhora.[264]

No caso de o oficial de justiça não encontrar o devedor, pode arrestar-lhe tantos bens quantos bastem para garantir a execução, forte no artigo 653 do CPC, cabendo ao credor o prazo de 10 dias, a partir da data em que for intimado do arresto, para requerer a citação por edital. Importante é para o andamento célere e eficaz do feito, principalmente tratando-se de execução de alimentos, que do edital conste que, findo o prazo de 24 horas a que se refere o artigo 652 do CPC, o arresto se converterá em penhora, ficando, desde logo, o devedor intimado para, querendo, embargar a execução.

Depois de efetuada a penhora, deve o devedor ser intimado pessoalmente para oferecer embargos, no prazo de 10 dias, contados a partir da juntada aos autos da prova de intimação. Mas, se forem os bens oferecidos em penhora, o prazo flui da assinatura do termo pelo executado, dispensando-se posterior intimação. No caso de depósito em dinheiro, o prazo começa a contar a partir da data dessa providência.[265]

Porém, segundo Parizzato,[266] se a intimação correr por hora certa,[267] o prazo começa a fluir nesse momento, e não da juntada aos autos do mandado, desde que seja certificada a hora da diligência, concedendo, assim, ao executado a possibilidade de embargar somente até o momento em que se completarem as vinte e quatro horas que lhe são concedidas.

Em sentido contrário, Theobaldo Spengler Neto[268] ressalta que a exigência do artigo 229 do Código Processual Civil traz polêmica quanto ao momento no qual começará a correr o prazo contestacional: se da juntada aos autos do mandado de citação devidamente certificado, na forma do artigo 241, II, do mesmo diploma legal, ou da juntada aos autos da comprovação da entrega da carta, telegrama ou radiograma, dando

---

[263] Uma vez que se trata de execução, inadmissível citação por via postal, conforme artigo 222, letra "d", do CPC.
[264] PARIZATTO, João Roberto. *Separação e Divórcio – Alimentos e sua execução*. 2 ed. Minas Gerais: Edipa – Editora Parizatto, 2000.
[265] PARIZATTO, 2000.
[266] Ibidem.
[267] Quanto à admissibilidade da penhora por hora certa, ver RSTJ 20/425.
[268] SPENGLER NETO, 2001, p. 117.

ciência ao réu dos atos praticados, na forma cumulada dos artigos 229 e 241, I, do texto processual? Trata-se de dúvida dizimada mediante interpretação sob a ótica constitucional, garantindo ao réu (citado por hora certa) a amplitude de defesa e contraditório, acolhendo-se a segunda hipótese.[269] Se a intimação da penhora for feita ainda no edital, o prazo tem início quando da juntada deste aos autos do processo.

Em se tratando de penhora que recai sobre dinheiro, em face do caráter alimentar do débito, pode o credor levantar mensalmente a importância da prestação, mesmo que sejam oferecidos embargos por parte do executado, independentemente de caução. Neste sentido, Cahali[270] cita Pontes de Miranda ao referir que:

> A execução é de quantia certa, que pode ir à penhora de bens ou de dinheiro; os embargos do devedor são oferecidos no prazo de 10 dias, contados da intimação da penhora (art. 738, I); os embargos do devedor, na ação executiva, de prestação de alimentos, não perdem a sua eficácia de suspensão; apenas se permite, a despeito disso, que se levante, mensalmente, a quantia das prestações alimentícias.

Inclusive, Cahali[271] também refere que, conforme decidiu o TJPR, mesmo sendo execução provisória de sentença em ação de alimentos, o levantamento independe de caução, pois se os alimentos são irrestituíveis, é descabida sua exigência.

Seguro o juízo através da penhora e intimação do executado, este pode embargar a execução alegando os motivos expostos nos artigos 741 e seguintes do CPC,[272] dentre os quais excesso de execução. Assim:

> Excesso com base em erro material cometido na fase de liquidação do débito, em valor conhecido por conta devidamente homologada; como também em erro material que se configura pela utilização dos meios inidôneos, configurando o título executório com dados irreais: é possível discutir o fundamento assim invocado, diante da ausência de preclusão e antijuridicidade de execução que sabidamente agrega parcelas indevidas.[273] (Cahali, 1998, p. 1029)

---

[269] Também nesse sentido ensina Ada Pellegrini Grinover: "Tenho como certo que, nas hipóteses de citação "com hora certa" – em que a lei continua a exigir, para aperfeiçoamento, validade e eficácia do ato, o envio de carta (Código de Processo Civil, artigo 229, inalterado) – o prazo para resposta somente poderá fluir a partir da efetiva juntada aos autos do instrumento que corporifica o recebimento dessa carta, isto é, da juntada do respectivo "AR" (aviso de recebimento)." (GRINOVER, Ada Pellegrini. Citação por hora certa. *Revista Jurídica Consulex*, nº 1, de 31 de jan. de 1997).

[270] CAHALI, 1998, p. 1022.

[271] Ibidem, 1998.

[272] ALIMENTOS. EXECUÇÃO. EMBARGOS. IMPROCEDÊNCIA. Sendo a execução fundada em título judicial, em que ficou o apelante obrigado a prestar alimentos à ex-mulher e aos filhos, qualquer transação diversa da constante no título judicial só teria validade para obstar a execução se superveniente à sentença, conforme art. 741, VI, do CPC. Apelo improvido. Unânime. Apelação Cível nº 595147745 – 8ª Câmara Cível – Pelotas. RJTJRS 175/683.

[273] CAHALI, 1998, p. 1029.

Após recebidos os embargos,[274] o processamento é o mesmo das outras execuções, com intimação[275] à parte embargada para impugná-los se quiser e aprazamento de audiência para o caso de instrução do feito, quando os embargos não versarem exclusivamente sobre matéria de direito ou a prova não for somente documental.[276] Encerrada a audiência, é prolatada a sentença, no prazo de 10 dias, da qual cabe recurso de apelação.

Não acolhidos os embargos e, após recurso de apelação, sendo a sentença mantida, o bem penhorado é avaliado e posteriormente levado à hasta pública para ser vendido e seu produto utilizado para o adimplemento da obrigação alimentar, sendo o excedente devolvido ao executado. Pago, o débito, extingue-se a execução.

Depois de discutido o processamento do feito e as possibilidades de embargos, adiante estudar-se-á a possibilidade de argüir a exceção de pré-executividade nas dívidas alimentares.

4.7. Exceção de pré-executividade na execução alimentar por expropriação de bens

Anteriormente, ao se discutir sobre a execução por quantia certa do débito alimentar, salientou-se que esse merece especial atenção e celeridade, uma vez que é garantidor do direito à vida e à sobrevivência do credor. Mas, evidenciou-se, também, que essa celeridade nem sempre é alcançada, sendo que o ritmo processual imprimido a tais feitos espelha-se e iguala-se, em muito, àquele utilizado em qualquer outra execução, independentemente da origem do débito.

Então, cabe o questionamento: diante de tais fatos, pode-se argüir, em defesa do executado, a exceção de pré-executividade? É possível que seja recebida e processada? Primeiramente, cabe ressaltar que a execução de débito alimentar também necessita, como qualquer outra execução, de título líquido. certo e exigível, que comprove a inadimplência do débito, para só depois possibilitar sua execução. Bom, a inexistência de tal requisito ou a sua nulidade permitem a exceção, como meio de defesa do executado,

---

[274] O recebimento dos embargos deve observar o disposto no artigo 739 do CPC.

[275] "Intimação para impugnar os embargos... 'a intimação para impugnação dos embargos, a que se refere o art. 740 do CPC, é feita ao advogado do exeqüente-embargado' " (NERY JÚNIOR e NERY, 1996, p. 890).

[276] ALIMENTOS. EXECUÇÃO. EMBARGOS DO DEVEDOR – Preliminar de inépcia da inicial da execução rejeitada. Alegação de pagamento não devidamente comprovada. Embargos à execução rejeitados. Apelação desprovida. (Apelação Cível nº 596081562 – 7ª Câmara Cível – Porto Alegre – Rel. Des. Alceu Binato de Moraes – Julgada em 28-08-96) RJTJRS 180/392.

antes dos embargos. Por quê? Porque não é justo que o executado sofra constrição de seu patrimônio, através da penhora, para só depois poder discutir o débito e apontar a nulidade existente, conseqüentemente, não possui outro remédio que não a exceção.

Quando relatado, anteriormente, que a necessidade de garantir o juízo através da penhora ou do depósito, para só depois discutir a nulidade do procedimento de execução pelo executado, poderia ser uma medida de extrema injustiça, pois esse poderia precisar do patrimônio penhorado durante o decorrer da ação, o que se pretendia era justamente despertar, no leitor, a certeza do cabimento e da importância da exceção de pré-executividade.

Mais importante se torna aquela forma de defesa quando se observa que a penhora dos bens do devedor de alimentos não obedece ao que disciplina a Lei 8.009/90, ou seja, todo e qualquer patrimônio pode lhe ser penhorado, inclusive o único imóvel que possui e onde reside com sua família, para fins de garantir o pagamento do débito. Imaginem a insegurança e as conseqüências geradas para o executado e seus familiares ao ser citado em execução de verba alimentar nula, quando descobre que, ou deposita o valor, ou dá sua casa (a única que possui) em penhora, para só depois discutir a nulidade e requerer que essa seja declarada, extinguindo a execução. Justamente nesses casos é que cabe, é possível e importante que se argúa a exceção de pré-executividade.

De outra banda, é necessário o mesmo rigor que se tem quanto aos embargos ao receber e mandar processar a exceção de pré-executividade. Não obstante serem dois institutos bastante diferenciados, algo ambos possuem em comum: a possibilidade de serem utilizados por devedores argutos, não como forma de alcançar a justiça, mas como meio de ganhar tempo, tumultuar o processo e impedir o seu andamento. Estar-se-ia diante de argüições inverídicas, de ponderações capciosas e de conduta eivada de má-fé que deve ser considerada pelo magistrado quando da análise das afirmações feitas sob a égide da exceção de pré-executividade.

Da mesma forma, a penalidade aplicada ao executado que embarga a execução que tramita contra si, utilizando de má-fé, deve ser aplicada aquele que, com a mesma má-fé, busca através da exceção de pré-executividade ludibriar a justiça, sofrerá contra si as penas do art. 14 e arts. 16 a 18 do CPC. Assim, pode ser condenado e pagar multa, bem como indenizar a parte contrária pelos prejuízos que sofreu, pagando os honorários advocatícios e todas as despesas que efetuou.[277]

---

277 EMENTA: Processual Civil. Execução. Título executivo judicial. Exceção de pré-executividade. Litigância de má-fé. Recurso conhecido, eis que fundamentado, embora interposto por cópia, não restando qualquer prejuízo a parte recorrida. exceção de pré-executividade bem repelida, eis que a

Finalmente, parece evidente o cabimento e a possibilidade de argüir exceção de pré-executividade na execução de débito alimentar baseada na expropriação de bens, desde que bem observados a lisura das alegações e a pertinência dos fundamentos e motivos elencados para que não se permita a vantagem do executado sobre o sofrimento do credor, parte mais frágil no procedimento de execução.

Por outro lado, é preciso que se analise também a possibilidade de argüição da exceção de pré-executividade na execução de alimentos sob coação pessoal, ou seja, naquela onde o inadimplemento ameaça o devedor com a prisão civil, no intuito de obrigá-lo a saldar o débito. É desse conteúdo que se tratará a seguir.

4.8. Execução da verba alimentar através da ameaça da prisão civil

Os artigos 18 e 19 da Lei 5.478/68, bem como o artigo 733 do CPC, reforçados pelo artigo 5º, inciso LXVII, da Constituição de 1988, prevêem a possibilidade de aplicar pena restritiva de liberdade por dívida de alimentos. O depositário infiel também pode ser preso, conforme aquele mesmo artigo constitucional, exaurindo-se, nestes dois casos, as possibilidades de prisão civil.

Com relação, especificamente, ao caso de prisão civil por débito alimentar, assunto do presente item, observa-se que é ponto de discórdia entre os doutrinadores. Defendida por alguns como forma de experimentar a solvabilidade do pai devedor, para outros é execrada por entendê-la como um retrocesso aos primórdios da civilização, quando o homem pagava com sua liberdade pessoal as dívidas inadimplidas.

Então, é essencial que, ao estudar a prisão civil por débito alimentar, se comente sobre a existência de corrente doutrinária defensora da mesma, contrapondo, momentaneamente, os posicionamentos diversos, chamados por Azevedo[278] de "abolicionistas da prisão civil por dívida".

Inicialmente, necessário é salientar que, conforme Troplong, citado por Azevedo,[279] a prisão civil por dívidas

> é a medida de mais extremo rigor do Direito Civil, do mesmo modo que a pena de morte é o último degrau da severidade penal. E como se tem duvidado da legitimi-

---

agravante retoma, de forma indevida, discussão definitivamente solucionada em acórdãos que apreciam, respectivamente, embargos infringentes e embargos de declaração. Adequada punição da agravante por litigância de má-fé. Agravo desprovido. (Agravo de Instrumento nº 70004311148, Quinta Câmara Cível, Tribunal de Justiça do RS, Relator: Des. Léo Lima, julgado em 27/06/02).

[278] AZEVEDO, Álvaro Villaça de. *Prisão civil por dívidas*. 4 ed. São Paulo: RT, 2000, p. 177.
[279] Ibidem, p. 174.

dade da pena de morte, imposta em nome da sociedade, é de colocar-se, por semelhança, em questão, a legitimidade da prisão civil por dívida a serviço do Direito Público. 'As leis que são a última razão de justiça, provocam, sempre, contradições sobre o limite exato de seu poder'.

Com este mesmo entendimento, e também deferido por Azevedo,[280] encontra-se Brunetti, que pertence à corrente abolicionista, demonstra seu repúdio à prisão civil por dívida "realçando que repugna ao conceito de liberdade e de dignidade humana que o corpo da pessoa sirva de garantia à obrigação, sendo objeto do exercício de um direito de crédito", e vai mais além, salientando que deve o patrimônio do devedor servir de garantia do débito, e não seu corpo.

Adiante, Azevedo[281] relaciona os pontos negativos daquele instituto, citando o discurso do Ministro Rouher, proferido na Câmara Francesa dos Deputados, em 28.03.1867, que argumenta:

[...] o arresto pessoal é a) *incivilizado e desumano*, pois representa uma tortura moral; b) *é um mal injusto*, equiparando o devedor de má-fé que agiu dolosamente para tornar-se insolvente, ao de boa-fé, que se tornou insolvente por desventura; c) *é iníquo*, porque um resulta golpeado na sua honra, família e futuro; ou outro indiferente a tudo, insulta a quem o alimenta do cárcere; d) *é inútil e ineficaz*, conforme tem sido demonstrado pela estatística de todos os países; pois, se é certo que antigamente o credor se aproveitava do trabalho do devedor e de sua família, hoje o devedor fica preso, inútil, improdutivo, sem que, com isso, exista qualquer vantagem ao credor; e) *é injustificado*, pois a privação temporária da liberdade de uma pessoa não existe para tutelar um interesse social e público, mas um interesse privado e pecuniário, qual seja o relativo ao cumprimento de uma obrigação ...

Brunetti[282] continua a discorrer sobre o posicionamento abolicionista ao analisar as considerações referidas, criticando especialmente o fato de que se referem "à liberdade corporal ou material e não à liberdade jurídica ", afirmando que o princípio de que " o respeito à liberdade exige que não se valha de um *meio* privativo da liberdade pessoal ao *escopo* de obter o cumprimento de um dever jurídico" importaria na abolição de todas as penas. Azevedo é contrário a tal posicionamento, sustentando que "não é possível generalizar o pensamento dos abolicionistas, que, certamente, se referiram tão-somente à necessidade de abolição da prisão civil por dívida, que, de um modo absoluto, não pode existir no Direito Privado, no âmbito do Direito Obrigacional".

---

[280] Ibidem, p. 178.
[281] Ibidem, p. 179.
[282] AZEVEDO, 2000, p. 180.

Estes posicionamentos entendem que a prisão civil por dívidas serve como uma espécie de "pena" pelo inadimplemento do débito alimentar, repudiando por isso, dentre outros motivos, sua utilização. Mas, a maioria dos doutrinadores brasileiros, como Moreira[283] e Pontes de Miranda,[284] afirmam que a ameaça de prisão serve para intimidar o devedor e obrigá-lo a adimplir seu débito, e não para puni-lo por sua inadimplência.

Por conseguinte, é de se levar em consideração que esta grande corrente doutrinária, aqui citada por Cahali,[285] salienta que a prisão civil é

> meio executivo de finalidade econômica; prende-se o executado, não para puni-lo, como se criminoso fosse, mas para forçá-lo, indiretamente a pagar, supondo que tenha meios de cumprir a obrigação e queira evitar sua prisão ou readquirir sua liberdade.

Assim, conforme leciona o mesmo autor, não obstante o art. 733 do CPC trazer duas vezes em seu bojo a expressão *pena* de prisão, de pena não se trata, uma vez que, quando decretada, é com o intuito único de coagir o devedor a pagar, e não de puni-lo por seu inadimplemento. Por conseguinte, a prisão civil é meio de experimentar a má vontade do executado, quando este procura ocultar o que possui para esquivar-se de sua responsabilidade.

Da mesma forma, os Tribunais vêm entendendo que a prisão civil não deve ser entendida como pena e, sim, forma de obrigar o devedor a efetuar o pagamento do débito: "a prisão do alimentante relapso não é pena, mas meio e modo de constrangê-lo ao adimplemento da obrigação reclamada, cuja conotação social é por demais evidente." (TJSP, 4ª CC, AI 116.540 –1, Rel, Ney Almada , 1º.6.89. Cs.Crs. Conjs., TJSP)[286]

Por outro lado, existem posicionamentos favoráveis à aplicação da coerção pessoal em caso de inadimplemento da verba alimentar, considerada uma das poucas, senão única forma de coagir o irresponsável devedor a pagar o que deve, já que demonstra não possuir consciência de sua obrigação alimentar.

---

[283] MOREIRA, José Carlos Barbosa. *O novo processo civil brasileiro*. 15 ed. Rio de Janeiro: Forense, 1963.

[284] PONTES DE MIRANDA, Francisco Cavalcanti. *Tratado de Direito Privado*. Campinas: Bookseller, 2000.

[285] CAHALI, 1998, p. 1050.

[286] O mesmo acórdão ainda relaciona que: "a prisão civil, exceção à regra na Constituição Brasileira, por isso mesmo só será decretada excepcionalmente. Colocando a Lei Magna a família sob proteção especial do Estado, abriu essa exceção nos direitos e garantias individuais para resguardar esse pequeno estado que é a organização familiar, assegurando a sua sobrevivência através da compulsoriedade da obrigação alimentar."

Tal posicionamento é arduamente defendido por Marmitt,[287] Cruz,[288] Cahali,[289] e Pereira,[290] sendo que este último refere: "Os que pensam diversamente insistem no argumento da odiosidade da prisão. Respondo é mais odioso deixar de prestar alimentos aos familiares, aos filhos, aos pais, aos irmãos". Assim, estes doutrinadores retratam a preocupação que possuem com o lastro de garantias que vêm sendo proporcionadas ao devedor de alimentos, normalmente em detrimento do credor, que necessita deles para assegurar sua sobrevivência.

Estes entendimentos defendem a possibilidade de decretar a prisão do devedor que deixar de adimplir sua obrigação calcados principalmente no fato de que, se não utilizada a coação, o débito continuará inadimplido. Muitas vezes, as desavenças anteriores entre credor e devedor podem servir de motivo para a recusa no cumprimento da obrigação como forma de atingir ou intimidar o primeiro, obrigando-o a escolher o caminho da execução como meio de garantir o recebimento do que lhe é devido.

Por outro lado, o que se pode verificar é que a situação dos débitos alimentares atualmente transformou-se em problema crônico que assola todas as classes sociais, mas que é encontrada com maior abundância e gravidade nas camadas de baixa renda, dificultando não só a execução como também a consolidação de uma rotina de cumprimento da obrigação alimentar imposta. Tais circunstâncias se devem ao fato de que muitas vezes se trata de um litígio entre "o roto e o esfarrapado", ou seja, credor e o devedor são hipossuficientes, um precisa de alimentos para sobreviver, e o outro possui extrema dificuldade financeira para honrar seus compromissos. Neste sentido, estando a verba alimentar fixada, e possuindo o devedor dificuldades para adimpli-la, deve pleitear a ação competente para revisar ou exonerar sua obrigação. Mas, quem vai informar isso ao devedor? E as Comarcas onde não existem órgãos prestadores de assistência judiciária gratuita? Quem patrocinará a ação com custo zero? São situações que, em termos de legislação, possuem amparo, mas que, na prática, encontram entraves econômicos, sociais e culturais que vão desde o desconhecimento e desorientação quanto aos direitos e às formas de garanti-los até o fato de que, se não há dinheiro para pagar o que é devido, ele também não existe para custear um advogado.

Em contrapartida, existem devedores completamente irresponsáveis que, sabedores das conseqüências de seu inadimplemento, utilizam-se de

---

[287] MARMITT, Arnaldo. *Pensão alimentícia*. 2 ed. Rio de Janeiro: Aide, 1999.
[288] CRUZ, João Claudino de Oliveira e. *Dos alimentos no Direito de Família*. Rio de Janeiro/São Paulo: Forense, 1961.
[289] CAHALI, op. cit., 1998.
[290] PEREIRA, Sérgio Gischkow. *Ação de alimentos*. 3 ed. Porto Alegre: Fabris, 1983, p. 67.

todos os meios para burlar a lei e não pagar o que devem, mesmo possuindo condições financeiras para tanto. Trata-se de devedores recalcitrantes e irresponsáveis, em relação aos quais se acumulam dezenas de processos de execução porque nunca cumprem com sua obrigação. Estes, infelizmente, são maioria.

Nestes casos:

> Se a prisão foi estabelecida até pela Constituição Federal, é porque crônica se traduz a questão dos inadimplentes em débitos alimentícios. Se nossa Carta Magna tutela a liberdade, não esqueceu de prever prisão civil para devedores de alimentos. Quando decretada a prisão civil quase sempre aparece o dinheiro.[291]

Por estes motivos, deve ser analisada a situação onde se encontram inseridos o devedor e o credor, observando-se, principalmente, se o primeiro é devedor contumaz ou se apenas uma vez deixou de adimplir o débito. O parcelamento parece ser uma boa forma de solucionar tais impasses, quando se tratar de inadimplemento involuntário e for um fato isolado entre as partes envolvidas. No entanto, verificando que se trata de inadimplência "cotidiana", contumaz, parece-nos que tal concessão seria benefício em demasia para o devedor irresponsável em detrimento do credor necessitado.

Outra forma de resolver o impasse sem que haja a decretação da prisão civil contra o inadimplente é sugerida por Azevedo[292] quando refere:

> O juiz deverá com a devida urgência, determinar a citação do devedor, que colocará à disposição da Justiça, imediatamente, seu patrimônio, enumerando-o de acordo com sua declaração de bens, junto ao Imposto sobre a Renda, inclusive outros, que eventualmente existam, anexando balancete discriminado, sob forma mercantil, de seu estado econômico financeiro.

Solução perfeita. Mas, e os devedores que não possuem patrimônio, que não possuem sequer renda fixa possibilitadora do desconto em folha, que vivem de "biscates"? Estes precisam ser coagidos a pagar sob a ameaça de ser-lhes tolhida a liberdade pessoal e não o patrimônio que não possuem. De outra forma, o débito não será saldado.

Então façamos o seguinte exercício: o filho menor ajuíza ação de alimentos em relação ao pai para ver fixado o valor da verba a que tem direito.[293] Feito isso, o pai não cumpre com sua obrigação, deixando de

---

[291] PEREIRA, 1983, p. 67.

[292] AZEVEDO, 2000, p. 185.

[293] Importante que se observe o fato de que o valor fixado para verba alimentar ou foi vertido através de acordo para o qual ambas as partes concorreram e exararam sua vontade espontânea, ou através de sentença onde o magistrado determinou o *quantum* após o estudo de todas as provas carreadas aos autos do processo.

pagar aquilo a que o filho tem direito. Este ajuíza ação de execução de alimentos objetivando receber o que lhe é devido. O pai é autônomo, não existindo meio de implementar o desconto em folha da verba alimentar. Não possui nenhuma outra renda de onde possa advir o pagamento. Não possui bens que venham a garantir o débito ou adimpli-lo através do desapossamento. De que forma o filho pode buscar o pagamento de seu crédito? O único meio, neste caso, é a coerção pessoal. Com medo da prisão civil, o pai pagará. Este, infelizmente, é o retrato da maioria das execuções ajuizadas no Brasil, e muitas vêm calcadas nos artigos 733 do CPC e 18, 19 da Lei 5.478/68.

No entanto, se impossibilitado ao filho o direito de executar alimentos sob ameaça de coerção pessoal, deixará de receber a verba alimentar, por possuir um pai irresponsável que não se importa com sua sobrevivência.

Importante é levar em consideração que existem devedores de alimentos que assim o são por situações extraordinárias, alheias a sua vontade, tais como a perda do emprego ou doença incapacitadora para o exercício de suas atividades laborais. Para estes, a lei proporciona a justificativa prevista no texto legal como forma de demonstrar a impossibilidade de adimplemento momentâneo do débito, não lhe sendo decretada a prisão civil antes da análise das razões apresentadas, objetivando decisão justa, depois de observado o devido processo legal, o contraditório e a ampla defesa.

Dessa feita, a execução de alimentos sob pena de coação pessoal por reiteradas vezes é o único meio através do qual a ação prospera, chegando ao seu término com o adimplemento total do débito, nos casos onde patrimônio do devedor, que poderia adimpli-lo, é inexistente, ou quando não existe possibilidade de implementar o desconto em folha de pagamento. Talvez, quando se tornarem mais aguçados o senso de responsabilidade e a consciência do dever de possibilitar a sobrevivência dos que necessitam e por direito podem requerer em juízo essa obrigação, possa-se então falar na abolição daquele instituto; antes, seria desamparar os necessitados e premiar os irresponsáveis, deixando-se de executar alimentos na esmagadora maioria dos casos.

4.9. Processamento do feito

Assim, o procedimento de execução de verba alimentar baseado nos artigos 733 CPC e 19 da Lei 5.478/68 deve ser rigoroso e formal, uma vez que trabalha com dois direitos fundamentais de suma importância: a vida e a liberdade. Então, diante da celeridade que a circunstância exige, os prazos são mais exíguos e as possibilidades de defesa restritas ao disposto no artigo 733 já referido.

Dessa forma, quando ajuizada a execução de alimentos alicerçada na coação pessoal, é o devedor citado para, em três dias, adimplir o débito, demonstrar já tê-lo feito ou justificar sua impossibilidade de fazê-lo sob ameaça de prisão civil, devendo o mandado de citação conter tal advertência de forma expressa. Assim, fica restrita sua participação nos autos do processo a estas três oportunidades:

a) Pagamento: a primeira possibilidade que assiste ao devedor em caso de execução de alimentos é o pagamento total do débito que pode ocorrer diretamente ao credor ou ao seu representante/assistente legal, utilizando-se de recibo para comprovação do mesmo, através de depósito em conta bancária anteriormente determinada ou através de depósito nos autos do processo após a expedição de guias pelo cartório.

Feito o pagamento e quitado o débito, o devedor junta aos autos do processo o comprovante, requerendo a extinção do feito uma vez que resolvida a contenda. Este pagamento pode ser efetuado pelo próprio devedor ou por terceiro que venha adimplir o débito em seu nome.

Por outro lado, podem as partes envolvidas compor o litígio através de acordo para parcelamento do débito que, após a homologação, extingue o feito. Pode ainda o credor requerer a suspensão do feito, para fins de adimplemento voluntário do mesmo por parte do executado ou então, conforme o artigo 794 do CPC, renunciar ao crédito, exceto nos casos onde o autor e credor é menor, não podendo seu representante/assistente legal abrir mão de direito que não é seu e principalmente em detrimento de direito do menor. Está vedada, pois, a renúncia ao crédito neste último caso.

b) Comprovação do adimplemento do débito anterior ao ajuizamento da execução ou depois deste, mas antes da citação: se ajuizada a execução quando o débito já estiver pago, o devedor, através de procurador habilitado, junta aos autos recibos ou comprovantes de depósitos bancários que possam atestar o pagamento.

No entanto,

> Não serve para comprovar o pagamento do valor reclamado, eventuais pagamento feitos pelo devedor a terceiros que não tinham legitimidade para receber e dar quitação. Os pagamentos feitos a supermercados, armazéns, padarias, farmácias etc, ou mesmo valores dados por liberalidade por parte do credor, aos menores, por

exemplo (Jurisprudência Brasileira Criminal 31/55), não servem e nem podem ser computados ou compensados com o débito alimentar.[294]

Comprovada a inexistência de dívida, a prisão civil deve deixar de ser decretada. Se comprovada a má-fé[295] do credor ao executar aquilo que estava devidamente adimplido, pode este ser condenado conforme o artigo 17 do CPC, observando-se também os artigos 574 do CPC e 939 do CCB.

c) Justificativa: a última oportunidade oferecida ao devedor é a possibilidade de justificar sua inadimplência, também no prazo de três dias. O devedor somente pode alegar a impossibilidade temporária para adimplemento de verba alimentar uma vez que a impossibilidade definitiva deve ser objeto de discussão em ação de revisão ou exoneração de verba alimentar.

Por outro lado, as alegações devem ser acompanhadas de um mínimo de provas que possam alicerçar a alegada impossibilidade. Assim: "enquanto não se esgotar o direito à prova, que se afigura amplo e ilimitado, pois se admitem todos os meios lícitos, se ostenta ilegal a decretação da prisão".[296]

Ainda, existem circunstâncias tidas pela jurisprudência como possibilitadoras de justificativa na execução da verba alimentar, sendo elas "o desemprego total; a despedida de um dos dois empregos que mantinha o devedor; a repentina aparição de moléstia; e a pendência de paralela demanda exoneratória da obrigação alimentar".[297]

No entanto, as circunstâncias já referidas como possibilitadoras de justificação pelo não-pagamento de verba alimentar são polêmicas, uma vez que todas elas podem abater-se também sobre o necessitado ou sobre quem detém sua guarda (no caso de ser menor), sendo que a sobrevivência deste não pode perecer. Um exemplo bastante significativo é o que diz respeito ao filho que, ao deixar de receber a verba alimentar do pai, ajuíza ação de execução de alimentos com base no artigo 733 do CPC e, no decorrer desta, sua mãe e guardiã fica desempregada. O pai, por sua vez, ao ser citado, justifica, no prazo hábil, sua impossibilidade de adimplir o débito também por estar desempregado. Questiona-se: é justo entender como justificado o inadimplemento do pai quando a mãe não possui aquela possibilidade? Se o pai pode deixar de pagar temporariamente ou parcelar seu débito, o mesmo pode ser proporcionado à guardiã? Pode ela deixar

---

[294] PARIZATTO, 2000, p. 181.

[295] Como litigante de má-fé pode-se dizer: "parte ou interveniente que, no processo, age de forma maldosa, com dolo ou culpa, causando dano processual à parte contrária. É o *improbus litigator*, que se utiliza de procedimentos escusos com o objetivo de vencer ou que, sabendo ser difícil ou impossível vencer, prolonga deliberadamente o andamento do processo procrastinando o feito" (NERY e NERY JÚNIOR, 1997, p. 288)

[296] ASSIS, 1998, p. 136.

[297] Ibidem, 1998, p. 137.

de prover o sustento do filho porque está desempregada? Deixá-lo à própria sorte? Por certo que não. Com certeza, a genitora não deixaria de proporcionar ao filho a sobrevivência, utilizando para isso do socorro de familiares e amigos na forma de empréstimo ou então através da realização de trabalhos eventuais com os quais pudesse obter alguma renda. O mesmo pode fazer o pai/devedor. Injusto, pois, conceder tal benefício a apenas uma das partes.

Por isso, não obstante a citação anterior, entendemos como fomentador de justificação da impossibilidade de pagamento de verba alimentar somente a doença grave, esta sim, ensejadora de dificuldades na obtenção de renda (excetuam-se aqui os casos nos quais o devedor recebe benefício previdenciário), atirando o devedor à cama, e acrescentado, ainda, ao seu infortúnio os gastos com médicos, hospitais e remédios.

Deste modo, sempre que o inadimplemento for motivado por algumas daquelas circunstâncias, devem as provas colhidas ser analisadas com bastante rigor, objetivando decisão justa que não faça perecer o devedor, mas que também não lhe dê maiores benefícios do que os ofertados ao credor. Outro aspecto importante e que deve ser observado é aquele que diz respeito à existência de devedores irresponsáveis e recalcitrantes que nunca cumpriram com sua obrigação de forma regular e que pretendem demonstrar a impossibilidade de pagamento do débito de forma corriqueira, em todos os processos de execução ajuizados, com o único intuito de protelar o mesmo, objetivando ganhar tempo. Estes não merecem a acolhida da justificativa.

4.10. Defesa do executado

Em se tratando de execução de alimentos sob ameaça de coação pessoal, o devedor é citado para pagar, demonstrar que já o fez ou justificar sua impossibilidade de fazê-lo no prazo de três dias, contados a partir da juntada do mandado de citação aos autos do processo.

Apresentada em três dias, a defesa é dirigida ao juiz da causa, aduzindo as razões do inadimplemento, sendo juntados a ela os documentos necessários para comprovar a veracidade do alegado. Nesse caso, não pode o magistrado decretar a prisão civil do devedor antes de apreciar a justificativa.[298] Com esta,

---

[298] É ilegal a prisão do devedor de alimentos que oportunamente apresentou justificação da impossibilidade de pagá-los por estar desempregado, e que pretendeu provar o que alegava. Prisão civil é medida excepcional. (2ª CC do TJRS, no HC 36.608, j. 24.09.80, TJTJRS 83/182)

pode o devedor, inclusive, ofertar proposta de parcelamento do débito que deve ser apreciada pelo credor, concordando ou não.

Observa-se que a defesa oferecida por ocasião da justificativa é sumária, apontando os fatos pelos quais o devedor se encontra momentaneamente impedido de saldar seu débito. Toda e qualquer discussão mais aprofundada em torno da minoração ou exoneração da verba alimentar deve ser feita em autos próprios, e não por ocasião da execução. Da mesma forma, as alegações feitas pelo devedor devem ser por ele comprovadas.[299] Se não pode pagar, é preciso que diga por que e comprove tal impossibilidade, de modo que não deve o magistrado decretar a prisão, se oferecida a justificativa em tempo hábil e se não esgotados todos os meios de prova.

A despedida de um dos dois empregos que mantinha o devedor demonstra diminuição parcial e significativa de sua renda, podendo possibilitar, inclusive, o aforamento de ação revisional de alimentos com o objetivo de minorar o valor mensal, mas não a justificativa para o inadimplemento da verba alimentícia, uma vez que, mesmo despojado de uma de suas atividades laborativas, o devedor continua vivendo, se alimentando e existindo. Da mesma maneira, seu credor tem direito a estas prerrogativas, uma vez que não pode ficar à mercê do mercado de trabalho, à espera de que o primeiro encontre outra ocupação para engrossar sua renda mensal e voltar a pagar os alimentos. Tomando como exemplo a pensão fixada em favor de filho menor, importante observar que, se houve um decréscimo no salário, é necessário estabelecer prioridades para o gasto deste e parece-nos que o sustento e a educação dos filhos são prioridades.

Por outro lado, a doença parece-nos justificativa desde que o devedor não seja trabalhador beneficiário da previdência social ou previdência privada, de onde poderia advir renda suficiente para o pagamento da pensão alimentícia. Também aqui, em havendo decréscimo na renda, poderia o devedor se beneficiar de ação revisional de alimentos. Tal posicionamento vem baseado no fato de que existem doenças cujo tratamento leva meses e até mesmo anos, algumas vezes, inclusive, são doenças incuráveis. O credor precisa, no decorrer deste período, da verba alimentar para so-

---

[299] Neste sentido é o voto da Desembargadora Maria Berenice Dias no Agravo de Instrumento nº 70000488783, da 7ª Câmara Cível – Alegrete, RJTJRS 199/251: ...De outro lado, ainda que alegue impossibilidade, sob o fundamento de ter resultado paraplégico em decorrência de um assalto, fato ocorrido em 1º.02.1997 (Fl. 25), não há, nem na certidão de ocorrência, nem na notícia veiculada no jornal (fl. 33) qualquer referência às lesões corporais ou seqüelas de ordem física. Nem na justificativa apresentada em março de 97, quando da citação fez o devedor qualquer referência a problemas motores. Somente ante o novo decreto de prisão surge o problema da paraplegia a juntada de dois atestados médicos datados de 1999. Assim, não pode prevalecer a assertiva de total impossibilidade para pagar, até porque premido pela possibilidade de prisão, providenciou no pagamento.

breviver. Nada mais justo, pois, que, se o devedor recebe algum benefício previdenciário, alcance quantia razoável, dentro de suas possibilidades e dentro das necessidades do credor.

Da mesma forma, o desemprego total poderia ensejar a justificativa, desde que o credor não receba seguro-desemprego, bem como as parcelas rescisórias, com os quais poderia adimplir a verba alimentar ainda por alguns meses, até nova colocação no mercado de trabalho. No entanto, passado aquele período, estando o devedor ainda desempregado, então poderia utilizar-se a justificativa de impossibilidade temporária de pagamento dos alimentos por aquele motivo, uma vez que já deveria ter ingressado com ação revisional de alimentos.[300] É importante, também, ressaltar o ensinamento de Rizzardo[301] (1994, p. 789): "quanto ao desemprego, é admissível que seja motivo suficiente para arredar a obrigação. Não, porém, se constante a culpa ou o desinteresse do devedor para isentar-se do pagamento." Conseqüentemente, o desemprego proposital, no qual o devedor pede demissão buscando motivos para não mais adimplir a verba alimentícia, jamais poderá ser motivo para acolher a justificativa pelo não-pagamento.

Ocorre que a doença e o desemprego total ou parcial são situações cuja solução nem sempre depende da vontade do devedor, podendo perdurar por meses ou anos. Assim, se justificada a impossibilidade de pagamento por qualquer um daqueles motivos, a situação poderia se alastrar por muito tempo, ficando o credor desprovido dos alimentos tão importantes para sua sobrevivência. Parece-nos, então, que a melhor maneira de resolver a pendência é buscar a ação própria para adequar a verba alimentar às possibilidades financeiras do devedor, exonerando o mesmo se não as possuir, mas não possibilitar que deixe de adimpli-la.

Em caso de ser acolhida a justificativa, pode a execução ser suspensa, até que o devedor esteja em condições de saldar o débito, ou até mesmo extinta, podendo sempre ocorrer o ajuizamento de nova ação, desde que exista débito.[302]

---

[300] A jurisprudência afirma que: "Não basta que o devedor demonstre estar desempregado para provar a impossibilidade do pagamento da pensão alimentícia; a impossibilidade a que se refere à lei é aquela não dependente da vontade do devedor e resultante de força maior" (6ª CC do TJSP no AI 99.357, j. 05.04.88 – JB140/261). Neste sentido ver também RJTJRS 104/287.

[301] RIZZARDO, Arnaldo. *Direito de Família*. 3.v. Rio de Janeiro: Aide, 1994, p. 380.

[302] ALIMENTOS – EXECUÇÃO – JUSTIFICAÇÃO DE IMPAGAMENTO. Sendo acolhida a justificativa do alimentante devedor inadimplente, quanto ao não-pagamento das prestações em atraso, descabe decretar a improcedência da execução, mormente quando o devedor pede a suspensão da ação, porquanto tal desprocedência não atende aos interesses de ninguém. (Apelação Cível nº 593025216, 7ª Câmara Cível do TJRS, Rel. Des. Waldemar Luiz de Freitas Filho, 22.9.93)

Por último, cabe, depois de discutida a execução sob ameaça de coação pessoal, discutir a possibilidade de exceção de pré-executividade em execuções nulas, baseadas no art. 733 do CPC. É o assunto que a seguir comentar-se-à.

4.11. Possibilidade de argüir exceção de pré-executividade na execução sob coação pessoal

Anteriormente, discutiram-se, com detalhamento, as possibilidades de defesa oferecidas ao executado quando o débito alimentar vem sendo cobrado com base nos arts. 733 do CPC, 18 e 19 da Lei 5.478/68. Dessa feita, pode-se pagar, comprovar o pagamento ou justificar sua impossibilidade no prazo de três dias.

Mas e se a execução for nula? O que pode fazer o executado? Seu prazo é exíguo, possui três dias para ofertar defesa, e o texto legal dispõe, de forma clara, que a única maneira de evitar a prisão é justificar a impossibilidade de pagamento, ou seja, a falta de condições para que ele aconteça, por parte do devedor. O que fazer então, quando a demanda vem calcada em nulidade? Quando o pagamento não deve acontecer porque nulo o feito no qual pretende-se obrigar o executado a pagar aquilo que ele não deve?

Mais uma vez a resposta pode parecer óbvia: argüir exceção de pré-executividade, demonstrando a nulidade, que deveria ser analisada e declarada de ofício pelo juiz, no ato de recebimento do feito, mas que não o foi, e requerer a extinção do processo. Ocorre que, na execução de alimentos sob coação pessoal, o procedimento pressupõe extrema urgência, o que não poderia deixar de ser, visto o condão de subsistência que possui a pensão alimentícia. Nesse caso, são extremamente limitadas as possibilidades de defesa e na única possível, a justificativa, não cabe a exceção.

Porém, não se encontra no texto legal dispositivo que determine a possibilidade de se argüir exceção de pré-executividade nesse ou naquele procedimento. Na verdade, de acordo com o já estudado, ela é uma criação doutrinária e jurisprudencial que permite ao executado oferecer defesa antes da constrição de seu patrimônio e, nesse caso, antes da sua prisão civil. Dessa forma, não obstante a inexistência de previsão legal e os estreitos meios de defesa indicados pelo CPC, o executado poderia vir a se socorrer da exceção como meio de defesa hábil.

Exemplo claro teríamos quando, através de sentença judicial, B fica obrigado a pagar verba alimentar em favor de A. Posteriormente, a sentença é revista em ação própria, e o valor antes deferido é revisado e minorado pela metade. Face ao descumprimento parcial da sentença (o devedor passa a pagar somente aquilo que lhe foi determinado na ação revisional), o credor A ajuíza execução de verba alimentar, sob coação pessoal contra B, utilizando, de forma errônea, o título executivo anterior que, depois da sentença na ação revisional de alimentos, deixa de ter valor jurídico. O magistrado, ao receber a ação, não percebe a nulidade quanto ao título executivo e manda citar o devedor. Esse último, que sabe não dever o montante que lhe é executado, aos olhos da lei somente poderia justificar a impossibilidade de pagamento do débito, no prazo de três dias, quando pretende, isso sim, dizer que não pagou o montante porque não o deve, em função da revisional ajuizada e procedente em seu favor. O que poderia ele fazer?

A exceção de pré-executividade parece ser a melhor saída nesse momento, uma vez que o executado não possui motivos para justificar o inadimplemento, pois não se justifica o não-pagamento de débito inexistente. Da mesma forma, injusto permitir que contra si continue a existir demanda que pretenda executar-lhe aquilo que não deve. Conseqüentemente, poderia-se utilizar a mesma construção doutrinária e jurisprudencial realizada nas execuções por quantia certa na execução de alimentos sob coação pessoal.

Por outro lado, é preciso ponderar que aqui também poderão surgir devedores contumazes e recalcitrantes que utilizam de todos os meios para fugir à sua obrigação. Nesse caso, é importante que se verifique a inexistência de má-fé nas alegações do executado, para que mais uma vez não se premie o devedor em detrimento do credor. Em sendo comprovada a má-fé, cabe ao magistrado determinar as sanções cabíveis, já ventiladas em discussões prévias, nesse mesmo texto.[303]

---

[303] EMENTA: Agravo interno. Embargos de declaração. Agravo de instrumento. Exceção de pré-executividade. Suspensão de crédito tributário nao-verificada. reconsideração. Litigância de má-fé. Deve ser reconsiderada a decisão que proveu de plano agravo de instrumento, uma vez que a situação fática existente na época da interposição do recurso, como demonstrou o estado no agravo interno, não correspondia aquela apresentada pelo então agravante. Verificada a litigância de má-fé do ora embargante, deve este ser condenado ao pagamento de multa, com base no art. 18, *caput*, do CPC. Impõe-se, pois, o provimento do agravo interno, com a condenação do embargante a multa de 1% sobre o valor da execução fiscal, por litigância de má-fé, restando prejudicados os embargos de declaração. deram provimento ao agravo interno e negaram provimento ao agravo de instrumento, condenando o executado-embargante a litigância de má-fé, julgando prejudicados os embargos de declaração. (Agravo nº 70003096096, Primeira Câmara Especial Cível, Tribunal de Justiça do RS, Relator: Des. Adão Sérgio do Nascimento Cassiano, julgado em 28/05/02).

Outro aspecto polêmico, quando se fala da exceção de pré-executividade na dívida alimentar executada sob coação pessoal, é aquele que diz respeito à possibilidade de suspensão da execução. Justamente por não existir previsão legal, o entendimento majoritário é de que esse incidente não suspende a execução, pois, caso contrário, poderia ser utilizado por executados de má-fé que apenas tenham o intuito de protelar o andamento do feito, esquivando-se do seu pronto pagamento, enquanto ganham tempo. Nesse sentido, é mais uma porta que se fecha ao devedor irresponsável que pretende apenas ludibriar a justiça.

Em contrapartida, os operadores do direito conhecem a existência do *habeas corpus* como meio de socorro do executado que pode evitar sua prisão civil. No caso supra-relatado, poderia o *habeas corpus* servir de defesa e meio próprio para demonstrar a nulidade da execução ao magistrado? Penso que não. Poderia, isso sim, servir para suspender o decreto de prisão civil, mas o *habeas corpus* não é o caminho mais adequado para reconhecer a nulidade da execução. Essa deve ser reconhecida pelo juiz onde tramita o feito, após as necessárias argüições. Conseqüentemente, parece-nos que o caminho mais adequado para que o executado busque a nulidade da execução ainda é a exceção de pré-executividade.

4.12. Considerações finais

Concluindo, apesar de pouco utilizada junto às demandas alimentares, entende-se que a exceção de pré-executividade é cabível, em casos excepcionais[304] (aliás, como o próprio nome já diz) quando existir algum tipo de nulidade que vicie a execução da verba alimentar, sempre observando, com rigor, a boa-fé do executado e a lisura de suas alegações, para fins de não lhe permitir nada mais do que um meio de defesa adequado quando necessário, e não como meio de protelar o pagamento daquilo que é devido.

Se não se quer a prisão civil do devedor, medida odiosa, mas muitas vezes necessária, também não se pretende oferecer-lhe subterfúgios para que deixe de cumprir sua obrigação, inadimplindo o débito sem que contra si tenha conseqüências.

---

[304] EMENTA: Contratos bancários. Execução. Exceção de pré-executividade. A Exceção de pre-executividade, como defesa do executado, só pode ser aceita em casos especialíssimos, quando evidente a nulidade da execução. Matéria de embargos deve ser suscitada e decidida em embargos, onde se estabelece o contraditório e a possibilidade de produção de provas. Recurso improvido. (fls. 06). (Agravo de Instrumento nº 70004486890, Décima Sexta Câmara Cível, Tribunal de Justiça do RS, Relator: Des. Claudir Fidelis Faccenda, julgado em 07/08/02).

O mesmo pode-se afirmar no concernente à execução de alimentos por quantia certa, ou seja, através da penhora de bens do devedor. Assim, a exceção de pré-executividade poderá ser utilizada desde que bem avaliados seus propósitos, no sentido de dar ao credor o que lhe é de direito sem que para isso sejam utilizados procedimentos nulos, apontados esses de ofício ou através da exceção de pré-executividade.

Assim, a exceção de pré-executividade, se bem utilizada, poderá trazer garantias de que o executado não precisará penhorar parte do seu patrimônio ou correr o risco de ter sua liberdade cerceada enquanto se debate na defesa processual, buscando provar que é nula a execução que contra ele tramita.

4.13. Referências bibliográficas

ALVIM, Eduardo Arruda. *Processo de Execução*. (Organizado por SHIMURA, Sérgio e WAMBIER, Teresa Arruda Alvim). São Paulo: Revista dos Tribunais, 2001.

ASSIS, Araken de. *Da execução de alimentos e prisão do devedor*. 2 ed. São Paulo: RT, 1998.

──. *Título Executivo*. São Paulo: Saraiva, 1997.

AZEVEDO, Álvaro Villaça de. *Prisão civil por dívidas*. 4 ed. São Paulo: RT, 2000.

CAHALI, Yussef Said. *Dos alimentos*. 3 ed. São Paulo: RT, 1998.

CRUZ, João Claudino de Oliveira e. *Dos alimentos no Direito de Família*. Rio de Janeiro/São Paulo: Forense, 1961.

GOMES, Orlando. *Direito de Família*. 7 ed. Rio de Janeiro: Forense, 1987.

GONÇALVES, Helena de Toledo Coelho. *Processo de Execução*. (Organizado por SHIMURA, Sérgio e WAMBIER, Teresa Arruda Alvim) São Paulo: RT, 2001.

GRECO, Leonardo. *O Processo de Execução*. V. 4. Rio de Janeiro: Renovar, 2001.

GRINOVER, Ada Pellegrini. Citação por hora certa. *Consulex*. Nº 1, de 31 de janeiro de 1997.

KUHN, João Lacê. *O Princípio do Contraditório no Processo de Execução*. Porto Alegre: Livraria do Advogado, 1998.

LIMA, Alcides de Mendonça. *Processo de Conhecimento e Processo de Execução*. 2. ed. Rio de Janeiro: Forense, 1992.

MARMITT, Arnaldo. *Pensão alimentícia*. 2 ed. Rio de Janeiro: Aide, 1999.

MOREIRA, José Carlos Barbosa. *O novo processo civil brasileiro*. 15 ed. Rio de Janeiro: Forense, 1963.

NERY, Rosa Maria Andrade e NERY JÚNIOR, Nelson. *Código de Processo Civil Comentado*. 3 ed. São Paulo, 1997.

PARIZATTO, João Roberto. *Execução de prestação alimentícia*. Rio de Janeiro: Aide, 1995.

──. *Separação e Divórcio – Alimentos e sua execução*. 2 ed. Minas Gerais: Edipa – Editora Parizatto, 2000.

PEREIRA, Rosalina P. C. Rodrigues. *Ações Prejudiciais à Execução*. São Paulo: Saraiva, 2001.

PEREIRA, Sérgio Gischkow. *Ação de alimentos*. 3 ed. Porto Alegre: Fabris, 1983.

PONTES DE MIRANDA, Francisco Cavalcanti. *Dez anos de pareceres*. Rio de Janeiro: Francisco Alves S. A, 1975.

──. *Tratado de Direito Privado*. Campinas: Bookseller, 2000.

RIZZARDO, Arnaldo. *Direito de Família*. 3 v. Rio de Janeiro: Aide, 1994.

ROSA, Marcos Valls Feu. *Exceção de pré-executividade – matérias de ordem pública no processo de execução*. Porto Alegre: Fabris, 1996.

SIQUEIRA FILHO, Luiz Peixoto de. *Exceção de Pré-executividade*. 4 ed. Rio de Janeiro: Lumen Juris, 2001.

SPENGLER, Fabiana Marion. *Alimentos – da ação à execução*. Porto Alegre: Livraria do Advogado, 2002.

SPENGLER NETO, Theobaldo. *Condições e possibilidades do princípio constitucional da Ampla Defesa no Processo Civil brasileiro*. Santa Cruz do Sul, 2001. 154 p. Dissertação (Programa de Pós Graduação em Direito – Mestrado – da Universidade de Santa Cruz do Sul – UNISC)

STÜRMER, Gilberto. *Exceção de pré-executividade nos processo Civil e do Trabalho*. Porto Alegre: Livraria do Advogado, 2001.

5. Separação judicial e culpa no novo Código Civil

5.1. Introdução

O casamento é talvez a mais antiga instituição do direito de família, advindo dele uma série de implicações, como o regime patrimonial de bens, a filiação e os direitos e deveres matrimoniais. Em suma, do casamento partem uma série de efeitos jurídicos de ordem pessoal, patrimonial, social e porque não dizer, emocional.

No entanto, quando chega ao fim o enlace, especialmente naqueles casos onde o casamento é dissolvido pela separação judicial, ocorre uma ruptura nesses efeitos matrimoniais que requerem a homologação de acordo ou a sentença judicial, determinando de que forma se dissolvem direitos e deveres, se ajusta a situação dos filhos, se determina o direito assistencial entre os cônjuges e se partilha o patrimônio advindo da união.

Mas não se pode perder de vista que a dissolução de uma sociedade conjugal muitas vezes se torna traumática quando emoções e sentimentos malresolvidos afloram, permitindo que o desamor e a raiva incontida tragam conseqüências desastrosas para os ex-cônjuges. É justamente essa, pois, a tônica do presente trabalho: abordar a culpa na separação litigiosa, tal como ela hoje é vista e discutida junto aos tribunais, na maneira como ela veio tratada no novo Código Civil que agora vigora e como ela vem sendo vista na melhor doutrina.

Conseqüentemente, é preciso que se delimitem os resultados da condenação de um ou ambos os cônjuges como culpados pela separação, apontando as possíveis vantagens, ou quem sabe necessidades (se existirem) de tal atribuição, bem como os prejuízos que a determinação da culpa possa acarretar.

Porém, torna-se imprescindível discutir, ainda, as conseqüências da determinação de culpa na separação, especialmente aquelas que atingem direitos personalíssimos, tais como o direito ao uso do nome, o direito de receber verba alimentar, dentre tantos outros que se encontram entrelaçados à famosa contenda que busca descobrir quem é o culpado pelo fim do amor.

Assim, durante o texto que ora se apresenta, discutir-se-ão a separação consensual e a litigiosa, a primeira apenas em tom ilustrativo, portanto de forma mais rápida e amena, uma vez que a segunda é que diz respeito, especificamente, ao tema central da discussão. Ainda, abordar-se-ão as formas através das quais a separação litigiosa pode ocorrer, bem como as disposições quanto às suas cláusulas. O estudo estará calcado na doutrina e na jurisprudência e tem como base de apoio e início da discussão o texto legal do qual partirão todas as construções.

Da mesma forma, vale ressaltar que em determinados momentos o texto vem permeado de dúvidas que surgiram com a entrada em vigor do novo Código Civil brasileiro e que ainda não encontraram resposta, talvez ainda sequer tenham sido discutidas da maneira condizente com a seriedade do impasse porque inusitadas. O que se propõe é uma discussão livre de preconceitos, analisando a lei, porém sem fechar os olhos para a doutrina sobre o assunto e especialmente para a jurisprudência, cuja construção socorre o direito de uns e muitas vezes adequa a lei ao direito de outros para fins de possibilitar a prestação da tutela jurisidicional do Estado.

Este é, pois, o texto que se apresenta.

5.2. Separação judicial

A separação judicial é uma das formas através das quais pode-se por fim à sociedade conjugal entre os cônjuges, conforme art. 1.571, III CC, o que, por outro lado, não rompe o vínculo matrimonial, que somente poderá ser extinto pelo divórcio, pela morte ou pela presunção de morte, no exato teor do art. 1571, § 1°, CC. Daí depreende-se que a separação judicial determina a extinção dos direitos e deveres entre os cônjuges, bem como extingue o regime de bens, conforme art. 1.576 do CC, mas não lhes autoriza ou permite que convolem novas núpcias antes de sua conversão em divórcio ou da viuvez, justamente porque o vínculo não está desfeito. Nesse sentido, Rizzardo diz: "vale afirmar que o homem e a mulher não desfazem o vínculo. Perdura o casamento. Unicamente a sociedade conjugal termina, e, com ela, os deveres de coabitação e fidelidade, e mais o regime de bens instituído".[305]

Aquele mesmo autor vai além ao afirmar que "os resultados práticos são equivalentes ao divórcio – com exceção da possibilidade de contrair novo casamento." No entanto, não se pode perder de vista as diferenças entre separação judicial e divórcio, dentre elas: "o divórcio põe termo ao casamento válido, com a permissão de se contrair novo casamento. Rompe-se o vínculo, enquanto na separação cessam os deveres e direitos impostos no casamento, que poderá se reconstituir a qualquer tempo...".[306]

Então, a possibilidade de reconstituição da sociedade conjugal depois de finda a separação existe, e tem previsão normativa junto ao 1.577 do CC, através de petição endereçada ao juiz que requer o restabelecimento da sociedade conjugal, resguardando-se o direito de terceiros proveniente do período no qual os cônjuges achavam-se separados. O que se pretende é evitar separações fraudulentas que tenham como único objetivo a locupletação dos ex-cônjuges e as transações em proveito próprio que venham a prejudicar terceiros de boa-fé que não sabiam das reais intenções dos separados.

Ainda, observa-se que, desde o CC antigo e a Lei 6.515/77 até e inclusive agora, com a entrada em vigor do novo CC, existem duas formas de se obter a separação judicial: a) separação consensual, realizada por mútuo consentimento, na qual ambos os cônjuges, por meio de um acordo, vêm requer de maneira conjunta a dissolução do matrimônio, entabulando as disposições que devem reger as cláusulas da separação; b) separação litigiosa, que muitas vezes é também chamada de separação judicial, nome que se dá à separação em geral.[307] Na separação litigiosa, apenas um dos cônjuges a postula apresentando os motivos pelos quais requer a dissolução matrimonial.

Assim, a separação consensual não apresenta maiores percalços, sendo o modo mais simples, fácil e célere de pôr fim à sociedade conjugal.

---

[305] RIZZARDO, Arnaldo. *Direito de família*. 3. V. Rio de Janeiro: Aide, 1994, p. 380.

[306] Idem, p. 380.

[307] No entanto, convencionou-se reservar o uso da expressão "separação judicial" quando a ação é intentada por um dos cônjuges, na qual necessariamente terá o autor que justificar o pedido, imputando ao outro a "culpa" pela separação ou alegando o decurso de um período de separação superior a um ano. Quando mútua é a vontade das partes, e o pedido é formulado de forma conjunta, chama-se separação amigável ou consensual, mas a ação não deixa de ser judicial. Portanto, quando se fala em "separação judicial", se está a referir à ação proposta por um cônjuge contra o outro. Se o réu anuir ao pedido, ocorre a conversão da separação judicial em separação consensual, ainda que tal não subtraia a juridicidade da demanda. (DIAS, Maria Berenice. Da separação e do divórcio. In: *Direito de Família e o Novo Código Civil*. Coord. Maria Berenice Dias e Rodrigo da Cunha Pereira. 2. ed., Belo Horizonte: Del Rey, 2001, p. 77.)

Porém, a separação litigiosa traz vários inconvenientes, podendo resultar em um processo lento e desgastante, sem benefícios para nenhuma das partes. Na modalidade litigiosa, a separação poderá ser baseada na culpa, no rompimento da vida em comum há mais de um ano e na doença mental grave.

No entanto, a manutenção da separação judicial como intermediária ao divórcio foi uma das grandes críticas que sofreu o novo CC. Esperavam os operadores jurídicos que a separação fosse eliminada, mantendo-se tão-somente o divórcio o que acarretaria em ganho de tempo, custos e menos desgastes aos ex-cônjuges. Ansiava-se pelo fim da separação judicial como uma das maneiras de se alcançar, de forma rápida, o divórcio, extinguindo o vínculo matrimonial e rompendo, definitivamente, com os laços entre os cônjuges. Mas, o conservadorismo até então existente e as amarras que pretendem manter os cônjuges ainda atrelados pelo vínculo conjugal, enquanto se pretende que pensem melhor e tenham certeza que o casamento já não pode perdurar mostraram-se argumentos poderosos, persuasivos o suficiente para manter a separação e só depois permitir o divórcio sob forma indireta ou na forma direta, depois do decurso de prazo mínimo de dois anos.

Conseqüentemente, se impossível banir a separação judicial do universo brasileiro, necessário que se estudem as formas através das quais se pode alcançá-la, sendo o que se fará adiante.

5.3. Separação consensual

Sem sombra de dúvidas, a separação consensual é a maneira mais fácil e menos dolorida de dissolver a sociedade conjugal. Durante muito tempo chamada e ainda hoje conhecida como separação amigável, ela significa, a princípio, pôr término a uma vida em comum de forma tranqüila, através do consenso entre as partes.

Ao qualificar a separação consensual, Sílvio Rodrigues diz que é "aquela que se processa pelo mútuo consentimento dos cônjuges, que, de comum acordo, decidem pôr termo à sociedade conjugal e convencionam as cláusulas e condições em que o fazem".[308]

Assim, a separação consensual vem prevista no art. 1.574 do novo Código Civil e pode ser deferida desde que cumpridos alguns requisitos

---

[308] RODRIGUES, Sílvio. *Direito Civil – Direito de Família*. V. 6. 27 ed. São Paulo: Saraiva, 2002, p. 233.

essenciais, dentre eles o mútuo consenso das partes em se separarem manifestado perante o juiz, a existência de casamento há mais de um ano e a homologação judicial da convenção. Sendo assim, seu procedimento judicial ocorre de maneira relativamente fácil, dispensando a discussão dos motivos que levaram ao término da união.[309] É importante salientar que esse acordo depois de assinado pelas partes precisa ser homologado pelo magistrado para se tornar eficaz.

Na verdade, a grande vantagem de se encaminhar e homologar uma separação consensual é o fato de que, além de ser desnecessário perquirir a culpa pelo término do matrimônio, ela ocorre de forma mais tranqüila e discreta, pois parte do pressuposto de que ambos os cônjuges estejam dispostos a pôr termo à sociedade conjugal, estando de acordo com as cláusulas através das quais isso ocorreria. Justamente por isso Rizzardo afirma que: "a separação amigável representa um modo mais racional e objetivo de dissolução da sociedade conjugal, por determinar o silêncio sobre as causas e motivos determinantes".[310]

Cabe ressaltar que um dos principais requisitos da separação consensual, conforme já elencado anteriormente, é que o casamento tenha ocorrido há mais de um ano, de acordo com o art. 1.574 do CC. Esse prazo de um ano, ao que tudo indica, existe por imposição do legislador com o objetivo de evitar que os cônjuges, de forma precipitada e leviana, busquem a dissolução do matrimônio, logo após o seu acontecimento, na primeira briga existente entre o casal.

Por conseguinte, observa-se que a separação consensual é

> um negócio jurídico bilateral, com declaração livre e consciente das vontades, em que as partes estabelecem cláusulas e assumem obrigações, considerando-se válidas desde que sigam os requisitos fundamentais que regem os atos jurídicos, ou não ofendam as normas de ordem pública, a moral e os bons costumes.[311]

Então, o processo de separação consensual está disciplinado nos arts. 1.120 a 1.124 do CPC e ainda na Lei 6.515/77, naqueles dispositivos de cunho procedimental que não conflitam com o novo diploma legal civil atualmente em vigor. Assim, a separação consensual será requerida na forma de petição assinada por ambos os cônjuges, ou então por uma terceira pessoa (a rogo) se um deles, ou os dois não puderem ou não souberem assinar. Da mesma forma, junto à petição inicial juntam-se todos os documentos necessários para instrução do feito, dentre eles a certidão

---

[309] Ambos os cônjuges exprimem, de comum acordo, a vontade de se separarem, não invocando nenhuma causa legal para embasar o pedido. (RIZZARDO, 1994, p. 389).

[310] Ibidem, p. 399.

[311] RIZZARDO, 1994, p. 399.

de casamento, de nascimento dos filhos, se houver, a certidão do cartório de registro de imóveis, se existirem bens imóveis e se a intenção for partilhá-los já,[312] dentre outros que em determinados casos, ou situações, podem vir a ser necessários.

Por outro lado, devem ser clausulados, no caso de existir prole, a guarda dos filhos, o direito de visitas, o pagamento de verba alimentar e ainda a partilha de bens (observando sempre o regime de bens e a possibilidade de partilha a *posteriori*), a verba alimentar entre os cônjuges e o nome que o cônjuge que adquiriu o patronímico do outro passará a usar depois da separação.

A princípio, se nenhuma das cláusulas convencionadas ferir o direito, demonstrando prejuízos para uma das partes (ou ambas) e para a prole, o magistrado homologará o acordo, depois de ratificação judicial, onde serão ouvidos marido e mulher, conforme art. 1.574, parágrafo único, do CC. Assim, de forma rápida e tranqüila, pode-se decretar a separação consensual, porém, se o acordo não existir, se as partes não conseguirem resolver seus conflitos antes do processo judicial, a separação poderá ser encaminhada na forma litigiosa, assunto que se abordará adiante.

5.4. Separação litigiosa

Conforme se avistou anteriormente, existem duas formas de buscar a separação judicial: consensual ou litigiosamente. Posto dessa maneira, tem-se a errônea noção de que ajuizar essa ou aquela ação é uma escolha das partes que, invariavelmente, nesse caso, buscariam a separação consensual, por ser mais singela, menos desgastante e mais célere. No entanto, não existe separação consensual sem consenso, ou seja, quando apenas uma das partes deseja pôr fim à sociedade conjugal, é preciso lançar mão da separação litigiosa.

Na busca pela conceituação de separação litigiosa, importa referir que: "a separação litigiosa é a que resulta de sentença proferida na ação proposta por um cônjuge contra o outro"[313] e que "baseia-se fundamentalmente na culpa, ou na ruptura da vida conjugal, ou na doença mental de um dos cônjuges".[314]

---

[312] A separação poderá ocorrer sem, necessariamente, dispor sobre a partilha dos bens do casal (art. 1581 CC).
[313] GOMES, Orlando. *Direito de família*. 7. ed. Rio de Janeiro: Forense, 1987, p. 216.
[314] RIZZARDO, 1994, p. 431.

A separação litigiosa como remédio é, talvez, a menos conhecida porque de uso restrito, pois requer a doença mental grave, por prazo superior a dois anos, e de cura improvável por parte de um dos cônjuges. É dessa forma de dissolução da sociedade conjugal que se tratará adiante.

5.4.1. Separação litigiosa como remédio

Quando um dos cônjuges encontra-se enfermo, sofrendo de doença mental grave, manifestada depois do casamento, que torne a vida e a convivência em comum insuportável, pode o cônjuge sadio buscar a separação, nesse caso conhecida como separação remédio. Porém, essa possibilidade só existe desde que a doença mental aconteça após o matrimônio e, depois de um período de dois anos, tenha sido reconhecida de cura improvável, tudo conforme o § 2º do art. 1.572 do CC.

Esse mesmo dispositivo legal já vinha exposto no § 2º do artigo 5º da Lei 6.515/77, contendo, no entanto, uma previsão de 5 anos de duração para a doença e o reconhecimento de sua cura improvável. No entanto, a separação remédio anteriormente já era considerada pela doutrina como superada em função da alteração trazida pelo art. 40 da Lei 6.515/77, cuja redação foi determinada pela Lei 7.841/89. Naquele artigo, vem prevista a possibilidade de buscar o divórcio direto depois de dois anos consecutivos de separação de fato, desde que comprovado o lapso temporal.

No entanto, o novo CC manteve a possibilidade de buscar a separação pela doença mental grave, apenas diminuindo o lapso temporal para dois anos. Assim, segundo Maria Berenice Dias, tal redução temporal provavelmente ocorreu uma vez que houve "a redução para dois anos do prazo de separação de fato para ensejar o pedido do divórcio direto, sem que seja necessária a indicação de qualquer motivo", então, observa-se que nenhuma razão haveria na espera do

> decurso de 5 anos para buscar a separação sob a alegação, que necessita de comprovação, de enfermidade de cura improvável. O mesmo raciocínio cabe ser feito diante do texto legal. Mesmo que tenha havido a redução do prazo, coincide com o prazo do divórcio, a tornar despicienda a motivação calcada em doença do cônjuge.[315]

Cabe ressaltar, porém, que o cônjuge sadio, ao buscar na separação remédio à dissolução da sociedade conjugal, encontra uma espécie de punição no § 3º do art. 1.572 do CC, que prevê a possibilidade de reversão, ao cônjuge enfermo, que não houver pedido à separação judicial, o rema-

---
[315] DIAS, 2001, p. 78.

nescente dos bens que levou para o casamento e, se o regime de bens permitir, a meação dos adquiridos na constância dele.

Daí, depreende-se que o cônjuge sadio pode sofrer prejuízos na partilha de bens se a separação resultar da doença mental grave e incurável do outro. Observa-se, então, que a pretensão legal é, mais uma vez, manter o casamento ameaçando aquele que pretende seu fim com a retirada de uma parcela do patrimônio que lhe caberia.

Na verdade, a separação causada pela doença mental encontra resistência inclusive na doutrina, quando é vista por alguns como um rompimento do dever de mútua assistência que deve existir entre os cônjuges. Exemplo claro disso tem-se nas palavras de Washington de Barros Monteiro,[316] que diz ser descaridoso o dispositivo legal revelando egoísmo ao esquecer que o casamento é para os bons e os maus momentos. Na mesma seara, quando fala do cônjuge que pede a separação porque o consorte está acometido de doença mental grave, Sílvio Rodrigues[317] afirma que "está, sem dúvida, fugindo ao dever de caridade, talvez mesmo ao dever de mútua assistência, em relação ao seu consorte."

Na Lei 6.515/77, em seu art. 6°, tinha-se a previsão legal de que o magistrado poderia, inclusive, deixar de deferir a separação se observasse o possível agravamento da doença mental. No atual CC, não se observa a recepção a tal previsão legal, até porque muitas vezes a manutenção de um casamento sem amor poderá ser mais perniciosa ao doente do que a dissolução do mesmo. Assim,

> maiores danos advirão aos consortes e à prole em face de sua manutenção forçada e não desejada, ao menos por um deles, colocando a família numa situação constrangedora, ferindo os princípios do respeito e da dignidade da pessoa humana e da proteção integral à criança.[318]

Por outro lado, não se pode perder de vista que o divórcio direto, precedido de separação fática por dois anos, pode ser uma opção para quem não deseja manter o casamento, mas também não quer a separação remédio, na qual poderá perder parte do seu patrimônio. Conseqüentemente, encontra-se uma maneira de burlar a previsão legal ao mesmo tempo que, amparado em outra norma, se alcança a extinção do vínculo matrimonial, passados dois anos.

---

[316] MONTEIRO, Washington de Barros. *Curso de Direito Civil – Direito de Família*. 19. ed. São Paulo: Saraiva, 1980, p. 205.

[317] RODRIGUES, 2002, p. 256.

[318] DINIZ, Maria Helena. *Direito Civil – Direito de Família*. Vol. 5. São Paulo: Saraiva, 2002, p. 259.

Em resumo, observa-se que o legislador pretendeu proteger os interesses do cônjuge doente que, com a separação, ao menos ficaria com parcela maior de seu patrimônio para manutenção e tratamento de sua moléstia. Ocorre que, segundo Sílvio Rodrigues,[319] a regra do § 3º do art. 1.572 só surte efeitos quando o regime de bens entre os cônjuges for o da comunhão universal e completa:

> No regime da comunhão, a obedecer-se a lei, ver-se-á quais foram os bens trazidos ao casamento pelo cônjuge que não pleiteou a separação por ruptura. Esses bens, ou o que remanescer deles, voltarão para o domínio exclusivo daquele cônjuge. O restante do patrimônio comum será dividido entre os desquitados, quer tenham sido adquiridos na constância do matrimônio. Quer não, pois em ambos os casos tais bens são comuns.

Porém, a separação remédio é pouco utilizada, talvez porque o divórcio direto seja a solução, pois, nas exatas palavras de Rolf Madaleno "a lei divorcista trouxe, dentre seus artigos, o direito de ser requerida a separação nominada de remédio, como o próprio direito de ser requerido o divórcio, quando se registrasse entre o casal um certo lapso temporal de fática e ininterrupta separação".[320]

Ocorre que, para ser deferido o divórcio direto, o prazo de separação fática deverá ser de, no mínimo, dois anos. Porém, a separação fática com prazo menor poderá ensejar a separação judicial denominada falência, onde ocorreu a ruptura da vida em comum sem possibilidade de reconstituição. Esse é, pois, o assunto a seguir.

6.4.2 Separação falência

Quando ocorre a ruptura da vida em comum por período superior a um ano, restando comprovada a impossibilidade de sua reconstituição, resta aos cônjuges a possibilidade de buscar a dissolução da sociedade

---

[319] Sílvio Rodrigues argumenta quanto à incidência da regra no regime da comunhão parcial de bens "havendo separação requerida por um dos cônjuges, o outro, na partilha, teria direito a todos os bens que compunham seu patrimônio ao casar, bem como à metade dos aqüestos. Ora, isso é o que ocorrerá sempre, independentemente da regra em comentário, que no caso é inócua." Quando fala do regime da separação absoluta de bens reforça: "em caso de separação judicial, pedida por qualquer um dos cônjuges o outro terá direito aos que trouxe e não aos adquiridos na constância do matrimônio, por força do próprio pacto antenupcial. Ainda aqui o dispositivo em análise será inócuo". O mesmo autor afirma, então, que a norma legal anteriormente referida só terá respaldo e aplicabilidade nos casos de comunhão universal de bens. Quanto ao regime de participação final nos aqüestos, não existe qualquer menção daquele doutrinador quanto à partilha dos mesmos na separação remédio, podendo, talvez, pela similitude, utilizar nesses casos as regras do regime da comunhão parcial de bens. E termina dizendo: "...embora a redação do dispositivo se apresente ampla, na realidade ela é simples, pois só se aplica ao regime da comunhão universal de bens." (RODRIGUES, op. cit., p. 257).
[320] MADALENO, Rolf. *Direito de família*: aspectos polêmicos. 2. Ed. Ver. atual. Porto Alegre: Livraria do Advogado, 1999, 175.

conjugal através da separação judicial dita "separação falência", conforme art. 1.572, § 1º, do CC.

Nesse caso, tem-se a separação judicial com causa objetiva, onde, conforme Luiz Felipe Brasil dos Santos,[321] o novo CC.

> repete o que já era previsto na lei divorcista (art. 5º, § 1º), mantendo a possibilidade de fundar pedido de separação judicial na circunstância objetiva da separação fática do casal (§ 1º do art. 1.572) durante um ano, sem qualquer indagação a acerca da causa que ensejou a dissensão. Nenhuma inovação ocorreu, portanto, nesse ponto.

Conseqüentemente, o novo CC contemplou a possibilidade (anteriormente já consagrada) de buscar a separação baseada na ruptura da vida em comum e na impossibilidade de sua restituição, sem a discussão do culpado pelo fim do matrimônio, apenas comprovando o lapso temporal exigido legalmente. É, certamente, a possibilidade para aqueles cuja separação fática já existe, buscar a separação judicial sem os percalços que a discussão da culpa pode gerar.

Porém, importa ressaltar que a exigência legal é de prazo ininterrupto, de modo que lapsos pequenos, comprovados pelo abandono do lar conjugal e posterior reconciliação do casal, que volta a coabitar não servem para basear a separação por causas objetivas ou separação falência. Cabe ainda ressaltar que a ruptura exposta no texto legal "caracteriza-se pelo distanciamento físico dos cônjuges, cada um fixando residência em local diverso".[322]

Porém, a ruptura por período menor de um ano pode ensejar o pedido de separação por violação de um dos deveres do casamento (coabitação); nessa separação, teríamos a discussão da culpa e a configuração de um culpado pelo fim do matrimônio. Esse é o tema que se tratará adiante.

5.4.3. Separação litigiosa como sanção

Conforme o já visto, a separação litigiosa pode-se dar por meio de três formas distintas: separação remédio, separação falência e separação sanção. Todas essas maneiras de se obter a separação litigiosa já existiam anteriormente e somente foram reproduzidas pelo novo CC. Mas, conforme Maria Berenice Dias:

---

[321] SANTOS, Luiz Felipe Brasil. A separação judicial e o divórcio no novo Código Civil brasileiro. *Revista Brasileira de Direito de Família*. Porto Alegre: Síntese, IBDFAM. V.1, n.1, abri/jun, 1999, p. 152.
[322] VENOSA, Sílvio de Salvo. *Direito Civil – Direito de Família*. 3 ed. São Paulo: Atlas, 2003, p. 236.

Primeiro, verifica-se um verdadeiro embaralhamento nos dispositivos legais. O *Caput* do artigo 1.572 autoriza o pedido de separação litigiosa, mas o seu § 1º regula o que se denomina de separação-falência, ou seja, o simples fim da vida em comum há mais de um ano. Mais: § 2º desse mesmo dispositivo regra a chamada separação-remédio, sendo que só o artigo seguinte (1.573) volta a regulamentar o que é chamada separação litigiosa.[323]

Conseqüentemente, na separação litigiosa como sanção, um dos cônjuges imputa ao outro, que ocupa a posição de réu no processo, conduta desonrosa ou a prática de ato que determine a grave violação dos deveres do casamento, delineando a insuportabilidade da vida em comum como conseqüência.

Essa forma de separação vem prevista no art. 1.572 do novo Código Civil, que reproduz, parcialmente, o *caput* do art. 5º da Lei 6.515/77. Mas, segundo Maria Berenice Dias,

> na nova lei são cumulativos os pressupostos para concessão da separação, pois necessário haver a indicação da conduta desonrosa do réu de qual dever do casamento foi gravemente violado. Além da presença dessa dupla motivação, mister ainda é comprovar que tal conduta torna insuportável a vida em comum, dentro do taxativo elenco fixado pelo artigo 1.573, o que significa injustificável retrocesso. Acabam sendo tarifadas as causas da insuportabilidade da vida em comum, reação de ordem subjetiva, pois é o reflexo da atitude de um no outro que torna insuportável a vida em comum, e não só a prática dos atos elencados na lei.[324]

Assim sendo o art. 1.573 CC elenca os motivos ensejadores da impossibilidade de comunhão de vida. De todos aqueles enumerados, talvez o inciso VI (conduta desonrosa) seja o de mais difícil configuração. Então "cabe aos juízes e tribunais dizer, caso por caso, quando a conduta é desonrosa, considerando sempre certos elementos como: ambiente familiar, a sensibilidade e o grau de educação do cônjuge, etc." Conseqüentemente, bastante subjetivas a análise e a determinação da conduta desonrosa. Podem servir de exemplos a prática de crimes sexuais, demonstração de sentimentos perversos, lenocínio, embriaguez, dentre outros.[325]

Tem-se o adultério, que nada mais é do que infração do dever de fidelidade que existe, para ambos os cônjuges, como uma das principais conseqüências do casamento. Segundo Madaleno,[326] "tipifica o adultério uma relação sexual ilegítima, de livre vontade e fora do casamento, intercurso sexual com outra pessoa do sexo diverso, apartando-se da exclusi-

---

[323] DIAS, 2001, p. 77.
[324] Ibidem, 2001, p. 79.
[325] DINIZ, 2002, p. 253.
[326] MADALENO, Rolf H. Infidelidade e o mito causal da separação. In: *Revista Brasileira de Direito de Família*. Nº 11 – Out-nov-dez/2001 – Assunto Especial, p. 151.

vidade nupcial destas relações". Talvez o adultério seja a forma mais comum de infração dos deveres do casamento,[327] por isso largamente conhecida, devendo-se ressaltar que alguns autores salientam que não se faz necessária "a consumação da cópula propriamente dita".[328]

Ainda comportam a ruptura da vida em comum a tentativa de morte contra um dos cônjuges, que poderia determinar o término do casamento, assim como as sevícias, classificadas como maus-tratos corporais e agressões físicas, desde que tenham sido praticadas intencionalmente. Também é motivador de pedido de separação litigiosa a condenação do cônjuge por crime infamante.

Como injúria grave se tem um motivo para propor o fim da sociedade conjugal extremamente elástico e abrangente, por isso muito utilizado. Por injúria grave se entende todo acontecimento que ofende a integridade moral dos cônjuges, como, por exemplo, a transmissão do vírus da AIDs, as práticas homossexuais, atentado violento ao pudor, dentre outros. A injúria poderá ser verbal quando acontecer através de palavras ofensivas endereçadas ao outro cônjuge.[329]

Já o abandono voluntário do lar conjugal durante um ano contínuo previsto também no art. 1.573, inciso IV, do CC é polêmico, uma vez que determina o abandono refletido pela ausência ou inexistência de coabitação. Porém, conforme salienta Sílvio Rodrigues,[330] mais fácil é pedir a separação baseada no § 1º do art. 1.572 CC, quando o motivo for a ausência do lar conjugal, uma vez que, baseado naquele artigo (separação falência), não se faz necessária a discussão da culpa, como acontece se a ação se pautar apenas pelo disposto no art. 1.573, inciso IV, do CC.

---

[327] Segundo DIAZ-SANTOS, a Lei Mosaica já tratava o adultério como um delito muito grave, castigado com a morte dos culpados, enquanto, no Egito, a mulher adúltera sofria a mutilação de seu nariz, a morte era reservada para o seu amante. Na Índia, o adultério implicava dupla ofensa, aos deuses e à indesejada mistura de raças, devendo a mulher ser devorada por cachorros em praça pública. Entre os chineses, caso a adúltera tivesse planejado a morte do esposo, ela era submetida ao suplício da morte lenta, informa ESTER KOSOVSKI, consistindo em mutilar pouco a pouco a adúltera, numa ordem determinada por sorteio de pedaços de papel, nos quais estava escrita a parte do corpo a ser cortada. Em Roma, a mulher adúltera já fora castigada com o desterro e o confisco de metade de seu patrimônio, permitindo, ao tempo de Constantino, o direito de o pai ou o marido matar a ambos os adúlteros quando surpreendidos em flagrante. Na era de Justiniano, a adúltera era açoitada e encerrada num mosteiro, e se, durante dois anos, o marido não a reclamasse, usando do direito de perdoar, ou viesse a falecer sem perdoá-la, a superiora do convento designava as religiosas para aplicar-lhe o castigo e a surra, diante de toda a comunidade. Segundo ainda DIAZ-SANTOS, é no Direito Romano que nasce a figura da tentativa frustrada de adultério, que começa a ser considerada como uma injúria e também passa a ser reconhecido o perdão como causa de extinção da responsabilidade, quando o marido permanecia ao lado da esposa adúltera. (DIAZ-SANTOS, Maria Del Rosario Diego. *Los delitos contra la família*. Madrid: Montecorvo, 1973, citada por MADALENO, 2001, p. 151).

[328] DINIZ, 2002, p. 254.

[329] Idem, p. 257.

[330] RODRIGUES, 2002, p. 251.

No entanto, uma inovadora corrente doutrinária e jurisprudencial brasileira defende a possibilidade de se decretar a separação mesmo que não se tenham motivos para tanto, no intuito de evitar mais conflitos e intrigas entre os ex-cônjuges, mostrando-se ciente de que a discussão sobre os motivos ensejadores do fim do casamento somente serviriam para fomentar tais atritos. Questiona-se, então: é mesmo imprescindível que se tenham outros motivos, além do desamor, da falta de objetivos comuns e da falta de cumplicidade, para se pôr término ao matrimônio?

5.5. A polêmica sobre a culpa na separação

Conforme o que se discutiu anteriormente, a separação judicial litigiosa pode ocorrer de três formas. Especificamente quanto à separação sanção, observamos que a culpa tem espaço importante, determinando, nesse caso a condenação de um dos cônjuges, ou de ambos, como culpados pelo rompimento do matrimônio.

Nesse sentido, a culpa assume espaço de grande importância quando motivadora do fim do casamento, uma vez que não existe separação litigiosa que, conforme o diploma legal vigente, não seja motivada pela doença mental grave (separação remédio), pela ruptura da vida em comum há mais de um ano (separação falência) ou pela culpa de um dos cônjuges em ocorrendo violação dos deveres do casamento (separação sanção).

Então, não se pode perder de vista que

> Para só um do par buscar a separação, mister que, ou impute ao outro a "culpa" pelo fim do vínculo afetivo ou comprove a ruptura da vida em comum há mais de um ano. Antes do decurso desses interstícios, mesmo que não mais queiram os cônjuges a mantença do casamento, resiste o Estado em chancelar a vontade das partes, o que, na ausência de melhor justificativa, parece se tratar de imposição de um "prazo de purgação". Quem sabe melhor identificar esse interregno como um verdadeiro purgatório?[331]

Dessa feita, desimporta ao atual CC,[332] assim como também não importava ao CC de 1916 e à Lei 6.515/77, se já não existe amor e por isso uma das partes não quer mais se manter casada. O fato é que, se não

---

[331] DIAS, 2001, p. 74.
[332] "É a sacralização do dever e que retira a possibilidade de desfazer a culpa, pela neutralização do ato, já que o débito não se limita à simples consciência moral, mas é uma imposição da justiça, a quem cabe aplicar o castigo." (CORRÊA, Carlos Pinto. A culpa original do ser. In: Culpa, aspectos psicanalíticos, culturais e religiosos. São Paulo: Iluminuras, 1998, p. 38.)

houver motivos[333] para uma separação litigiosa e sem a concordância de ambos os cônjuges, onde se poderia encaminhar uma separação consensual, fica, aquele que quer dissolver seu casamento, condenado a vivê-lo mesmo que já não exista afeto, harmonia e interesses comuns.

Por isso os tribunais, antes mesmo da entrada em vigor do novo Código Civil, já vinham definindo que é descabida a discussão da culpa por ocasião da separação, devendo primar a decisão que a concede pela harmonização das relações conjugais rompidas, no intuito de, se impossível viverem juntos, que vivam harmonicamente separados.[334]

Dessa feita, segundo Maria Berenice Dias, é considerada

> Retrógrada a mantença, na nova lei, tanto da necessidade de identificação de um culpado para ser buscada a separação, como o fato de outorgar legitimidade apenas a quem não deu causa à desavença para intentar a ação. Com isso, a lei criou verdadeira "reserva de mercado" em favor do inocente, habilitando-o com exclusividade para buscar a separação e obter benesses em proveito próprio, além de impor punição ao outro.[335]

Conseqüentemente, o Judiciário, empurrado por essa determinação legal, que prevê a culpa na separação litigiosa como sanção, se vê tangido a discutir, algumas vezes em pormenores, os fatos que levaram ao rompimento do matrimônio, escutando as partes e suas testemunhas, coletando provas, para ao final dizer o que durante todo o processo, e mesmo antes de seu início, já se vislumbrava: o fim de todos aqueles sentimentos que norteiam a comunhão de vida, imprescindível para que se mantenha, de maneira saudável, o matrimônio.

Então, mesmo assoberbado de trabalho, o Judiciário se depara com a investigação e a discussão de como se desenrolava a vida íntima do casal e dos fatos que levaram os cônjuges a trair, a abandonar o lar conjugal, ou cometer injúria grave, dentre outras.[336] Vale ressaltar, conforme Rolf Madaleno,[337] que outros países, como a Alemanha, aboliram, há muito,

---

[333] Como motivos leia-se aqui aqueles expostos no art. 1.573 CC, quais sejam: adultério, tentativa de morte, sevícia ou injúria grave, abandono voluntário do lar conjugal, durante um ano contínuo, condenação por crime infamante e conduta desonrosa.

[334] Assim: SEPARAÇÃO – AÇÃO E RECONVENÇÃO – IMPROCEDÊNCIA DE AMBOS OS PEDIDOS – POSSIBILIDADE DA DECRETAÇÃO DA SEPARAÇÃO. Evidenciada a insuportabilidade da vida em comum, e manifestado por ambos os cônjuges, pela ação e reconvenção, o propósito de se separarem, o mais conveniente é reconhecer esse fato e decretar a separação, sem imputação da causa a qualquer das partes. Recurso conhecido e provido em parte. (STJ – Resp 467.184 – SP – 4ª T. – Rel. Min. Ruy Rosado de Aguiar – DJU 17.02.2003.)

[335] DIAS, 2001, p. 79.

[336] Nesse sentido pode-se citar como exemplo a decisão na Apelação Cível de nº 70001806009 da 8ª CC do TJRS.

[337] MADALENO, 1999, p. 180.

qualquer possibilidade processual de se pesquisar a culpa na separação, por entenderem que a máquina judiciária pode ser melhor aproveitada se concentrar seus esforços em equipes multidisciplinares para ensinar aqueles que se separam como deverão retomar suas experiências afetivas, corrigindo seus erros para que seus próximos relacionamentos sejam exitosos.

Nesse mesmo sentido, a norma legal determina que, além de violar os deveres do casamento, essa infração deve tornar insuportável a vida a dois, de modo que um dos cônjuges já não consiga mais viver com o outro depois da descoberta do motivo ensejador da separação sanção. Essa é, pois, a leitura do parágrafo único do art. 1.573 do CC,[338] que autoriza o magistrado a analisar outros fatos que demonstrem a impossibilidade de vida em comum. Mas esse dispositivo é perigoso no momento que autoriza a outrem o direito de dizer se, para aquelas pessoas, o fato apontado como ensejador da separação é bastante grave para que a determine ou não.

Diante desse contexto, conforme Antonio Albuquerque

> é totalmente inadequado, ao meu ver, atribuir-se a um juiz, por melhor que ele possa ser, o direito de decidir sobre o que seja capaz de tornar insuportável a vida em

---

[338] Segundo Luiz Felipe Brasil dos Santos "nesse sentido, foi a proposta (não acolhida, pela Comissão de Redação da Câmara Federal) da Comissão de Acompanhamento do Código Civil, do Instituto Brasileiro de Direito de Família – IBDFAM, formulada nos seguintes termos:
"Suprimir o art. 1.573 e dar ao caput do art. 1.572 a seguinte redação: 'Qualquer dos cônjuges poderá propor a ação de separação judicial, com fundamento em fatos que tornem insuportável a vida em comum, independentemente da ocorrência de culpa do outro'".
Parte da JUSTIFICATIVA vinha baseada nos seguintes termos: "À parte a lamentável manutenção em nosso sistema do princípio da culpa como fundamento para ensejar separação judicial, tais dispositivos merecem outras considerações de ordem sistêmica...
Por outro lado, o art. 1.573, surpreendentemente – em formulação que lembra o antigo art. 317 (hoje revogado), do CCB – trata de elencar os motivos que 'podem' ensejar a 'impossibilidade da vida em comum'. Trata-se, é certo, de hipóteses meramente exemplificativas ('podem'), mas de todo desnecessárias, ante a formulação genérica do artigo anterior.
Ademais, para tornar ainda mais patente a incongruência e desnecessidade desse rol de hipóteses, o parágrafo único do art. 1.573, em regra que merece encômios, concede, de forma bastante abrangente, ao juiz a possibilidade de 'considerar outros fatos, que tornem evidente a impossibilidade da vida em comum'.
Vê-se, assim, que o Projeto não guarda coerência, pois (1) em um primeiro momento, formula hipóteses relativamente abertas (nos moldes da LD), (2) depois, sem qualquer necessidade, exemplifica motivos específicos e, finalmente, (3) para arrematar, dá total liberdade ao juiz para considerar quaisquer outras causas.
Ou seja, primeiro abre uma janela, depois fecha a janela e, por fim, abre todas as janelas e até mesmo a porta!
Impõe-se, pois, uma melhor sistematização, com a adoção de uma regra única, coerente, e que enseje certa liberdade ao juiz para decretar a separação judicial sempre que ficar evidenciada a impossibilidade da manutenção da sociedade conjugal pela insubsistência da affectio conjugalis, com ou sem ocorrência de culpa." (SANTOS, Luiz Felipe Brasil. A separação judicial e o divórcio no novo Código Civil brasileiro. *Revista Brasileira de Direito de Família* – Nº 12 – Jan-Fev-Mar/2002 – ASSUNTO ESPECIAL, p. 152).

comum, até porque, assim como cada indivíduo é único em si mesmo, o grau de tolerância varia de pessoa para pessoa, de tal modo que, para alguns, a infidelidade não é somente conhecida mas consentida, para outros uma mentira, uma única mentira, é capaz de destruir toda uma relação, sob o argumento de que quem mente uma vez, provavelmente já mentiu antes e na esteira de prováveis mentiras, estão mentiras sobre pequenas coisas mas também sobre grandes coisas e assim, a confiança, um dos pilares sobre os quais se constrói uma sociedade conjugal, se vê completamente destruída e ensejadora de motivo mais do suficiente para o fim do relacionamento.[339]

Os motivos ensejadores da separação, que causaram discórdia durante o matrimônio e que alimentam a animosidade durante o procedimento judicial, devem ser comprovados. Nesse ínterim, muitas vezes, encontram-se pessoas cuja personalidade revela requintes de masoquismo e que se utilizarão do flagrante, com direito a fotografias e prova testemunhal ou então da gravação de conversas telefônicas para fins de provar, especialmente, o adultério.[340] Estranha necessidade imposta na legislação que faculta ao ser humano se expor e expor ao outro, para fins de condená-lo como culpado e obter a dissolução do vínculo matrimonial que poderia ser feito, de outra maneira, se não fosse a cultura da comprovação da culpa na separação judicial.

Justamente nesse momento, Antônio Albuquerque lança a pergunta que não quer calar:

chegado o processo ao seu final e não tendo logrado o autor ou a autora provar a culpa do seu cônjuge, impõe-se, portanto, a declaração da improcedência da ação, permanecerão casados aos olhos da lei e do judiciário aqueles que durante tanto tempo litigaram tão ferozmente e cuja reconciliação manifestadamente não é possível de ser alcançada?[341]

Mais uma vez evidencia-se a real importância que tem o afeto durante o casamento, pois, mesmo que a norma legal caminhe em descompasso com a realidade vivida pelos cônjuges, parece de vital importância que se possa permitir que ambos ou apenas um deles possam colocar um ponto

---

[339] ALBUQUERQUE, Antonio Augusto Ammirabile Medeiros e. A questão da culpa nos processos de separação. In: *Direito de família e Interdisciplinariedade*. Coord. Instituto interdisciplinar de Direito de família – IDEF. Curitiba: Juruá, 2001, p. 120/121.

[340] No entanto, a "escuta telefônica não serve para provar a culpa na separação conjugal" essa é a notícia veiculada pela coluna de Marco Antônio Bierfield em data de 02/10/2002 ao comentar processo julgado pela 7ª Câmara Cível do TJRS que confirmou decisão do magistrado da cidade de Espumoso. No feito, o cônjuge varão juntou aos autos fitas obtidas através de escuta telefônica que confirmavam suas suspeitas quanto ao adultério da esposa. Ao votar, a Desembargadora Maria Berenice Dias salienta: "o fato que sempre enseja a separação é somente um: o desamor." E vai além ao sublinhar: "o que a lei admite como 'causas', nada mais são do que meras conseqüências de uma causa anterior e única: o fim do afeto." Dessa maneira, coube ao judiciário tão-somente "homologar o fim de um casamento, para emprestar juridicidade a um fato preexistente. (Disponível em http://www.espacovital.com.br/colunaespacovital011102002.htm, acessado em 02/10/2002).

[341] ALBUQUERQUE, 2001, p. 122.

final no matrimônio se evidenciarem a impossibilidade de sua manutenção uma vez que rompidos os laços afetivos.

Com certeza, a necessidade da imposição de um culpado pela separação e a condenação desse culpado pelo fim do matrimônio é resquício da influência religiosa que, ainda hoje, prega a manutenção do casamento em prol da moral e da ordem pública, somente podendo esses laços ser desfeitos havendo motivo suficiente para tal. Assim, o casamento deveria ser eterno. Deveras, ele é um dos sacramentos da Igreja Católica, que não admite a possibilidade de que novo casamento religioso ocorra quando um ou ambos os nubentes já tenham sido casados anteriormente.

Mas não obstante essa imposição da igreja e a manutenção da culpa como pressuposto da separação litigiosa, deve-se lembrar que se já não existe mais afeto, se os cônjuges não mais se sentem como tal "nada justifica que um juiz prossiga na atualidade do matrimônio contrato, negando outorgar separação judicial se não encontrar um cônjuge inocente e outro culpado, ou, dois cônjuges culpados".[342]

Conseqüentemente, para Antônio Albuquerque

> a lei, o processo, nunca podem se permitir ser utilizados como instrumentos de depreciação e humilhação do ser humano, através da exposição por parte de uma outra pessoa, de circunstâncias que compõem as profundezas da sua intimidade e da sua privacidade, num procedimento de duvidosa serventia legal.[343]

Em verdade, quando se discute o culpado na separação, é isso que se faz: rasga-se a Constituição, fechando os olhos para o princípio da dignidade e da inviolabilidade da intimidade da pessoa humana e usa-se o Judiciário, já tão assoberbado de trabalho, para, literalmente, "lavar a roupa suja" entre os ex-cônjuges. Nesse sentido são as palavras de Antônio Albuquerque: "não só de que não mais se deve discutir a questão da culpa nos processos de separação que envolvam litígio, mas de que esta discussão é inconstitucional...[344]

Madaleno[345] também reitera a necessidade de análise da dignidade da pessoa humana quando se discute o fim do matrimônio, afirmando que

> sendo absoluta a dignidade humana, não podem existir conflitos de dignidade, sugerindo que eventual responsabilidade pelo fim do casamento pudesse gerar, em nome do interesse do Estado em preservar o matrimônio, ato judicial que mantivesse a união já rota pela vontade unilateral.

---

[342] MADALENO, 1999, p. 182.
[343] ALBUQUERQUE, 2001, p. 126.
[344] Ibidem, p. 130.
[345] MADALENO, 2001, p. 157.

Cabe lembrar, ainda, que a condenação como culpado na separação, agora mais do que nunca, não traz benefícios duradouros ao cônjuge inocente, uma vez que o principal benefício postulado, que era o direito à verba alimentar, pode ser deferido independentemente da culpa de uma das partes pelo fim do matrimônio.[346] Da mesma forma, observa-se que o patrimônio e a guarda dos filhos também não sofrem qualquer tipo de influência da culpa, obedecendo a ditames normativos específicos que abstraem os conceitos de culpado e/ou inocente.

Assim, a culpa atribuída a um ou a ambos os cônjuges apenas determina o pagamento de custas judiciais e a perda do nome do outro cônjuge, adquirido por ocasião do casamento, se a alteração não acarretar em um dos incisos do art. 1578 do CC, ou seja, prejuízo na identificação, manifesta distinção entre o nome de família do cônjuge e o nome dos filhos havidos da união dissolvida e, por último, se não causar dano grave reconhecido na decisão judicial.

De outra banda, segundo Maria Berenice Dias, existem outros fundamentos, de igual importância, que determinam "a total inutilidade da identificação da culpa para que seja concedida a separação". E vai além explicando:

> como é vedada a referência à causa da separação na sentença de conversão (art. 25 da Lei do Divórcio e art. 1.580 do CC), de nada serve o desgaste das partes, a dilação probatória e a oneração da Justiça. É que a pecha de culpado dura pouco tempo. No máximo, um ano. Desaparece quando a separação se transforma em divórcio. Ou nem aparece, se o divórcio é buscado diretamente.[347]

Conseqüentemente, a separação litigiosa como sanção, com a atribuição da culpa pelo fim do casamento a uma das partes, não obstante ser dispositivo legal, não traz benefícios duradouros, e os possíveis benefícios temporários que poderia acarretar são extremamente questionáveis, ante a manutenção e o acirramento da animosidade entre os cônjuges que suscita.

Mas, por outro lado, importa observar uma das mais polêmicas inovações do novo Código Civil quando se fala na culpa pela separação, que é justamente aquela que diz respeito à verba alimentar. Desse assunto, pois, tratar-se-á adiante.

5.6. Alimentos e a culpa na separação

Uma das mais temidas conseqüências da decretação da culpa na separação litigiosa foi, durante muito tempo, a condenação do culpado ao

---

[346] Esse assunto será abordado adiante de maneira mais parcimoniosa.
[347] DIAS, 2001, p. 80.

pagamento de verba alimentar ao cônjuge inocente como forma de expiar o não-cumprimento dos deveres do casamento. Tudo conforme o que pregava o art. 19 da Lei 6.515/77: "o cônjuge responsável pela separação judicial prestará ao outro, se dela necessitar, a pensão alimentícia que o juiz fixar." De acordo com esse dispositivo legal, "o culpado pela separação não tem o direito de pleitear alimentos, que só é facultado a quem não seja o responsável pelo desenlace do matrimônio".[348]

Conseqüentemente, antes da entrada em vigor do novo CC, além da necessidade do cônjuge que buscava o pensionamento, também era observada a culpa pela separação daquele que deveria prestá-lo. Atualmente, conforme o CC, observa-se que os alimentos pagos ao ex-cônjuge se norteiam pelo binômio necessidade x possibilidade e não possuem mais o cunho indenizativo doravante experimentado, onde o culpado pela separação litigiosa pagava por seus atos.

Isso porque alimentos nada mais são do que tudo aquilo que se torna necessário ao ser humano para sua manutenção, desenvolvimento e sobrevivência, considerando desde a alimentação até a educação, saúde, vestuário e lazer. Então, é possível afirmar:

> os fatores que, em conjunto, dizem respeito aos meios necessários para o ser humano desenvolver-se, enquanto perdurar a incapacidade ou a reduzida capacidade para obtê-los sozinho, são obrigações daqueles a quem, através de um dispositivo legal, é determinada a prestação de tal verba alimentar.[349]

Por outro lado, observa-se que os alimentos devidos entre os cônjuges têm base no dever de mútua assistência que, segundo Arnaldo Rizzardo,[350] vai muito além do simples ato de fornecer alimentos. No entanto, aquele mesmo autor ensina que

> no sentido literal, a mútua assistência abrange os cuidados que um cônjuge está obrigado a devotar ao outro tanto na doença, nas adversidades, no âmbito afetivo, como no setor material, concentrando-se o cuidado nos alimentos, que abrangem a alimentação, o vestuário, o transporte, os medicamentos, a moradia e até as doenças.

Assim, entre os ex-cônjuges entendem-se devidos alimentos ainda como resquícios do dever de mútua assistência, mas, assistiu-se, nas últimas décadas, à tentativa de abstração da culpa do dever alimentar

Agora, no CC, o assunto vem exposto em três artigos junto ao subtítulo III, que trata especificamente sobre alimentos, de cuja leitura pode-se

---

[348] DIAS, 2001, p. 74.
[349] SPENGLER, Fabiana Marion. *Alimentos – da ação à execução*. Porto Alegre: Livraria do Advogado, 2002, p. 19.
[350] RIZZARDO, 1994, p. 716.

depreender que: a) se ocorrer a separação litigiosa e um dos cônjuges for inocente e desprovido de recursos, não podendo, portanto, arcar com sua própria sobrevivência, o outro fica obrigado a lhe prestar alimentos, conforme o que o juiz lhe fixar (art. 1.702, CC); b) o mesmo vale se, por ventura, um dos cônjuges separados judicialmente vier a precisar de alimentos, o outro poderá ser obrigado a prestá-los através do pagamento de pensão fixado pelo juiz, se não tiver sido declarado como culpado pela separação (art. 1.704, *caput* CC) c) porém, conforme o parágrafo único daquele mesmo artigo (e aqui temos uma grande inovação), se o cônjuge declarado culpado precisar de alimentos, e não tiver parentes que possam prestá-los ou possibilidade de trabalhar e se autoprover, o outro será obrigado a pagá-los, fixando o magistrado o valor indispensável para a sobrevivência (art. 1.704, parágrafo único, CC).

De todas essas disposições trazidas ou mantidas pelo atual CC, apenas a última pode ser considerada inovadora, sendo, também, bastante polêmica. Segundo a norma legal, mesmo condenado como culpado pela separação, o cônjuge que infringiu os deveres do casamento poderá pleitear alimentos se não puder trabalhar e se não tiver parentes próximos a quem possa reclamá-los. Contudo, é preciso que se atente, especificamente nessa circunstância, ao que vem disposto no art. 1.694, § 2°, CC, que determina que os alimentos sejam apenas os indispensáveis para a subsistência quando a situação de necessidade resultar da culpa de quem os pleiteia.

Nesse caso, evidencia-se, então, que os alimentos para o cônjuge que deu causa à separação serão pagos no patamar mínimo para que ele não venha a perecer. Em resumo, paga o cônjuge inocente, ao cônjuge culpado, naquelas condições impostas pelo texto legal anteriormente mencionado, apenas os alimentos naturais, também conhecidos como *necessarium vitae*, ou seja, "alimentos necessários para a manutenção da pessoa, onde pode-se incluir, além da alimentação propriamente dita, o vestuário, a medicação e a habitação".[351] Fica, portanto, dispensado o cônjuge alimentante de prestar alimentos civis, também chamados de *necessarium personae*, que compreendem as outras necessidades, incluindo recreação, sendo fixados segundo "a qualidade do alimentando e os deveres da pessoa obrigada".[352]

Concluindo, percebe-se que o novo CC clareia a diferença entre alimentos naturais e civis, até então conhecida apenas na doutrina e na jurisprudência. Nesse sentido, Francisco José Cahali,[353] quando ainda discutia o projeto do CC, já dizia:

---

[351] SPENGLER, 2002, p. 21.
[352] CAHALI, Yussef Said. *Dos alimentos*. 3 ed. São Paulo: RT, 1998, p. 16.
[353] CAHALI, Francisco José. Dos alimentos. In: *Direito de Família e o novo Código Civil*. Maria Berenice Dias e Rodrigo da Cunha Pereira (coor.). Belo Horizonte: Del Rey, 2001, p. 183.

Merece registro, por fim, ter sido agora trazido ao texto legal a distinção feita entre alimentos naturais ou necessários (*necessarium vitae*), como aqueles indispensáveis à subsistência (alimentação, vestuário saúde, habitação, etc.) e os alimentos civis ou côngruos (*necessarium personae*), destinados a manter a qualidade de vida do credor, de acordo com a condição social dos envolvidos, preservando, assim, o padrão de vida *status* social do alimentando, limitada quantificação, evidentemente, pela capacidade econômica do obrigado.

Assim, evidencia-se também a diferença entre os alimentos pagos ao cônjuge inocente, à prole e aos demais parentes que, conforme § 1º do art. 1.694 do CC, devem ser os alimentos que o credor necessite para viver de modo compatível com a sua condição social, inclusive para atender às necessidades de sua educação (alimentos naturais e civis). Por outro lado, os alimentos que devem ser prestados àquele que for culpado serão fixados somente na proporção de suas necessidades, para que possa ter o mínimo para sobreviver (somente alimentos naturais).

O dispositivo legal em comento é causador de muita polêmica, gerando, de um lado, aplausos, mas provocando uma certa antipatia, pois se aplicado importaria de certa forma, em "premiar" aquele que foi o causador da separação, ou seja, o "culpado". Outro ponto negativo trazido pela norma legal é a possibilidade de manutenção de laços rotos e espinhosos através do pagamento de verba alimentar, mesmo depois do término do matrimônio, por responsabilidade exclusiva daquele que agora busca alimentos.

Mas, independentemente da simpatia ou antipatia à inovação trazida pelo novo CC, observa-se, mais uma vez, a manutenção e, quiçá, o fortalecimento da discussão sobre a culpa na separação, trazendo reflexos, ainda que menores, a outros institutos de grande importância no direito de família. Conseqüentemente, de nada adianta dizer que a culpa deve ser abolida dos procedimentos de separação contenciosa, observando-se apenas a ruptura dos interesses comuns e o fim dos sentimentos que uniam o casal, se ela ainda alimenta a polêmica, embasando direitos que poderiam ser assegurados sem causar discussão tão árida e dolorosa. No entanto, não só nos alimentos a condenação como culpado pelo fim do matrimônio traz reflexos. Eles podem ser encontrados também no uso do nome que será tratado a seguir.

5.7. O uso do nome na separação com culpa

Atualmente, qualquer um dos cônjuges pode acrescer ao seu o nome do outro por ocasião do matrimônio, segundo art. 1.565, § 1º, do CC, de modo que, agora, o marido também pode usar o nome da esposa. Podem ainda, como anteriormente, os cônjuges não acrescentar ao seu o nome do outro, permanecendo com o patronímico de solteiro.

Quando ocorre o fim do casamento, mais uma vez a discussão sobre quem é o culpado pode determinar a alteração ou não do nome, desde que respeitadas determinadas situações. Assim, quando não se discute a culpa, cabe a opção pela conservação ou não do nome adquirido por ocasião do casamento, de acordo com o art. 1.578, § 2º, do CC, que altera o art. 25 da Lei 6.515/77, que determinava à mulher o uso do nome de solteira por ocasião da conversão da separação judicial em divórcio em qualquer hipótese, independentemente das circunstâncias que as deram causa.

A possibilidade de manutenção do nome adquirido com o casamento, desde que inexistente culpa, foi comemorada, pois, anteriormente, se o cônjuge não se adequasse aos ditames do art. 25, parágrafo único, incisos I, II e/ou III, da Lei 6.515/77, era obrigado a perder o nome que era, para si, muitas vezes, um patrimônio. Nesse sentido, Maria Berenice Dias[354] diz ser "indevida a interferência na identidade da pessoa impondo penalidade sem que haja qualquer motivo que a justifique, o que revela clara afronta ao princípio do respeito à dignidade da pessoa humana." E vai além ao discutir o dispositivo anterior que impunha a alteração do nome (art. 25 Lei 6.515/77) "...tão draconiano é este imperativo que, mesmo quando os cônjuges, de forma expressa, concordam com a inalterabilidade do nome, a perda é decretada contra a vontade das partes." Justamente por isso aplaudida a alteração introduzida pelo novo CC que permite a manutenção do nome adquirido.

Porém, o art. 1.578 do CC determina que o cônjuge declarado culpado na ação de separação judicial perca o uso do nome do outro. Mas, o mesmo dispositivo legal impõe que a alteração seja requerida expressamente pelo cônjuge inocente, quando então poderia ser deferida desde que não acarretasse evidente prejuízo à identificação[355] daquele que deverá deixar de usar o nome, manifesta distinção entre o seu nome de família e o nome dos filhos[356] havidos da união dissolvida, naqueles casos onde a

---

[354] DIAS, 2001, p. 74.

[355] Rizzardo diz que "o evidente prejuízo na identificação envolve situação tal que a mulher, sem o nome do marido, não é identificada em sua profissão ou em trabalhos artísticos e culturais" (RIZZARDO, 1994, p. 548).

[356] Nessa seara é a decisão da 4ª Turma do STJ do Paraná que, por unanimidade, decidiu pela manutenção do nome de casada de mulher que, depois de 30 anos de união, por ocasião do divórcio optou (e teve o seu direito reconhecido) por permanecer com o nome do marido que, inconformado, recorreu. Um dos motivos alegados para manutenção do nome foi o evidente prejuízo que poderia se causar à identificação da mulher "no exercício de suas atividades profissionais, filantrópicas, sociais e culturais, referindo-se, ainda a empresas comerciais da qual é sócia, junto com os filhos que possuem apenas o nome do pai". Assim, o ministro Barros Monteiro entendeu que "um dos objetivos da lei, nesse particular, é o de preservar o interesse da prole, a fim de evitar nome diverso do ostentado pela mãe". (*Revista Consultor Jurídico*, 03.10.2002)

prole não possui o nome da mãe ou dano grave reconhecido em decisão judicial.[357]

A imposição da alteração do nome de casado ao cônjuge condenado como culpado pela separação já era combatida antes mesmo da entrada em vigor do novo CC, ainda quando só era permitido à esposa acrescentar ao seu o nome do marido, na mais completa desigualdade. Tudo isso porque, segundo Larissa Fialho Maciel,[358]

> o nome civil é o sinal distintivo essencial e obrigatório que identifica e individualiza a pessoa natural em todos os tempos e lugares, portanto, é permanentemente, unindo-a como ser individual à sociedade, à família, ao comércio e aos atos jurídicos... não se pode imaginar qualquer pessoa sem nome, caso isso ocorresse, existiriam apenas corpos (matéria), sem identificação, possibilitando a comunicação e as relações públicas e privadas[...].

Da mesma forma, Rizzardo[359] salienta que "o nome se insere como um dos mais importantes atributos da pessoa natural, ao lado da capacidade e do estado". Tudo isso ocorre porque através do nome pode-se identificar a pessoa, conhecê-la e individualizá-la. Alterar o nome de alguém pode ferir sua dignidade e o direito a identidade, causando-lhe uma ruptura que poderá resultar na perda de atributo de valor inestimável.

Conseqüentemente, o nome que uma pessoa tem ou acresce ao seu, depois de anos de uso torna-se parte de sua personalidade, de sua identificação, acrescendo-se à sua vida como algo inerente a si e impossível de ser-lhe arrancado. Porém, de acordo com o determinado hoje no art. 1.578 do CC, se declarada sua culpa pelo fim do casamento e expressamente requerido pelo cônjuge inocente, pode ser-lhe tirado, como se fosse um troféu e deixar de tê-lo fosse a punição pelo mau comportamento.

5.8. Considerações finais

O casamento, antes de ser uma instituição,[360] como querem alguns, ou um contrato,[361] como defendem outros, é a união de dois seres que,

---

[357] Conforme Rizzardo, ocorre quando "o nome, embora do marido, signifique para a ex-mulher um patrimônio, pelo valor que encerra, mas valor este conseguido por suas qualidades ou seus dotes excepcionais. Encontram-se pessoas que incorporam a tal ponto o nome do marido na sua personalidade, que qualquer modificação as tornaria desconhecidas. (RIZZARDO, 1994, p. 549)

[358] MACIEL, Larissa Fialho. *Nome civil: símbolo da personalidade.* Disponível em http://www.espacovital.com.br/artigolarissa.htm, acessado em 19/10/2002.

[359] RIZZARDO, 1994, p. 549.

[360] PLANIOL e RIPERT. *Traité pratique de droit civil français.* Paris: 1926.

[361] São exemplo de autores que defendem o casamento como contrato: RODRIGUES, 2002, e GOMES, 1987, dentre outros.

ligados por emoções e sentimentos, decidem compartilhar sua vida e seus objetivos. Assim dispostos, constituem uma família, têm ou não filhos, e formam laços de companheirismo, sustentáculo da comunhão de vida que deve nortear o matrimônio.

Porém, passados alguns anos, o peso da rotina pode dar início aos desentendimentos que, se não contornados a tempo, viram uma bola de neve que poderá massacrar a união, determinando seu fim. Ocorre que nem sempre ambos os cônjuges aceitam o término do matrimônio como algo inevitável. Não raras as vezes a dissolução da sociedade conjugal torna-se inadmissível para um dos cônjuges que, motivado por ditames religiosos ou morais, não concorda em colocar um ponto final no casamento.

Quando tais fatos ocorrem, resta evidenciada a impossibilidade de ajuizamento da ação de separação consensual. A separação litigiosa torna-se uma realidade, antes de tudo uma necessidade, ainda que seja o caminho mais tortuoso para pôr fim ao relacionamento que teve início com um dos mais nobres sentimentos: o amor. Mas, pior do que a separação litigiosa é a necessidade, em alguns casos, de motivar o fim do matrimônio apontando as causas dos desentendimentos e atribuindo a culpa a um dos cônjuges.

Nessas situações, enquanto não dissecada a vida conjugal das partes e comprovado o culpado, ou os culpados, pelo fim do amor, não existe possibilidade de separação, a menos que a situação fática aponte para a separação remédio ou separação falência.

Conseqüentemente, os quase ex-cônjuges se vêem compelidos a expor sua vida conjugal para alcançar o término do casamento, atribulando mais ainda o poder judiciário, sempre tão assoberbado, oferendo-lhe situações novelescas, relatando os detalhes mais sórdidos do adultério, das sevícias, enfim, da violação daqueles que chamamos deveres do casamento, esquecendo que o dever e direito primordial é o amor e que, se esse já não mais existe, é impossível fazer perdurar um relacionamento feliz.

Porém, o novo CC brasileiro, que passou a vigorar recentemente, manteve a culpa na separação, frustrando os que esperavam abolir aquele instituto que quase nenhuma conseqüência prática traz e serve para manter e estimular a animosidade entre as partes.

Assim, diante da manutenção dos dispositivos anteriormente erigidos pela Lei 6.515/77, no concernente à culpa na separação, permanece o trabalho doutrinário e jurisprudencial que se construiu no decorrer do tempo e que caminha abolir a culpa na separação, deixando de imputá-la, apenas determinando a dissolução da sociedade conjugal baseada em sua causa principal: o desamor.

Mas, importa salientar que, além da manutenção da culpa, o novo CC dispõe sobre o nome que o cônjuge condenado como culpado pelo fim do matrimônio passará a usar, apontando a necessidade de que o cônjuge inocente requeira, expressamente, seja-lhe determinada a volta ao uso do nome de solteiro. É mais um dos resquícios da culpa pelo fim do enlace.

Quando se fala em verba alimentar, observa-se uma polêmica inovação: agora o cônjuge condenado como culpado pela separação pode requerer alimentos se não puder, por si só, manter sua subsistência e se não tiver mais ninguém a quem possa recorrer. Porém, os alimentos requeridos serão pagos no montante suficiente para que o alimentando não pereça, ou seja, apenas os alimentos naturais são obrigatórios. Ficam à margem dessa obrigação os alimentos que dizem respeito ao lazer, à cultura e a manutenção da vida social do alimentando.

Certamente o novo CC deixou a desejar quando ainda manteve a culpa como necessidade para a ruptura matrimonial, porém, há de se observar que, inobstante o dispositivo legal, cada vez mais os julgadores têm entendido por deixar de investigar os motivos ensejadores do fim do matrimônio, na tentativa de minorar seus efeitos e evitar prejuízos maiores aos ex-cônjuges e à prole.

Na verdade, o que se pretende evitar, nas exatas palavras de Rodrigo da Cunha Pereira,[362] é que o Judiciário deixe de ser

> O lugar onde as partes depositam os seus restos. O resto do amor e de uma conjugalidade que deixa sempre a sensação de que alguém foi enganado, traído. Como a paixão arrefeceu e o amor obscureceu, o "meu bem" transforma-se em "meus bens". E aí um longo e tenebroso processo judicial irá dizer quem é o culpado da separação. Enquanto isso, não se separam. O litígio, aliás, é uma forma de não se separarem pois enquanto dura o litígio a relação continua. Já que não podem se relacionar pelo amor, relacionam-se pela relação prazerosa da dor.

Concluindo, o que se pretende é que, se impossível que o casamento seja dissolvido com a mesma emoção e alegria através da qual ele é realizado, que ao menos a separação seja feita de forma digna, sem apontar culpados, buscando tão-somente o término das desavenças, objetivando resguardar as boas lembranças.

5.9. Referências bibliográficas

ALBUQUERQUE, Antonio Augusto Ammirabile Medeiros e. A questão da culpa nos processos de separação. In: *Direito de família e Interdisciplinariedade*. Coord. Instituto interdisciplinar de Direito de família – IDEF. Curitiba: Juruá, 2001.

---

[362] PEREIRA, Rodrigo da Cunha. A culpa no desenlace conjugal. In: *Repertório de Doutrina sobre Direito de Família*. Coord. Teresa Arruda Alvim Wambier e Eduardo Oliveira Leite. Vol 4. São Paulo: RT, p. 326/327.

CAHALI, Francisco José. Dos alimentos. In: *Direito de Família e o novo Código Civil*. Maria Berenice Dias e Rodrigo da Cunha Pereira (coor.). Belo Horizonte: Del Rey, 2001.

CAHALI, Yussef Said. *Dos alimentos*. 3 ed. São Paulo: RT, 1998.

CORRÊA, Carlos Pinto. A culpa original do ser. In: *Culpa, aspectos psicanalíticos, culturais e religiosos*. São Paulo: Iluminuras, 1998.

DIAS, Maria Berenice. Da separação e do divórcio. In: *Direito de Família e o Novo Código Civil*. Coord. Maria Berenice Dias e Rodrigo da Cunha Pereira. 2. ed., Belo Horizonte: Del Rey, 2002.

DIAZ-SANTOS, Maria Del Rosario Diego. *Los delitos contra la família*. Madrid: Montecorvo, 1973.

DINIZ, Maria Helena. *Direito Civil – Direito de Família*. Vol. 5. São Paulo: Saraiva, 2001.

GOMES, Orlando. *Direito de família*. 7. ed. Rio de Janeiro: Forense, 1987.

MACIEL, Larissa Fialho. *Nome civil: símbolo da personalidade*. Disponível em http://www.espacovital.com.br/artigolarissa.htm, acessado em 19/10/2002.

MADALENO, Rolf H. Infidelidade e o mito causal da separação. In: *Revista Brasileira de Direito de Família*. N° 11 – Out-nov-dez/2001 – Assunto Especial.

——. *Direito de família*: aspectos polêmicos. 2. ed. Porto Alegre: Livraria do Advogado, 1999.

MONTEIRO, Washington de Barros. *Curso de Direito Civil – Direito de Família*. 19. ed. São Paulo: Saraiva, 1980.

PEREIRA, Rodrigo da Cunha. A culpa no desenlace conjugal. In: *Repertório de Doutrina sobre Direito de Família*. Coord. Teresa Arruda Alvim Wambier e Eduardo Oliveira Leite. Vol 4. São Paulo: RT.

PLANIOL e RIPERT. *Traité pratique de droit civil français*. Paris: 1926.

RIZZARDO, Arnaldo. *Direito de família*. 3. V. Rio de Janeiro: Aide, 1994.

RODRIGUES, Sílvio. *Direito Civil – Direito de Família*. V. 6. 27 ed. São Paulo: Saraiva.

SANTOS, Luiz Felipe Brasil. A separação judicial e o divórcio no novo Código Civil brasileiro. *Revista Brasileira de Direito de Família*. Porto Alegre: Síntese, IBDFAM. V.1, n.1, abri/jun, 1999.

——. A separação judicial e o divórcio no novo Código Civil brasileiro. *Revista Brasileira de Direito de Família* – N° 12 – Jan-Fev-Mar/2002 – Assunto Especial.

SPENGLER, Fabiana Marion. *Alimentos – da ação à execução*. Porto Alegre: Livraria do Advogado, 2002.

VENOSA, Sílvio de Salvo. *Direito Civil – Direito de Família*. 3 ed. São Paulo: Atlas, 2003.

6. Ordinarização do rito da ação de alimentos

6.1. Introdução

Com o intuito de discutir a ordinarização do rito da ação de alimentos que, apesar de previsão legal (Lei 5.478/68), é especial na sua forma de processamento, é sabido que as ações que buscam a fixação de verba alimentar vêm tramitando conforme o rito ordinário, disposto junto ao Código de Processo Civil pátrio.

Ocorre que a ordinarização de tal procedimento muitas vezes pode acarretar prejuízos à parte-autora, decorrentes esses da demora no tramitar da lide até final julgamento do feito, uma vez que o rito ordinário possui prazos diferenciados daqueles emprestados aos alimentos pela Lei 5.478/68, todos maiores e que envolvem, portanto, maior decurso de tempo.

Durante o decurso de tais prazos, o alimentando aguarda e amarga prejuízos, muitas vezes totalmente inesperados para si, uma vez que dizem respeito a medidas tomadas pelo magistrado consoantes à transformação do rito processual da lide.

Por outro lado, não se pode esquecer que a atitude de receber uma demanda alimentar pelo rito ordinário quando essa deveria tramitar segundo rito especial da lei de alimentos possui suas justificativas, dentre elas o fato de que o alimentante pode sofrer prejuízos em função do tempo exíguo que normalmente recebe para apresentar sua defesa, que deve ocorrer no mesmo momento onde se instrui o feito, se produzem os debates e se prolata a sentença, ou seja, na primeira e única audiência.

Mas, a quem se quer proteger? Aquele que deveria cumprir com seu papel alcançando alimentos ou aquele que muitas vezes se encontra prestes a perecer se não receber de pronto a verba alimentar? Quem é a parte mais frágil da relação processual? Por que não obedecer ao rito imposto legalmente para o trâmite de ações cuja própria natureza é a preservação, proteção e valorização da vida?

Esses são, pois, os aspectos que se abordarão adiante ao se discutir a ordinarização do rito da ação de alimentos, perpassando, é claro, por outros aspectos da lide processual em si que são, especificamente, a competência, as partes, a instrução, o julgamento e o trânsito em julgado da lide.

A abordagem encontra-se calcada em aspectos doutrinários e jurisprudenciais que ilustram o trabalho realizado e que servem de base para constatações e prescrições. O texto discute assunto polêmico, não com a intenção de apontar culpados para a lentidão da justiça ou sua falta de resposta à demanda existente ou ao acúmulo de processos que esperam pela tutela jurisdicional do Estado.

Na verdade, tais discussões merecem abordagem única e específica pela importância que possuem e pelo emaranhado de interesses existentes na sua solução. Não se pode olvidar, ainda, que a solução para tais entraves depende de uma série de medidas que envolvem outras esferas situadas além do Judiciário.

Assim, esse é o texto que se apresenta e que busca uma abordagem crítica da forma como vem sendo tratada a ação de alimentos no País.

6.2. Da petição inicial

A Lei de Alimentos, nº 5.478, de 25 de julho de 1968, estatui rito especial, sumário, para as ações através das quais as pessoas interligadas por vínculos de parentesco ou em função do casamento vêm buscar seu direito à verba alimentar, acionando quem por direito deve prestá-la.

Este rito especial está previsto no artigo 1º, independendo o pedido de prévia distribuição, que pode ser determinada posteriormente, pois as partes hipossuficientes gozam do benefício da gratuidade judicial. Recebido o pedido em três vias, uma delas é utilizada para a citação do alimentante.

Vale ressaltar, porém, que a ação de alimentos pode ser movida de forma inversa. Assim, por exemplo, o pai, cônscio de seus deveres como tal, pode ajuizar o procedimento com o intuito de vir oferecê-los ao filho, sabedor de sua condição de necessitado. Neste caso, a ação é processada da mesma forma, devendo o pai ajuizá-la em relação ao filho, por si, ou, se menor, representado/assistido, conforme o caso, por sua mãe. Todos os documentos devem ser juntados, bem como deve ser evidenciado o binômio necessidade x possibilidade, como se faria na ação tradicional, onde o alimentando requerer alimentos em face do alimentante.

A petição que dá início ao procedimento em tela, consoante o artigo 2º da Lei 5.478/68, deve ser formulada em três vias[363] de igual teor e ser assinada pela parte-autora ou por advogado que a represente, devendo conter a indicação do juiz a quem é endereçada, o nome e a qualificação completa do alimentando e do alimentante, a exposição dos fatos e motivos que ensejaram o ajuizamento da ação, relacionando as necessidades de recebimento da verba alimentar, bem como as possibilidades do requerido e sua renda mensal.

Acompanhando a petição inicial vêm os documentos (artigo 159 do CPC) que comprovam os vínculos que tornam o requerido obrigado à prestação de verba alimentar, documentos que possam comprovar as necessidades do alimentando e as possibilidades do alimentante. A exceção aqui fica por conta do artigo 2º, § 1º, da lei mencionada, que diz respeito a notas, registros, repartições ou estabelecimentos públicos ou quando ocorrer demora na obtenção destas, quando estiverem em poder do alimentante ou de terceiro residente em lugar incerto e não sabido.

Ainda, a petição inicial pode ser recebida pelo magistrado através de solicitação verbal, sem advogado, sendo este designado pelo primeiro para que assista ao autor e providencie na produção da peça processual inicial em três vias conforme o requerido. Outra forma de reclamar alimentos é fazê-lo por termo quando o defensor designado ou o representante do Ministério Público acha conveniente reproduzir por escrito a solicitação verbal anteriormente feita, através do escrivão, que assina, juntando-se os documentos necessários.

6.3. Da desnecessidade de prévia distribuição

De acordo com a referência feita anteriormente, a ação de alimentos obedece ao rito especial, previsto em seu artigo 1º com objetivo único de facilitar a pronta resolução do litígio através da tutela jurisdicional do Estado.

Por sua vez, o artigo 2º da Lei de Alimentos determina que o autor, por si mesmo ou através de advogado, se dirija ao juiz competente para fazer processar a ação. Mas, conforme refere Oliveira e Cruz,[364] "e onde

---

[363] Destas três vias, uma serve para comprovar a entrega da petição à distribuição do foro, diretamente ao cartório ou ao magistrado, desde que devidamente protocolada com recebimento; outra serve para instruir o feito, devendo ser acompanhada por todos os documentos que a parte-autora entender necessários, e a terceira deve ser entregue ao requerido, no momento de sua citação.
[364] CRUZ, João Claudino de Oliveira e. *Dos alimentos no Direito de Família*. Rio de Janeiro/São Paulo: Forense, 1961, p. 21.

houver mais de um juiz competente? Como está redigido o texto, poderá a parte escolher o juízo, o que provocará, na prática, alguns inconvenientes, como o acúmulo de serviço nos cartórios mais escolhidos". Ainda, o mesmo doutrinador evidencia outro problema existente no texto legal, o que também faz dificultar o seu cumprimento, que diz respeito ao fato de que o § 1º do mesmo artigo diz que a distribuição será determinada posteriormente por ofício do juízo, inclusive para o fim de registro. "Por que o inclusive?", questiona "Se a ação independe de prévia distribuição o ato posterior só servirá para efeito de registro" e sugere: "a disposição deveria ser aplicada em harmonia com o disposto no artigo 50, § 1º, do CPC" que nada mais regulamenta senão a possibilidade de, depois de apresentada a petição ao juiz escolhido pela parte, este, verificando se o pedido e os documentos estão em ordem, decide sobre alimentos provisórios, e determina, posteriormente, a distribuição regular do feito.

O que na prática tem acontecido é que a parte-autora peticiona, através de advogado, sendo seu pedido distribuído normalmente, por dependência ou por sorteio, e só depois de autuado o processo junto ao cartório competente é que seus autos vão conclusos ao juiz, para que este possa apreciar o pedido de alimentos provisórios. A entrega do pedido direto ao juiz ou mesmo sua elaboração sem a lavra de advogado são exceções que, por raras vezes, são encontradas.

Ocorre que, ao processar tal feito de forma ordinária, como se fosse qualquer ação, deixa-se de cumprir com os objetivos da norma legal: facilitar e viabilizar o deferimento de verba alimentar ao necessitado, de forma célere, evitando maiores prejuízos para ele, uma vez que, a rigor, sua sobrevivência dependeria de tal medida.

Diante de tais perspectivas, cria-se um impasse. Se por um lado, pretende-se evitar o acúmulo cartorário que pode ser fomentado pela norma legal criada, por outro, deve-se priorizar a sobrevivência do alimentando. Assim, chegar a um consenso que pudesse evitar prejuízos para ambas as partes seria a solução ideal de forma que "mais fácil seria estabelecer-se a pronta distribuição, do feito, com prioridade a qualquer outro".[365] Evidentemente que a priorização das ações de alimentos seria uma forma de resolver aquele impasse, encontrando solução para ambos os problemas, assim "irá o juiz, diante de uma ação de alimentos, imprimir-lhe a velocidade cabível entre outras medidas, dando-lhe preferência em termos de designação de datas".[366] Mas é complicado falar em priori-

---

[365] BITTENCOURT, Edgar de Moura. *Alimentos*. 4 ed. São Paulo: LEUD, 1979, p. 135.
[366] PEREIRA. Sérgio Gischkow. *Ação de Alimentos*. 3 ed. Porto Alegre: Fabris, 1983, p. 46.

zação junto a cartórios abarrotados de processos, junto a juízes com a mesa repleta de feitos conclusos e pautas lotadas de audiências, junto ao Poder Judiciário que se encontra em crise,[367] incapaz de responder a toda gama de litígios que esperam pela jurisdição estatal para se verem resolvidos.

Assim, diante de tal quadro, quem continua a sofrer com o descumprimento da lei (que, apesar das dificuldades para ser posta em prática, institui rito especial à Lei de Alimentos no intuito de priorizar a solução dos litígios que versam sobre esse tema) é o alimentante, que depende da verba alimentar para ver assegurado direito seu, à sobrevivência, e que acaba esperando (muito embora não precise, basta fazer-se cumprir a lei) pela lentidão da máquina judiciária.

6.4. Da competência em relação ao foro e ao juízo nas ações de alimentos

Com relação ao foro competente para o ajuizamento da ação de alimentos, o artigo 100 do CPC instituiu como sendo o do domicílio do alimentando, o que excepciona a regra contida na norma legal que o fixa como sendo o do domicílio do réu.

Na verdade, trata-se de um benefício criado a fim de favorecer o alimentante que, em função da sua insuficiência financeira para se manter, possui o privilégio de poder ajuizar a ação competente na comarca onde mora, para ver amparada sua sobrevivência. Mas, observe-se que, se assim o desejar, o futuro autor da ação, mesmo possuindo foro privilegiado, pode abrir mão dele e preferir demandar a outra parte no domicílio[368] dela.

---

[367] "As crises do Poder Judiciário são citadas por José Eduardo Farias (1995). Neste sentido, verifica-se que o maior desafio do Judiciário brasileiro é exatamente readquirir a confiabilidade perdida no decorrer da história, atacando duas crises notórias e graves: a de eficiência e a de identidade. A *crise de eficiência* diz respeito ao descompasso existente entre a procura e a oferta de serviços judiciais, que podem ser traduzidos na lentidão com a qual tramita a maioria dos processos, levando, muitos deles, anos para estarem concluídos. Além da crise de eficiência, a *crise de identidade* pode ser demonstrada através de grandes problemas: a intensidade e o surgimento de novos conflitos carentes de uma legislação moderna ou específica, obrigando a magistratura a aplicar normas ultrapassadas; a falta de conhecimento tecnológico apropriado por parte dos operadores jurídicos, dentre outros. Podem ser citados como exemplo o Código Comercial de 1850, bem como o Código Penal e Processo de Penal de 1940 e 1941, respectivamente, e o Código Civil de 1916." (SPENGLER, Fabiana Marion. *Gabinete de Assistência Judiciária Gratuita da UNISC como meio de Acesso à Justiça na Comarca de Santa Cruz do Sul*. 1998, p. 44/45. Dissertação (Programa de Pós Graduação em Desenvolvimento Regional – Mestrado – Universidade de Santa Cruz do Sul).
[368] Isto ocorre pelo fato de que "a regra do artigo 100 CPC é de alternatividade da escolha, e não de subsidiariedade, competindo ao alimentando a opção." (CAHALI, Yussef Said. *Dos Alimentos*. 3 ed. São Paulo: RT 1998, p. 1175).

Mesmo em se tratando de ação de investigação de paternidade cumulada com alimentos, a competência ainda é do foro do autor da ação, em virtude do que entabulou a Súmula nº 1 do STJ: "O foro do domicílio ou da residência do alimentando é o competente para a ação de investigação de paternidade, quando cumulada com o pedido de alimentos".

Assim, podendo acionar o alimentante no foro de seu próprio domicílio, o alimentando deixa de despender maiores esforços (sejam financeiros, de locomoção ou outros) para ajuizar ação de alimentos, buscando ver reconhecido seu direito de recebê-los, possibilitando a aplicação da tutela jurisdicional do Estado.

O artigo 1º da Lei de Alimentos estatui que a ação de alimentos independe de prévia distribuição. Na prática, tal circunstância não ocorre, sendo comum a distribuição de tais ações, descumprindo-se flagrantemente o texto legal que tem como escopo agilizar a resolução do litígio com o objetivo de ver sanada a necessidade do alimentando.

Já com relação ao juízo competente, nas Comarcas menores, onde existe, apenas uma vara judicial, esta recebe e processa todo e qualquer feito, independentemente de sua natureza, estando, assim, resolvido o juízo para o qual deve ser endereçada a ação. Tratando-se de Comarca maior, onde existe vara especializada de família, ou na inexistência desta, varas cíveis, nelas devem ser processadas tais ações.

Existem dúvidas e posicionamentos controversos quanto a serem as varas da Infância e Juventude competentes para processar ações de alimentos, sendo que o posicionamento majoritário da jurisprudência direciona-se para o sentido de que somente seriam competentes em se tratando de menores nas condições do artigo 98 do Estatuto da Criança e do Adolescente, ou seja, que estivessem com seus direitos violados ou ameaçados "por falta, omissão ou abuso dos pais ou responsável". A expressão "pais" é entendida aqui como pai e mãe conjuntamente. Neste sentido não abrange a competência da Vara da Infância e Juventude a ação proposta por crianças representadas por um de seus genitores, que detenham sua guarda.[369]

Por outro lado, as ações que versam sobre alimentos não são suspensas por ocasião das férias forenses, conforme versa o artigo 174 do CPC (devido à sua natureza), uma vez que, através delas o alimentando busca os meios para garantir sua sobrevivência, sendo de extrema importância a celeridade imprimida ao feito no intuito de ver efetivada a tutela jurisdicional do Estado.

---

[369] CAHALI, 1998, p. 802.

6.5. O menor como autor na ação de alimentos

Quando, na ação de alimentos, se pretende fixar verba em favor de filho menor, deve este ser autor do petitório, representado por sua genitora ou por quem detém sua guarda, quando absolutamente incapaz (impúbere, com menos de 16 anos). Por outro lado, deve ser assistido quando menor relativamente capaz (púbere, maior de 16 e menor de 18 anos). Tal representação/assistência se estende a todos os atos do processo, inclusive quanto à possibilidade de dar recibo e quitação de débito, no caso de execução da verba alimentar.[370]

No entanto, se erroneamente a petição foi ajuizada em nome da mãe ou guardião do menor, sem que este figure como autor da ação, pode o juiz recebê-la e determinar que seja regularizado o pólo ativo da demanda de acordo com os artigos 267, IV, §3°, e 13 do CPC.

Não podem o pai ou a mãe requerer alimentos representando/assistindo o filho, se este não estiver sob sua guarda, sendo esta prerrogativa reservada ao seu guardião, que, mesmo em face do artigo 33, § 2°,[371] do Estatuto da Criança e do Adolescente, que numa interpretação mais liberal, diz ser possível desfrutar a tutela legal sem que para isso precise buscar autorização prévia, provando-se, no decorrer da ação de alimentos, se efetivamente o menor se encontra sob a guarda daquele que o representa/assiste ou não.[372]

Assim, o direito de pleitear verba alimentar só cabe ao alimentando, assistido ou representado por quem de direito, se for menor. Tal fato se deve ao caráter personalíssimo que envolve os alimentos.

6.6. Da comprovação do vínculo de parentesco ou da obrigação alimentar

O artigo 2° da Lei de Alimentos corrobora a necessidade de comprovação do vínculo de parentesco ou da obrigação alimentar entre alimentando e alimentante, ou seja, entre o Autor e o Réu.

---

[370] Ementa: Execução de alimentos. Conflito de interesses. Menor desassistida. É ineficaz a declaração de menor desassistida, quitando débito alimentar pretérito, feita a seu pai devedor dos alimentos. Flagrante o conflito de interesses. Agravo de instrumento desprovido. (5 fls) (agi n° 70000767608, oitava câmara cível, TJRS, relator: des. José Ataides Siqueira Trindade, julgado em 13/04/2000).

[371] Tal artigo refere-se à necessidade de deferimento ao guardião "do direito de representação para a prática de atos determinados".

[372] CAHALI, 1998.

No caso de vínculo consangüíneo, a comprovação é feita através da documentação, tais como certidão de casamento ou nascimento.

Por isso, quando a criança não é reconhecida pelo pai, impõe-se, primeiramente, o ajuizamento de ação de investigação de paternidade, que pode ser cumulada ou não com alimentos, para fins de comprovar os laços consangüíneos, e, em conseqüência, a obrigação alimentar, para, posteriormente, fixar seu *quantum*. Isto ocorre porque é *conditio sine qua non* para a concessão de qualquer espécie de alimentos que verse sobre a relação parental o vínculo consagüíneo, sob pena de o feito não prosperar por carência de ação. Por outro lado, é "fácil imaginar a grande injustiça possível de ocorrer com a concessão de alimentos baseada em mera alegação de paternidade, se, após recebidos por longo tempo, restar reconhecida a inexistência de parentesco".[373]

6.7. Das provas a serem produzidas pelo alimentando

O autor da ação de alimentos deve comprovar sua pretensão, demonstrando, além da existência da obrigação alimentar, sua necessidade de receber tal verba, bem como a capacidade da parte demandada de provê-la.

Tais provas são facilmente carreadas aos autos quando o alimentando exerce atividade remunerada, sendo funcionário de alguma empresa, pública ou privada, onde exista folha de pagamento ou qualquer outra forma de comprovação de seu salário. Os problemas têm início quando o requerido se encontra desempregado ou é profissional autônomo, pois em ambas as circunstâncias torna-se extremamente difícil comprovar sua renda. No primeiro caso, porque a renda pode não existir; no segundo, porque a documentação[374] do profissional autônomo nem sempre condiz com a realidade.

Assim, possuindo o alimentante emprego fixo, recebendo aposentadoria ou benefício previdenciário, e desconhecendo o alimentando o valor dos rendimentos, pode requerer, desde já, na petição inicial, que seja oficiada a empresa onde aquele exerce sua atividade laborativa, ou ao

---

[373] MARMITT, Arnaldo. *Pensão alimentícia*. 2 ed. Rio de Janeiro: Aide Editora, 1999, p. 60.

[374] Como documentação entende-se, aqui, a comprovação do recolhimento de contribuição previdenciária, ou os escritos contábeis, se for, por exemplo, comerciante, titular ou sócio de uma empresa, dentre outros. Neste caso, a jurisprudência tem entendido que podem ser requisitadas informações via judicial sobre tais rendimentos, superando-se a personalidade jurídica para fins de obedecer aos princípios da amplitude da prova.

INSS, para que venha aos autos do processo informar o valor dos rendimentos.

No caso de estar desempregado, é importante verificar se se encontra recebendo seguro desemprego. Se negativa a resposta, deve-se investigar a possibilidade de estar exercendo algum "biscate" ou trabalho eventual, que pode ser comprovado pela oitiva de testemunhas, cujo rol, segundo artigo 8º da Lei de Alimentos, independe de prévia apresentação. Saliente-se que, diante de tais fatos, a verba alimentar fixada provavelmente pode ficar em valor menor do que a expectativa, em face do desemprego do alimentante, circunstância que pode ser revista, através de ação própria, assim que este voltar a exercer atividade remunerada.

Ainda, certidões obtidas junto ao Cartório de Registro de Imóveis e documentos do DETRAN podem comprovar a propriedade de bens imóveis ou de veículo, que podem mensurar, se não a renda do alimentante, sua capacidade financeira, afinal, não pode alegar ser pobre, se possui automóvel do ano ou propriedades valorizadas.

No caso de o alimentante ser proprietário de estabelecimento comercial, industrial ou outro negócio do gênero, pode o alimentando requerer perícia contábil para fins de investigar os reais rendimentos auferidos na atividade que exerce. Mas tal comprovação deve ser considerada com cautela, uma vez que se pode verificar "minguadas retiradas a título de pró-labore que se alega receber, prática que, como se sabe, usualmente encobre e dissimula os reais ganhos da pessoa no mundo dos negócios".[375]

Mesmo com tais prerrogativas, comprovar a possibilidade do alimentante nem sempre é tarefa fácil. Ainda, tende a tornar-se mais difícil diante da irresponsabilidade de alguns que não medem esforços para esconder suas reais possibilidades, fazendo-se de surdos aos apelos do alimentando que, sozinho, não pode prover sua sobrevivência.

Por isso, importa que venha a petição bem embasada, contendo, além das provas elencadas anteriormente (quanto às possibilidades do pólo passivo), também as necessidades (do pólo ativo), observando-se o artigo 1.694, § 1º, do CCB. Tais comprovações podem vir através de notas de supermercado, receitas e notas de farmácia que comprovem seu aviamento, atestados médicos que refiram doenças crônicas, comprovantes da compra de material escolar, bem como do pagamento de mensalidade ou qualquer outra contribuição existente no educandário freqüentado pelo alimentando, comprovante de salário (se exercer atividade laboral remu-

---

[375] CAHALI, 1998, p. 846.

nerada), enfim, de todos aqueles instrumentos hábeis a comprovar o custo de sua sobrevivência e sua impossibilidade de arcar com ela sozinho.

6.8. Do valor da causa

O artigo 259 do CPC estabelece que o valor da causa sempre constará da petição inicial e, no seu inciso VI, que, versando esta sobre alimentos, será o somatório de doze prestações mensais pedidas pelo autor.

No entanto, observe-se que, não obstante a letra da lei, mesmo sendo a ação ajuizada de forma inversa, ou seja, quando o alimentante oferece verba alimentar ao alimentando, neste caso *oferecendo*, e não *pedindo* alimentos, o valor da causa é fixado da mesma forma, sendo também a soma de doze prestações mensais. O mesmo serve para o acordo de alimentos, vertido entre as partes e levado à homologação judicial.

Agora, se a ação ajuizada disser respeito a dois pedidos, feitos de forma cumulativa,[376] como, por exemplo, o pedido de reconhecimento de paternidade e, posteriormente, fixação de alimentos, qual será o valor da causa? Os doutrinadores se inclinam no sentido de que

> se os pedidos poderiam ser formulados em processos separados, o valor é a soma dos pedidos. Se a cumulação é sucessiva, igualmente se somam. Se a cumulação é alternativa, e os pedidos se situam no mesmo plano, atende-se ao pedido de maior valor; se há relação de subsidiariedade, o valor é o do pedido principal.[377]

Importante é acrescentar que o valor da causa é utilizado para fins de fixar os honorários advocatícios nas causas que versam sobre alimentos e que pode ser impugnado em feito apartado, autuado em apenso, tendo sobre esta cinco dias o autor para se manifestar. Tal impugnação não suspende o feito principal, uma vez que, mesmo alterado o valor da causa, não haverá alteração com relação à competência ou procedimento[378] adotado para o processamento daquele.

---

[376] A cumulação de vários pedidos num só processo, contra o mesmo réu, atende ao princípio da economia processual. Ela é admitida, mesmo que inexista conexão entre as postulações, contanto que sejam compatíveis entre si; que seja competente para delas conhecer o mesmo juízo; que seja adequado para todos os pedidos o tipo de procedimento. (MARMITT, 1999, p. 101)

[377] PASSOS, *apud* Ibidem, p. 102.

[378] Segundo Sérgio Gischkow Pereira, "esta última situação acontece em relação ao rito sumaríssimo do CPC, no caso do inciso I do artigo 275, o que provocou perplexidade diante dos exegetas, pelo menos inicialmente." (PEREIRA. Sérgio Gischkow. *Ação de Alimentos*. 3 ed. Porto Alegre: Fabris, 1983, p. 59)

6.9. Do processamento da ação de alimentos

Ajuizada a ação de alimentos, ou reduzido a termo o pedido inicial feito pela parte diretamente ao cartório judicial ou ao magistrado, instaura-se o procedimento com o objetivo de ver fixado o *quantum* a ser pago a título de verba alimentar. Se não juntados, no momento do pedido ou do ajuizamento da ação, os documentos comprovadores do vínculo de parentesco e os que dizem respeito à comprovação do binômio necessidade X possibilidade, devem ser carreados aos autos junto com o requerimento dos demais meios de provas a serem produzidos.

Por outro lado, cabe salientar que a Lei 5.478/68 estabelece rito especial para as ações de alimentos, objetivando o célere andamento do feito; no entanto, em não sendo acatado tal dispositivo pelo magistrado, a jurisprudência tem entendido como possível a ordinarização do rito, assim:

> ALIMENTOS. PRELIMINAR DE CERCEAMENTO. DEFESA – Embora o rito adotado não tenha sido o da Lei de Alimentos, a escolha do rito ordinário não acarreta nulidade do feito, se não comprovado o prejuízo. Tal irregularidade, se houvesse, deveria ser sido arguida em audiência – primeira oportunidade da parte para se manifestar. (Apelação Cível nº 596062521 – 7ª Câmara Cível – Tramandaí – Rel. Des. Paulo Heerdt – Julgada em 18-09-96 RJTJRS 180/ 392 e 393)

Então, tem início o processamento da ação de alimentos, instaurando-se o contraditório através da citação válida da parte requerida, assunto a ser discutido a seguir.

6.10. Despacho inicial e a citação do alimentante

Após recebido o pedido, segundo o artigo 4º da Lei de Alimentos, o juiz despacha fixando desde logo os alimentos provisórios a serem pagos pelo devedor. Determina a citação da outra parte que compõe a lide e normalmente também aprecia o pedido de justiça gratuita, deferindo-o ou não.

Após o despacho inaugural, segundo art. 5º, o escrivão remete ao réu a segunda via da petição inicial ou do termo, juntamente com cópia do despacho do juiz e a comunicação de dia e hora em que será realizada a audiência.

Quando se trata de citação que envolve a matéria alimentar, permite-se que a citação seja feita através de carta com aviso de recebimento, em função da celeridade que deve ser imprimida ao feito. Ocorre que a carta é enviada pelo correio e deve ser entregue pessoalmente ao Requerido, devendo este exarar sua assinatura, comprovando assim que a recebeu. Se a correspondência for recebida por outra pessoa, a citação não se efetiva, devendo ser repetida. Assim:

> Sem prova inequívoca de que o chamamento judicial chegou ao conhecimento do citando, a citação não se efetiva, e lide não se instaura. Não se trata, então, de citação nula, mas de citação inexistente. O ato citatório não chega a ingressar no mundo jurídico.[379]

Neste caso, se o processo tiver prosseguimento, sem que se renove a citação, todos os atos realizados a partir dela serão nulos. A citação efetuada deste modo, ou seja, por carta com aviso de recebimento, possui vantagem no que diz respeito a ser mais econômica, uma vez que não envolve os custos de deslocamento do oficial de justiça nem a possibilidade de demora no cumprimento do mandado, como se verifica atualmente.

Por outro lado, dependendo das circunstâncias, ela pode, ao contrário de seus objetivos, tornar o processamento do feito mais lento, no caso de a carta ser entregue a outra pessoa que não o citando, hipótese na qual ela deve ser refeita para ter eficácia, o que acarreta mais perda de tempo. Tal situação pode ser agravada ainda mais se, após a citação malfeita, for realizado algum ato que posteriormente, comprovada a nulidade, deve ser refeito.

Mesmo que a tendência seja ampliar a citação por via postal, tais entraves podem continuar a se repetir, uma vez que o funcionário das agências de correio e telégrafos não possui conhecimento suficiente para evitar que exare a assinatura pessoa estranha à lide.

No entanto, se não encontrado o citando, mesmo depois de esgotadas as possibilidades de localização do mesmo,[380] sendo enviada correspondência e determinada sua citação por oficial de justiça, esta pode ser realizada através de edital. Este é afixado na sede do juízo e publicado uma vez no órgão oficial e duas vezes em jornal local onde houver.

A citação deve ocorrer antes da data de audiência, uma vez que é através dela que a parte-ré toma ciência da existência do feito, da audiência aprazada, bem como da possibilidade de oferecer defesa. Quando se diz antes da audiência, o que se pretende afirmar é que se faz necessário que o alimentante receba a citação com prazo hábil, de, no mínimo dez dias, para que possa providenciar sua resposta. Não existe prazo mínimo estipulado entre a data da citação e a data da audiência, utilizando-se, neste caso, do bom-senso do magistrado. Neste sentido:

---

[379] MARMITT, 1999, p. 96-97.

[380] Dentre as formas de buscar a localização do citando encontra-se o requerimento ao juiz competente para que determine a expedição os ofícios às fornecedoras de energia elétrica, às companhias de água e esgoto, às empresas de telecomunicações para que, analisando seus cadastros, venham aos autos indicar o endereço atual onde pode ser o mesmo localizado, se lá encontrarem alguma informação.

Ao Juiz compete assinar o prazo ao alimentante para a sua resposta, tendo em vista as especialidades do litígio e as características da comarca e do juízo. Se deixar de determinar aludido prazo, através de despacho, ele se estenderá até a audiência, ou seja a resposta deve ser oferecida em audiência.[381]

Observe-se, aqui, que o doutrinador faz referência ao fato de que a maioria dos juízes, conforme já referido, ao receber as ações de alimentos, determina a citação da parte contrária para oferecer resposta e só posteriormente marca a data de audiência. Não havendo prazo fixado, este expira por ocasião da audiência. Faz referência de que deve usar o bom-senso atendendo às peculiaridades da comarca de origem para marcar a data da mesma, ou determinar o prazo para oferecer a defesa.[382]

Tal interregno, normalmente, tem sido de dez dias. "Este prazo para contestar, num momento de pouca inspiração deixado *ad libitum* do juiz, não pode ser inferior a um decêndio".[383]

Havendo problemas com a citação, seja quanto à dubiedade de datas para a audiência, seja com relação ao seu prazo de cumprimento (um dia antes da mesma, por exemplo), ocorre cerceamento de defesa, o que implica nulidade do processo.

Observa-se, aqui, situação diferenciada daquelas acontecidas no decorrer de procedimento ordinário, onde, se o réu comparece à audiência, supre a irregularidade ou a falta de citação, justamente, por se tratar de rito especial onde a defesa do mesmo se desenvolve naquele ato.[384]

6.11. Dos alimentos provisórios e provisionais

Os alimentos provisionais nada mais são do que aqueles deferidos no sentido de regulamentar uma situação processual já posta, pretendendo garantir a manutenção do Autor ou mesmo sua possibilidade de levar o processo adiante, determinando momentaneamente sejam tais prerrogativas mantidas através de prestação alimentar pelo Réu.

---

[381] MARMITT, 1999, p. 98.

[382] Cahali refere que o bom-senso utilizado pelo magistrado diz respeito "aquela norma genérica que confere ao juiz o poder de aumentar os prazos da lei 'os dias necessários para a defesa', conforme peculiaridades à comarca do domicílio ou de residência do citando (art. 182 do CPC atual)". (CAHALI, 1998, p. 830)

[383] MARMITT, op. cit., p. 98-99.

[384] Segundo Cahali (CAHALI, 1998, p. 617), fica "violado o artigo 5º, § 1º da Lei 5.478/68, sendo inaproveitável na espécie o artigo 214, § 1º do CPC, por não atender ao disposto no artigo 36 do CPC".

Com relação especificamente aos alimentos provisionais, sua regulamentação encontra-se inserida no artigo 852 do CPC, sendo que sua prestação diz respeito ao sustento, habitação, vestuário, bem como ao custeio das despesas para processar a demanda.

Para Marmitt,[385] a decisão de fixar tais alimentos depende do "implemento de dois requisitos: a) aparência do bom direito e da justiça na causa principal; b) o fator necessidade, a falta de condições para se alimentar e custear as despesas do processo."

Assim, evidencia-se o dever do autor de demonstrar sua necessidade em receber liminarmente a verba alimentar e a possibilidade do réu de adimpli-la. Além de demonstrar o equilíbrio do binômio necessidade x possibilidade, o autor também deve demonstrar a existência de vínculo de parentesco, o *fumus boni juris e o periculum in mora*. A fixação de alimentos provisionais tem como objetivo evitar que o direito do autor pereça até o deslinde final da ação, garantindo-lhe meios de sobrevivência e resguardando-o de maiores prejuízos.

Já os alimentos provisórios encontram-se disciplinados pelo artigo 4º da Lei 5.478/68, quando afirma que, ao despachar a demanda, o juiz os fixa, a menos que o credor expressamente declarar que deles não necessita.[386] Cahali[387] afirma:

> Na ação especial de alimentos, o *fumus boni juris* é condição da própria ação, representado pela prova pré-constituída da relação de parentesco ou conjugal; e o *periculum in mora* é presumido, quando não dispensados os alimentos expressamente pelo credor.

A mesma regra dos alimentos provisionais serve para os provisórios com relação ao magistrado no momento de fixação do *quantum* a ser suportado pelo Réu, observando também a possibilidade deste e a necessidade daquele.

Na verdade, pela inteligência do artigo 4º da Lei 5.478/68, quando recebe o pedido, o juiz fixa desde já os alimentos provisórios, exceto nos casos onde o juiz não vislumbrar comprovação do vínculo de parentesco, da necessidade do autor ou quando este declarar que deles não precisa.

Entretanto, existem algumas confusões quando da conceituação e da utilização de ambas as terminologias e seus significados, pois para alguns

---

[385] MARMITT, 1999, p. 31.

[386] Aqui, devido à ambigüidade do texto, discute-se se o deferimento de alimentos provisórios deve acontecer somente quando o Autor requerer os mesmos ou se estes podem ser fixados pelo magistrado mesmo que não haja requerimento expresso. Este é o posicionamento da jurisprudência majoritária: "a Lei de Alimentos (art. 4º) propicia o arbitramento imediato dos provisórios para atender situação de necessidade premente do alimentando" TJSP, 8ª CC, AI 124.894-1,01.11.89.

[387] CAHALI, 1998, p. 890.

doutrinadores, existem diferenças apenas de nomenclatura, sendo que ambos os institutos resultam na mesma coisa. Neste sentido, Pereira[388] afirma:

> Se o procedimento seguido for o da Lei 5.478/68, a hipótese é de alimentos ditos provisórios, conforme o artigo 4º daquele diploma legal. Se for o ordinário, é a de alimentos provisionais, como ação cautelar típica, preceituada nos artigos 852 a 854 do CPC. A diferença entre as duas espécies são apenas terminológicas e procedimental; em essência, em substância, são idênticas, significando o mesmo instituto, a saber, a prestação destinada a assegurar ao litigante necessitado os meios de se manter na pendência da lide.

Observe-se que outras diferenças podem ser evidenciadas entre os dois institutos, tais como o fato de que os alimentos provisórios são pedidos durante o decorrer do feito, enquanto os provisionais podem ser postulados antes do ajuizamento daquele. Ainda, da decisão que fixa os alimentos provisionais cabe recurso de apelação, enquanto daquela que fixa os provisórios cabe agravo de instrumento.

Iara de Toledo Fernandes, citada por Cahali,[389] conceitua alimentos provisórios e provisionais ao mesmo tempo que os diferencia:

> A distinção entre alimentos provisionais e provisórios ganha foro de cientificidade, não de mera elocubração acadêmica terminológica quando ligada ao nível estrutural. Assim, alimentos provisionais são imanentes à tutela cautelar e afinados ao quadrame doutrinário-legal de tutela de segurança...Os alimentos provisórios prendem-se a uma tutela plena, definitiva, seja através do rito sumário, específico da Lei 5.478/68, seja nas ações de rito comum ordinário onde não há cumulação de ações... Os pontos de contato fixa-se quanto a função: há um sentido (essência) de provisão tanto nos provisionais quanto nos provisórios. Dessa nota comum ressoam os critérios da possibilidade de prestá-los e da necessidade de suplicá-los, o dogma da irrepetibilidade, etc.

Independentemente de serem alimentos provisórios ou provisionais, a data de início de sua prestação também é assunto polêmico reiteradamente discutido. Para alguns doutrinadores, como Theodoro Júnior,[390] ambos são devidos desde a data da citação, conforme artigo 13, § 2º, da Lei 5.478/68.[391] No entanto, a grande maioria dos estudiosos defende que

---

[388] PEREIRA, 1983, p. 49.
[389] CAHALI, 1998, p. 887.
[390] THEODORO JÚNIOR, Humberto. *Processo de execução*. 3 ed. São Paulo: LEUD, 1976.
[391] Assim também prega a jurisprudência: ALIMENTOS PROVISÓRIOS. DATA DE INÍCIO DE VIGÊNCIA. REDUÇÃO PELO SEGUNDO GRAU. RETROAÇÃO À DATA DA CITAÇÃO. ABRANGÊNCIA DOS NÃO-PERCEBIDOS. Os alimentos fixados provisoriamente vigem da data da citação do alimentante ou da intimação, se não ocorreu citação. Modificando-os o segundo grau, o valor passa a vigorar a partir da citação (art. 13, § 2º da Lei de Alimentos), abrangendo apenas aqueles ainda não-percebidos, em face da irrepetibilidade de obrigação alimentar. Agravo provido. (Agravo de Instrumento nº 595066606, 7ª Câmara Cível do TJRS, Porto Alegre, Rel. Des. Paulo Heerdt. Agravante: F. C. L. C. F. Agravados: D. L. C. C. e T. L. C. C., menores, representados por sua mãe, L. M. L. C. C. j. 09.08.95, un.).

são devidos desde o despacho que os fixou, como é o caso de Marmitt[392] e Pereira,[393] sendo que este último reformulou seu posicionamento que anteriormente seguia aquela primeira corrente.

O entendimento que defende este último posicionamento opta "por beneficiar o alimentando necessitado, alcançando-lhe alimentos com mais presteza, tão-logo seja intentado o pedido".[394] Assim, em sendo determinante a data a partir da qual devem ser pagos os alimentos provisória ou provisionalmente fixados, parece-nos mais acertado que retroajam à data do despacho que os fixou, pois trata-se de garantir a sobrevivência de seres humanos que dependem da tutela jurisdicional do Estado para ver fixado o *quantum* da verba alimentar a que têm direito.

Convém, aqui, citar Cahali[395] quando este refere que aquele posicionamento deve ser tomado com certas precauções, pois:

> o entendimento jurisprudencial que faz retroagir o termo inicial dos alimentos provisórios ou provisionais *à data do arbitramento* deve ser mantido com certa cautela reservando-se exclusivamente para aqueles casos em que o reclamante tenha o cuidado eficientemente da imediata citação do réu, frustada esta em razão de expedientes procrastinatórios do devedor.

Por outro lado, quando a fixação ocorre observando-se a proporção possibilidade *x* necessidade,[396] e posteriormente advindo sentença definitiva alterando aqueles alimentos determinados anteriormente devem ser pagos ou executados, em caso de inadimplemento, pelo valor fixado na sentença definitiva.

6.12. Da resposta do alimentante

Recebida a citação, sendo esta válida, de acordo com o artigo 5º, § 1º, da Lei 5.478/68, deve o alimentante oferecer resposta[397] em audiência já

---

[392] MARMITT, 1999.
[393] PEREIRA., 1983.
[394] MARMITT, op. cit., p. 37.
[395] CAHALI, 1998, p. 901.
[396] Uma vez que o magistrado tome conhecimento de que a situação relatada pelo autor na inicial e que deu origem à fixação da verba alterou-se ou não existe conforme aquele relato, poderá, a qualquer momento, reduzir ou majorar o *quantum* fixado, enquanto alimentos provisórios ou provisionais e antes da sentença que os tornem definitivos. Posteriormente, a única hipótese de alteração é o ajuizamento de ação competente para tanto.
[397] Aqui, a expressão "resposta" para nomear a defesa oferecida pelo alimentante até a audiência de conciliação e julgamento, uma vez que a lei utiliza-se deste termo, e não contestação ou defesa, segundo artigo 9º da Lei 5.478/68: "Aberta a audiência, lida a petição, ou o termo, e a resposta, se houver, ou dispensada a leitura, o juiz ouvirá as partes litigantes e o Ministério Público, propondo conciliação."

aprazada para tanto. Conforme o já referido no item anterior, o prazo entre o recebimento da citação e o oferecimento de resposta por parte do alimentante deve ser de 10 dias, sendo que nenhuma disposição legal especifica o mesmo.

A contagem deste prazo para oferecer resposta ocorre:

a) na citação postal, do dia da juntada aos autos do AR atendido na forma da lei;
b) na citação através de oficial de justiça, pessoalmente ou com hora certa, da data da juntada aos autos do mandado devidamente cumprido;
c) na citação por carta precatória ou rogatória, da data de sua juntada aos autos, depois de regularmente operada a diligência;
d) na citação por edital, após transcorrida a dilação assinada apelo magistrado.[398]

No entanto, não comparecendo à audiência, apesar de devidamente citado, a pena de revelia se impõe, bem como a confissão quanto à matéria de fato, de acordo com o artigo 7º da Lei n. 5.478/68. Mas a determinação de revelia e a aplicação de seus efeitos devem ser analisadas com vagar, uma vez que nem sempre estes fatos representam a total procedência da ação.

Tal afirmativa pode ser feita levando-se em consideração que a demanda alimentar é ação de estado da pessoa e, como tal, fundada no estado de família, sendo que a confissão ficta, segundo a melhor doutrina, "não cobre a matéria de direito substantivo. Assim, por exemplo, quem não é obrigado a alimentar por não ser parente, não poderá ser declarado responsável, simplesmente porque não compareceu".[399]

Corroborando tal assertiva, Bittencourt[400] ressalta que a revelia nem sempre conduz à condenação, pois esta decorre do direito do autor devidamente reconhecido através das provas carreadas ao processo juntamente com o fato de que, não comparecendo o réu à audiência, reputam-se como verdadeiros os fatos descritos na peça exordial. Mesmo diante de tais fatos, o juiz não se vê obrigado a acolher obrigatoriamente o pedido exarado, principalmente no concernente ao *quantum.*

Ainda, a ausência das partes por ocasião da audiência pode ocorrer por motivos alheios à sua vontade, justos e de força maior, como uma enfermidade grave ou um acidente de trânsito no trajeto utilizado para comparecer ao átrio do fórum. Diante de tais fatos, pode o magistrado deixar de decretar a revelia e aplicar os seus efeitos desde que o pedido

---

[398] MARMITT, 1999, p. 100.
[399] PRUNES, Lourenço Mário. *Ações de Alimentos.* São Paulo: Sugestões Literárias S/A, 1978, p. 184.
[400] BITTENCOURT, 1979.

da parte venha devidamente instruído com documentos que corroborem suas afirmações.

Vencidas tais dificuldades e ofertada resposta por parte do alimentante, esta pode produzir a oposição ao pedido, sendo total, se comprovar que não possui obrigação alimentar, ou parcial, quando demonstra a impossibilidade do pedido em sua íntegra, principalmente, com relação ao *quantum* requerido em termos de verba alimentar.

Para Marmitt,[401] a defesa pode sustentar que:

a) que se encontra sem condições de fornecer alimentos, e que o postulante deles não necessita;
b) que o pedido é escorchante, fora da realidade, devendo ser reduzido ao patamar correto;
c) que a requerente não faz jus ao pedido, por ter-se unido a outro homem através de casamento ou união estável, ou que recebeu fortuna em herança ou loteria;
d) que o alimentário atingiu maioridade ou emancipação, tendo recusado emprego que lhe foi oferecido.

Assim, deduzida a resposta do alimentante, os fatos por ele alegados devem ser provados, diante do fato de que o que não está nos autos não existe. A forma de carrear tais provas se verificará adiante.

6.13 Da prova

Além da prova do vínculo de parentesco, e, conseqüentemente, da obrigação alimentar, o Autor deve observar sempre ao ajuizar a ação que possui o ônus probatório da necessidade, sendo este de obrigação daquele, o que pode ser feito segundo o já exposto.

Por outro lado, cabe ao réu fazer prova de sua impossibilidade de pagar a verba alimentar ou o montante pleiteado, anexando, para isso, provas documentais suficientes que comprovem tal fato. Além de documentos, também pode fazer prova através de perícias[402] e pela oitiva de testemunhas.

Outro meio de prova é o depoimento pessoal das partes, sendo que para Cahali,[403] estes não são imprescindíveis, por força do artigo 9º, § 2º,

---

[401] MARMITT, 1999, p. 106.

[402] Quando o réu precisar comprovar, por exemplo, que, apesar de titular ou sócio de empresa, não possui condições de pagar o que lhe é requerido, uma vez que se encontra à beira da falência, utilizando-se de perícia em sua escrita contábil para tanto, o que também pode ser requerido pelo autor, conforme o já citado anteriormente.

[403] CAHALI, 1998, p. 628-629.

da Lei nº 5.479/68, visto que a segunda parte daquele dispositivo legal possibilita ao juiz poder "julgar o feito sem a mencionada produção de provas (especificada na primeira parte), se as partes concordarem".

Quando se tratar de autor absolutamente incapaz, como é o caso dos menores de 16 anos ou dos interditos, estes são representados por seus genitores no ajuizamento do pedido. Assim, em caso de tomada de depoimento pessoal, será ouvido o representante legal do mesmo em juízo.

As testemunhas são ouvidas normalmente em número não superior a três para cada parte, coletando-se seus depoimentos em audiência de conciliação e julgamento, se inexitosa a primeira possibilidade, e no decorrer da segunda. Por outro lado, se residentes em outra comarca, são ouvidas através de carta precatória expedida, que posteriormente é juntada aos autos do feito.

Quanto aos demais meios de prova, podem ser, conforme já referido, documental ou pericial, sendo reservado ao Réu da ação as mesmas prerrogativas que o Autor possui, evitando-se, assim, desequilíbrio na relação judicial, bem como na tentativa de compor o conflito, sendo exarada sentença justa, após acolher e observar todos os meios probatórios.

6.14. Da audiência de conciliação e julgamento

A partir do artigo 6º até o artigo 11 da Lei nº 5.478/68, encontra-se disciplinada a audiência de conciliação e julgamento em processos que dizem respeito à verba alimentar. Este mesmo artigo diz que àquele ato devem estar presentes autor e réu. Se o primeiro não comparecer, é o feito arquivado por desinteresse da parte-autora, entendendo-se que não pretende mais permanecer litigando. Esta ausência não deve ser motivada por força maior.

Posteriormente, nada impede que o mesmo autor ingresse com nova ação em juízo pretendendo ver fixados alimentos, já que o feito anterior foi arquivado sem julgamento do mérito, mas por não-comparecimento injustificado em audiência, o que implica desistência presumida do pedido.

Se ausente o alimentante, parte requerida na audiência, aplica-se a pena de confesso, sendo este posteriormente intimado da sentença. Mas, se anteriormente à audiência, o Réu apresentou contestação, não se decreta sua revelia, sendo que apenas ocorre a dispensa das provas por ele requeridas.[404]

---

[404] Ibidem, 1998.

No entanto, a presença do advogado é discutida. Para uma corrente doutrinária, da qual é exemplo Cahali,[405] é imprescindível, uma vez que a única possibilidade de a parte demandar sozinha em juízo diz respeito ao pedido inicial que pode ser feito verbalmente ou por termo, sendo que posteriormente devem os demais atos ser assistidos por profissional habilitado. A exceção aqui se refere aos casos em que as partes transacionam, podendo ambas, ou apenas uma, realizar tal ato sem a assistência de um advogado.

No entanto, outra corrente entende que a audiência pode-se desenvolver sem a presença de profissional habilitado, podendo as partes sozinhas realizar todos os atos processuais, como perguntas às testemunhas e debates. Tal corrente vem representada por Pereira,[406] Carneiro,[407] Oliveira e Cruz.[408] Um dos argumentos que confortam tal posicionamento diz respeito ao fato de que o artigo 11 afirma que as alegações finais serão produzidas pelas partes, e não pelos advogados das partes, o que enseja a possibilidade de estas participarem da audiência desacompanhadas.

Acontece que a ausência de advogado à audiência de conciliação e julgamento não é prática comum junto ao Judiciário, a menos que durante a realização daquele ato as partes entabulem acordo que posteriormente é homologado. Tal posicionamento se explica quando se percebe que grande parte da população que comparece ao átrio do fórum para reclamar a tutela jurisdicional do Estado no sentido de fixar verba alimentar é carecedora de condições para efetuar a defesa de seus interesses sozinha. Nestes casos, torna-se imprescindível a presença de profissional do direito que possa questionar testemunhas, debater, interpor agravos retidos, dentre outros atos que são do conhecimento jurídico e que dificilmente podem ser desenvolvidos de maneira competente por outra pessoa.

A audiência de conciliação e julgamento nas ações baseadas na Lei 5.478/68 deve ser una e contínua, conforme artigo 10 daquela legislação. O objetivo daquele dispositivo é que o legislador realize com celeridade o ato para que possa sentenciar e fixar, assim, o valor dos alimentos em favor do necessitado.

No entanto, nem sempre é possível acabar a instrução no mesmo dia em função da ausência de alguma testemunha ou de prova pericial a ser realizada para apurar os fatos. Nestes casos, a nova audiência será apra-

---

[405] CAHALI, 1998.
[406] PEREIRA, 1983.
[407] CARNEIRO, Nelson. *A nova ação de alimentos*. Rio de Janeiro: Freitas Bastos AS, 1969.
[408] CRUZ, 1961.

zada com o máximo de urgência para a próxima data disponível, com o intuito de evitar maiores prejuízos às partes.

Presente as partes, no momento em que é aberta a audiência o juiz propõe a conciliação, segundo estipula o artigo 9º da lei em comento. Em caso de não haver conciliação, o feito é instruído e posteriormente, depois de aduzidas as alegações finais, o juiz novamente renova a proposta conciliatória conforme artigo 11. Aqui encontra-se ponto controvertido daquele dispositivo, uma vez que a renovação da proposta de conciliação para uns é imperativa e para outros, torna-se faculdade do magistrado.

Tal controversão gerou três correntes doutrinárias. A primeira entende que, em sendo a conciliação benéfica para as partes, a proposição desta deve ser renovada com base, principalmente, na expressão utilizada pelo texto legal (o juiz renovará a proposta de conciliação). Defensor desta corrente, Oliveira e Cruz[409] diz que, se não procedido desta forma, poderá ser gerada uma nulidade processual por ato contrário à lei que assim o estabelece.

Já para uma segunda corrente, representada por Nogueira,[410] não existe finalidade na renovação da proposta de conciliação, uma vez que, na prática, se a mesma já foi rejeitada uma vez, não será aceita posteriormente. Parece-nos que tal corrente não possui suporte, pois pode a parte alterar seu posicionamento e aceitar a conciliação depois de coletados os depoimentos pessoais, ou produzida a prova testemunhal. Estando o feito favorável ao acolhimento dos argumentos da parte contrária, pode a primeira entender ser-lhe mais favorável, agora sim, a conciliação.

Finalmente, existe uma terceira corrente, intermediária, que compreende a existência ou não de nulidade sob a dependência de prejuízo que a parte poderá sofrer em não sendo renovada a proposta conciliatória. Tal corrente tem como adepto Bittencourt,[411] que completa referindo que "a nulidade apenas pela omissão da formalidade é inaceitável".

Assim, parece-nos de bom alvitre a renovação da tentativa de conciliação, após a instrução do feito e coleta de debates, por parte do magistrado, explicando suas vantagens para as partes, que poderão, ainda, aceitá-la ou não. Em caso de composição da lide através de acordo, Pereira[412] ressalta alguns pontos que devem ser observados:

---

[409] Ibidem, 1961.
[410] NOGUEIRA, Paulo Lúcio. *Lei de Alimentos Comentada.* 5 ed. São Paulo: Saraiva, 1995.
[411] BITTENCOURT, 1979.
[412] PEREIRA. 1983, p. 65.

a) especificar qual a parte dos filhos e qual a da mulher, ou, em forma genérica, qual a parcela correspondente a cada um dos alimentandos; b) fazer constar a modalidade de reajuste anual dos alimentos, se não fixados em maneira pela qual a majoração decorra automaticamente (como é o caso do emprego do salário mínimo, valor de referência, ORTN, UPC, INPC, etc). c) estipular o local e data dos pagamentos; d) não esquecer as dificuldades quase invencíveis que podem advir da colocação de alimentos em percentual de ganhos de autônomo, o que às vezes, inadvertidamente sucede; e) discriminar se a incidência do percentual ou cota-parte, correspondente aos alimentos, recai sobre a parte bruta ou líquida do que aufere o alimentante; f) cautelas ao utilizar os vocábulos vencimento, estipêndio, remuneração, salário, soldo, face à diversidade conceitual de cada espécie, com o que a terminologia talvez venha a não se harmonizar com a intenção dos acordantes.

Entabulado o acordo, observadas as sugestões expostas, faz-se constar em ata o mesmo e posteriormente, após intervenção do Ministério Público, é homologado judicialmente.

6.15. Da sentença

Cahali,[413] ao discorrer sobre a sentença de alimentos, cita Chiovenda, referindo que este salienta ser aquela uma sentença dispositiva, uma categoria especial de sentenças constitutivas:

> Kirsch distingue esta categoria de sentenças que não se limitam a declarar o dever de uma prestação já existente, nem tampouco constituem uma nova relação jurídica; constituem somente ou modificam o conteúdo ou um elemento de uma relação já existente; daí denominarem-se *determinativas* (ou segundo Otto Mayer, *dispostivas*).

Na verdade, o que se pretende demonstrar é que diante de tal citação percebe-se que as decisões sobre alimentos são remetidas pela lei ao poder discricionário do juiz, que teria sua atividade assemelhada ao de um arbitrador.[414] Assim, a obrigação alimentar existe decorrente, por exemplo, do poder familiar,[415] de modo que a sentença apenas vem fixar o valor a ser pago a título de alimentos.

Por isso é que se pode diferenciar a sentença que versa sobre alimentos, chamada *dispositiva*, das demais sentenças *constitutivas*, pois a primeira pode ser revista a qualquer tempo, seja através de acordo entre as

---

[413] CAHALI, 1998, p. 849.

[414] Ibidem, 1998.

[415] O que neste caso deverá ser devidamente comprovado pela juntada dos documentos competentes como a certidão de nascimento do filho, autor da ação, que vem pleitear alimentos contra o pai. Assim, seu direito à verba alimentar vem comprovado, existe e é latente, cabendo apenas ao magistrado arbitrar o *quantum* a ser pago pelo pai, após analisado o binômio necessidade *x* possibilidade.

partes, seja por ação competente para tanto, enquanto a segunda produz coisa julgada de caráter absoluto.

No entanto, adotou posicionamento diferente a 3ª CC TJSP, referida por Cahali:[416]

> A sentença de alimentos, como a ação em que ela é proferida, se compõem virtualmente de três partes ou elementos. É sentença declaratória, constitutiva e condenatória. *Declara* o fundamento da pretensão da obrigação, isto é, a relação jurídica que pretende o alimentante ao alimentando; *constitui* a pensão e o seu quantum; e *condena* o alimentante a apagar a prestação assegurando ao alimentando a via executiva.

No entanto, a diferença de posicionamento também, no entender de Cahali,[417] não é contraditória entre si, independentemente da carga de eficácia que a sentença venha a possuir, mesmo que haja opção de preferência por uma ou outra. Na verdade, quando se afirma que a sentença de alimentos é constitutiva, já se está afirmando que possui conteúdo e eficácia declaratória intrínsecos, sendo, ainda, necessário fixar o valor que o alimentante vai ser condenado a desembolsar.

Intimamente ligada à discussão sobre a eficácia da sentença de alimentos, encontra-se a que diz respeito ao termo inicial do qual passa a ser devida a verba alimentar. Então, se não cabe ao magistrado determinar o dever alimentar, uma vez que já existe quando acionado o Judiciário, bastando apenas ser comprovado, deve observar o binômio necessidade *x* possibilidade que deve ser demonstrado no decorrer da ação, para que o *quantum* seja estabelecido de forma justa.

Em função disto, conforme o artigo 13 da Lei 5.478/68, os alimentos retroagem à data da citação. O que também vem confirmado pelos tribunais:

> Alimentos. Termo *a quo*. Os alimentos são devidos a contar da data da citação do devedor, e não da data de sua fixação. Improvada a data em que ocorreu o ato citatório, não há como impor-se o pagamento pretendido. Apelo improvido. (5fls) (apc nº 70000946236, sétima câmara cível, TJRS, relator: Desa. Maria Berenice Dias, julgado em 07/06/2000)[418]

---

[416] CAHALI, 1998, p. 850.

[417] CAHALI, 1998.

[418] Exemplo desta forma de decidir é o Agravo de Instrumento nº 595066606, 7ª Câmara Cível do TJRS, Porto Alegre, Rel. Des. Paulo Heerdt. Agravante: F. C. L. C. F. Agravados: D. L. C. C. e T. L. C. C., menores, representados por sua mãe, L. M. L. C. C. j. 09.08.95, un. Onde o Desembargador Paulo Heerdt em seu voto, salienta: A primeira questão diz com o termo inicial da vigência dos alimentos fixados provisoriamente. Sustenta o agravante, secundado em sua tese pelos representantes do Ministério Público em ambos os graus, que devem as prestações ser calculadas a partir de 18.08.93, data da intimação do devedor e porque assim decidiu esta Câmara no Agravo de Instrumento nº 593155377, quando também foram reduzidos os alimentos para 40% da remuneração do alimentante.

Por outro lado, também nas investigatórias de paternidade quando fixados alimentos, a maioria dos entendimentos é de que estes são devidos a partir da citação, conforme pode-se verificar na ementa:

> INVESTIGATÓRIA DE PATERNIDADE/ALIMENTOS. Conjunto probatório favorável à definição pela paternidade do investigado em relação à investigante. Alimentos devidos a partir da citação. Incidência do art. 13 da Lei nº 5.478/68. Vencido nesta parte o Relator, no entendimento de que os alimentos eram a partir da sentença. RJTJRS 187/332 à 337 Apelação Cível nº 597183466 – 7ª Câmara Cível – Três Passos.

6.16. Da coisa julgada nas ações de alimentos

O artigo 15 da Lei 5.478/68 refere que a sentença de alimentos não transita em julgado, podendo ser revista a qualquer tempo, diante de modificações nas condições financeiras dos interessados, ou seja, nas possibilidades do alimentante e nas necessidades do alimentando. Tal dispositivo legal é causador de polêmica, sendo considerado por alguns

---

Neste primeiro aspecto, assiste razão ao agravante.
Embora o acórdão não tenha-se manifestado a respeito, é certo que, nos moldes do disposto no art. 13, § 2º, da Lei nº 5.478/68, os alimentos retroagem à data da citação, e não à data da fixação.
No caso concreto, não foi o alimentante citado, mas compareceu espontaneamente aos autos em 18.08.93, suprindo a citação, de acordo com o disposto no art. 214, § 1º, do CPC. Logo, a partir desta data são devidos os alimentos. O segundo aspecto diz com os valores devidos, porque o juízo de primeiro grau os fixara em 8 salários mínimos mensais, e esta Câmara os reduziu para 40% dos rendimentos percebidos pelo agravante.
No particular, também assiste razão ao agravante, pois incide a mesma regra do art. 13 da Lei de Alimentos.
Leciona Yussef Said Cahali que: "Se alterados os alimentos provisórios em pedido de redução, eles substituem os anteriormente fixados, abrangendo ainda os que não foram percebidos" ("Dos Alimentos", 1ª ed., p. 562). Invoca a respeito decisão da 5ª Câmara Cível do TJRJ, publicado em "RT", 542/228.
Assim, somente aqueles alimentos ainda não pagos não são atingidos pela modificação do valor, mercê do princípio da irrepetibilidade dos alimentos.
A mesma regra se aplica à hipótese em que a redução foi decidida em grau de recurso.
Nem se poderia pensar de modo diverso, pois não poderia haver dúvida quanto à retroatividade na hipótese de que viessem a ser majorados, caso em que a fixação retroage à data da citação. Assim, até por questão de isonomia, deve a redução retroagir.
É ainda Cahali, enfrentando a questão que modifica os alimentos fixados provisoriamente, quem ensina: "Como os alimentos provisórios podem ser revistos a qualquer tempo e, como, em qualquer caso, os alimentos fixados retroagem à data da citação (art. 13, §§ 1º e 2º, da Lei nº 5.478/68), também a sentença opera a substituição *ex tunc* dos alimentos provisionais pelos definitivos, ressalvada apenas a irrepetibilidade daquilo que já tiver sido pago pelo devedor..." (ob. cit., p. 563).
Por tais razões, dou provimento ao agravo no sentido de que seja refeito o cálculo, contando-se os alimentos a partir de 18.08.93, no valor fixado por esta Câmara, isto é, de 40% dos rendimentos líquidos do alimentante, respeitado o mínimo de três salários mínimos.

doutrinadores como um equívoco, conforme Adroaldo Furtado Fabrício[419] refere:

> Pensamos que, realmente, a sentença de alimentos (que os concede, denega, modifica ou extingue) faz, sim, coisa julgada, e não somente no impróprio sentido do trânsito formal em julgado, mas também no verdadeiro caso julgado, em sentido material.

Então, várias são as críticas apontadas quanto ao dispositivo em debate, sendo a principal a que diz respeito ao fato de que, sem o trânsito em julgado, a sentença não poderia ser executada, pelo menos não em caráter definitivo, tornando inócua a decisão e o próprio exercício da jurisdição.[420]

A partir deste posicionamento, o autor discute a coisa julgada material e a coisa julgada formal nas ações de alimentos, passando, antes, pela conceituação de coisa julgada e afirmando que esta se faz necessária diante do fato de que "a própria realidade jurisdicional não poderia realizar seus precípuos objetivos se não chegasse um momento para além do qual o litígio não pudesse prosseguir".[421] Então, a coisa julgada seria o momento de preclusão de um processo, ou seja, da atividade jurisdicional sobre o mesmo.

Por outro lado, Assis[422] aponta a única possibilidade de impedimento encontrável na coisa julgada como sendo aquela que

> supõe a identidade total das ações (art. 301§§ 2º e 3º). Portanto, alterada a causa de pedir da primeira demanda, em razão da superveniente opulência do alimentário, ou indigência do alimentante, como dizia Manuel de Almeida e Souza, se descaracteriza o óbice. Além disso, a modificabilidade dos efeitos não atinge a coisa julgada (*retro nº 2*): jamais ocorrerá, ainda que extinta a obrigação alimentar, anteriormente reconhecida através de uma ação exoneratória, o desfazimento da imutabilidade do direito declarado, quer dizer, a negação ulterior de que ao alimentário, na demanda precedente, assistia direito à pensão.

Por conseguinte, para Assis tudo isso fez com que houvesse o reconhecimento da coisa julgada material nas ações de alimentos, expurgando-se a definição trazida pelo artigo 15 da Lei 5.478/68, uma vez que "de nenhuma particularidade especial se reveste a sentença alimentária quanto à coisa julgada". Este posicionamento é comungado por Adroaldo Furtado

---

[419] FABRÍCIO, Adroaldo Furtado. A coisa julgada nas ações de alimentos. *Revista Ajuris*. Vol. 52, jul/1991, p. 6.
[420] Ibidem.
[421] Ibidem.
[422] ASSIS, Araken de. Breve contribuição ao estudo da coisa julgada nas ações de alimentos. *Revista da Ajuris*. Vol. 46, julho /1989.

Fabrício,[423] quando também afirma: "... a sentença de alimentos em nada se singulariza na comparação com quaisquer outras e na perspectiva da coisa julgada material, sendo perfeitamente dispensável qualquer posição legal específica sobre o tema."

Nesta mesma seara, nas considerações finais de brilhante artigo sobre o tema, Adroaldo Furtado Fabrício[424] refere que:

> As sentenças proferidas em ações de alimentos, como quaisquer outras, referentes ou não a relações jurídicas "continuativas", transitam em julgado e fazem coisa julgada material, ainda que – igualmente como quaisquer outras – possam ter sua eficácia limitada no tempo, quando fatos supervenientes alterem os dados da equação jurídica nelas traduzida. O disposto no artigo 15 da Lei 5.478/68, portanto, não pode ser tomado na sua literalidade. O dizer-se aí que a sentença não faz coisa julgada é, tão-somente, um esforço atécnico e mal-inspirado do legislador para pôr em destaque a admissiblidade de outras demandas entre as mesmas partes e pertinentes à mesma obrigação alimentar.

Conseqüentemente, sendo os alimentos estabelecidos em conformidade com as possibilidades de quem os paga e as necessidades de quem os recebe, segundo artigo 1.694, § 1º, do CCB, sendo prestados com periodicidade, e não de forma única e estanque, podem e devem ser revistos sempre que as partes vislumbrarem alteração ou desequilíbrio. Torna-se possível, então, a revisão para fins de majorar, minorar ou exonerar o encargo, tratando-se, pois, de reajuste à realidade posta, e não de modificação do dever alimentar já existente.

Segundo Fabrício,[425] "todas as sentenças contêm implícita a cláusula *robas sic stantibas* pelas razões que vem expostas, pela superveniência de fatos novos e até mesmo por simples aplicação dos critérios de identificação das demandas." E o autor continua transcorrendo sobre o assunto quando enfatiza que toda a problemática sobre a coisa julgada nas ações de alimentos não tem levado em consideração a "tríplice identidade", pela qual uma demanda só é a mesma se coincidirem três elementos: "pessoas, pedido e causa de pedir." Variando estes, a ação é outra.

Busca-se, pois, não a revisão da obrigação, mas a revisão do *quantum* em que ela ficou fixada, justamente porque a verba alimentar fixada em favor do alimentando representa, ou deveria representar, o necessário para sua manutenção, tudo dentro das reais possibilidades do alimentante. Por isso, a verba alimentar é uma dívida de valor, sendo que sua estipulação traz em seu bojo a cláusula *rebus sic stantibus*,[426] pois "o respectivo

---
[423] FABRÍCIO, 1991.
[424] Ibidem p. 29.
[425] Ibidem.

quantum tem como pressuposto a permanência das condições de possibilidade e necessidade que o determinaram; daí sua mutabilidade, em função do caráter continuativo ou periódico da obrigação".[427]

6.17. Dos recursos nas ações de alimentos

Após a sentença que determina o pagamento de alimentos, bem como fixa o seu *quantum*, e antes do trânsito em julgado da mesma, cabe recurso de apelação conforme artigos 513 e seguintes do CPC. Já o artigo 520 do mesmo diploma legal refere ser a apelação recebida apenas em seu feito devolutivo quando se tratar de alimentos. No entanto, com relação à sentença que julga improcedente a demanda e que não condena à prestação de alimentos, por entendimento jurisprudencial, o recurso é recebido em ambos os efeitos (devolutivo e suspensivo).

Também cabe recurso de apelação quando se tratar de sentença que extingue o feito com ou sem julgamento do mérito, conforme artigos 513, 267 e 269 todos do CPC.

Por outro lado, em se tratando de alimentos fixados por força de acordo entre as partes, homologado judicialmente, também é recorrível a decisão, uma vez que, embora o acordo retrate a vontade dos acordantes, nada impede que um deles recorra da decisão que o homologa e extingue o feito, não sendo motivo suficiente para o não-recebimento do recurso o fato de o acordo ter espelhado, anteriormente, a vontade de ambos.

O Ministério Público, cuja intervenção é imprescindível nas ações que versam sobre alimentos, pode recorrer da sentença que põe termo ao feito, independentemente de ser parte no processo ou não, como são exemplos aqueles casos onde apenas atuou como fiscal da lei.

6.18. Considerações finais

Concluindo, enfim, observa-se, que a verba alimentar é assunto por demais corriqueiro, cotidiano, mas ao mesmo tempo, sempre polêmico e cheio de controvérsões. Todas essas especificidades encontram-se intimamente ligadas ao fato de que existe para garantir o direito à vida e,

---

[426] Na tradução de Neves, tal expressão latina significa "estando assim as coisas (cláusula)" (NEVES, Iêdo Batista. *Vocabulário Jurídico de tecnologia jurídica e brocardos latinos*. 3 ed. [s.l.] Fase, 1990.
[427] CAHALI, 1998, p. 298.

principalmente, o direito a uma vida digna para aquele que não pode, sozinho, suprir suas carências fisiológicas. Infelizmente, não existe a possibilidade de alcançar, através da Lei de Alimentos e do rito especial por ela instituído, a supressão das carências afetivas de parte do alimentando que, muitas vezes, tem sua sobrevivência garantida pelo adimplemento da verba alimentar ao final da lide, mas que nunca teve e não passa a ter seus anseios emocionais atendidos depois do término do processo. Essas situações de ordem emocional não podem ser resolvidas através da tutela jurisdicional do Estado, que não pode impor a certas pessoas uma gama de sentimentos com relação a outras.

Mas, a tutela jurisidicional do Estado pode tornar menos árduas, isso sim, a busca e a tutela de direitos como os alimentos e o faz na observância da legislação atinente ao tema, respeitando-a e aplicando-a ao caso concreto. Infelizmente, não é que se vislumbra quando se fala da ação de alimentos que, através da ordinarização de seu rito, perde a celeridade do procedimento sumário e especial criado para si por se tratar de direito inerente ao ser humano.

Dessa forma, a ordinarização das ações que envolvem alimentos permite a demora no trâmite do feito e, conseqüentemente, oferece um julgamento lento, que muitas vezes vem de encontro aos interesses das partes, especialmente a parte-autora.

Mesmo que se diga, o que é absolutamente correto, que os prejuízos poderão ser amainados com a fixação de alimentos provisórios, é sabido que o despacho que os desfere muitas vezes os fixa em valores abaixo do pretendido e do necessário até o final da lide. E, mesmo que se lance mão do agravo de instrumento que seria a solução perfeita para o impasse, não se podem, muitas vezes, demonstrar, através dele, as reais condições financeiras do alimentante e as necessidades do alimentado. Tais provas muitas vezes somente poderão ser coletas durante a instrução, que, com a ordinarização do rito, poderá chegar tardiamente de modo a não mais reparar o mal feito.

Assim, é sobremaneira necessário que se obedeça ao rito processual disposto especificamente para o tipo de ação ora discutido, considerando-se, além da preocupação com o alimentante e sua defesa, as reais necessidades do alimentando, parte mais fraca e desprotegida da relação processual.

Conforme o rito especial da Lei de Alimentos, a instrução do feito e o julgamento do mesmo acontecem no mesmo ato, chamado de audiência de conciliação e julgamento, no qual as partes produzem as provas que entenderem necessárias, desde que permitidas em direito para demonstrar as possibilidades e/ou necessidades que envolve o litígio. Da mesma forma, segundo a lei processual civil, a demanda tramita no foro de domicílio do alimentante, por ser esse a parte necessitada.

Nada impede que as partes possam vir a acordar sobre o montante e a forma de pagamento dos alimentos através do acordo de alimentos juntado aos autos do processo (em caso de acordo após o ajuizamento da demanda) elaborado entre as partes, antes que a ação de alimentos ocorra e levado à homologação judicial ou então entabulado em audiência, quando proposta a conciliação.

Por outro lado, sabe-se que a sentença de alimentos pode ser revista a qualquer momento, mesmo depois de ter ocorrido o seu trânsito em julgado. Assim, se comprovada a dificuldade financeira do alimentante ou o aumento das necessidades do alimentando após o término da ação existe a possibilidade de revisão da mesma através de demanda própria.

Assim, existente legislação especial que trata sobre a fixação de verba alimentar, aliando o direito ao processo, nada mais justo que seja obedecida, e, principalmente, aplicada. Tal critério evitaria demora e desgaste entre as partes, resolvendo-se em um só ato a contenda: na audiência. Respeitar e utilizar a legislação específica, é, então, a melhor maneira de se fazer justiça e melhor, justiça célere.

6.19. Referências bibliográficas

ASSIS, Araken de. Breve contribuição ao estudo da coisa julgada nas ações de alimentos. *Revista da Ajuris*. Vol. 46, julho /1989.
BITTENCOURT, Edgar de Moura. *Alimentos*. 4 ed. São Paulo: LEUD, 1979.
CAHALI, Yussef Said. *Dos Alimentos*. 3 ed. São Paulo: RT 1998.
CARNEIRO, Nelson. *A nova ação de alimentos*. Rio de Janeiro: Freitas Bastos AS, 1969.
CRUZ, João Claudino de Oliveira e. *Dos alimentos no Direito de Família*. Rio de Janeiro/São Paulo: Forense, 1961.
FABRÍCIO, Adroaldo Furtado. A coisa julgada nas ações de alimentos. *Revista Ajuris*. Vol. 52, jul/1991.
MARMITT, Arnaldo. *Pensão alimentícia*. 2 ed. Rio de Janeiro: Aide Editora, 1999.
NEVES, Iêdo Batista. *Vocabulário Jurídico de tecnologia jurídica e brocardos latinos*. 3 ed. {s.l.} Fase, 1990.
NOGUEIRA, Paulo Lúcio. *Lei de Alimentos Comentada*. 5 ed. São Paulo: Saraiva, 1995.
PEREIRA. Sérgio Gischkow. *Ação de Alimentos*. 3 ed. Porto Alegre: Fabris, 1983.
PRUNES, Lourenço Mário. Ações de Alimentos. São Paulo: Sugestões Literárias S/A, 1978.
SPENGLER, Fabiana Marion. Gabinete de Assistência Judiciária Gratuita da UNISC como meio de Acesso à Justiça na Comarca de Santa Cruz do Sul. 1998, p. 44/45. Dissertação (Programa de Pós Graduação em Desenvolvimento Regional – Mestrado – Universidade de Santa Cruz do Sul)
THEODORO JÚNIOR,Humberto. *Processo de execução*. 3 ed. São Paulo: LEUD, 1976.

7. Coisa julgada e a decisão em ação de investigação de paternidade

7.1. Introdução

A evolução social e tecnológica sempre exigiu que as normas reguladoras da sociedade fossem a ela adequadas, que o ordenamento jurídico atendesse às necessidades do homem-cidadão. Para uma nação que se auto-determinou viver em um Estado Democrático de Direito, ter-se-ia como ideal que a legislação fosse sempre adequada na medida em que novos anseios surgissem, novas exigências de vida e de tutela.

O que se vê, historicamente, porém, é que a sociedade é atendida por adequações procedidas pelos operadores do Direito que se dedicam à busca das tutelas jurisdicionais diárias. São eles, os advogados que pretendem ver os novos direitos de seus clientes discutidos e atendidos (ou, ao menos, decididos); os representantes de um Ministério Público cada vez mais atuantes e cientes de seu compromisso social não voltado apenas ao atendimento dos direitos individuais do cidadão, mas coletivos e transindividuais); de magistrados, por fim, que, depositam olhos voltados ao futuro e não somente sobre letras por vezes inaplicáveis nos dias de hoje, que personificam o encargo de fazer com que cada um dos jurisdicionados possa sentir-se cidadão.

Nesse caminho de adequações, os estudiosos do Direito têm-se deparado com um efeito da evolução tecnológica não previsto pelo doutrinador tradicional. Trata-se da angustiante situação dos litigantes em ações de investigação de paternidade que se viram derrotados pela impossibilidade de produção de prova técnica. Por conseguinte, tiveram contra si transitada em julgado decisão desfavorável, seja ela de procedência ou improcedência. Afinal, tão angustiante a situação dos filhos que se vêem impedidos de usar o nome paterno, também é a situação de pais declarados como tal, muito embora eternizada a dúvida real quanto à paternidade. Afinal, em ambos os casos, a prova produzida foi meramente testemunhal.

A possibilidade cada vez mais real de proporcionar certeza, senão absoluta, mas maior do que aquela que noutros tempos se vivia, faz com que muitos doutrinadores e julgadores já tenham pensado sobre a possibilidade de ver quebrada a regra da coisa julgada. A discussão vem merecendo a atenção de abalizados doutrinadores e tem sido retratada em elogiáveis acórdãos jurisprudenciais. Todos buscam a adequação da justiça a uma necessidade social que decorre da evolução tecnológica. Aliás, evolução jurídica que já alterou o direito dos filhos, com o advento da Carta Constitucional de 1988, para possibilitar que buscassem o reconhecimento da paternidade mesmo enquanto houvesse impedimento por casamento do indigitado pai.

A construção jurídica a ser feita para garantir os direitos individuais deve permitir que se entenda viável e justa a quebra desse instituto milenar no Direito que é a coisa julgada. A lei quanto ao caso concreto, salutar princípio de garantia de preservação do direito ditado pelo julgador, não pode ser fragilizada de forma genérica, sob pena de causar a insegurança jurídica ao jurisdicionado. O Estado Democrático de Direito necessita que o Poder Judiciário tenha a confiança do cidadão e isto somente ocorrerá quando este mesmo cidadão confortar-se com decisões judiciais certas e definitivas. A insegurança jurídica acarretaria na falência do Estado-Juiz.

Está-se frente, hoje, de antinomia entre um dos fundamentos constitucionais firmados pelo legislador de 1988 – dignidade da pessoa humana (art. 1º, III) – e a garantia também Constitucional da coisa julgada (art. 5º, XXXVI). Pretende-se abordá-los individualmente, em busca da solução da antinomia, utilizando-se o princípio da proporcionalidade.

7.2. Coisa julgada como princípio processual e constitucional

Para que se venha a falar sobre coisa julgada, há de se entender, antes, que traz ela, de uma forma ou de outra, o resultado final do que pretendem os jurisdicionados ao buscarem a tutela estatal. Ora, como bem ilustra Humberto Theodoro Júnior,[428] a divergência entre Chiovenda e Carnelutti na identificação do fim do processo resulta em um resultado comum, "... pois para aqueles que vêem no processo a procura de realização do direito, essa procura só ocorre diante de 'situações litigiosas'; e

---

[428] A Coisa Julgada e a Rescindibilidade da Sentença, in *Revista Jurídica* p. 219, jan/1996.

para os que reduzem o processo a um sistema de composição do litígio, este mesmo sistema só atua mediante 'aplicação do direito' para solucionar a lide".

Solucionada a lide, o cidadão espera que a decisão proferida lhe dê a tranqüilidade da imutabilidade, a garantia de que a solução encontrada pelo julgador não seja alterada. Este conforto de muito vem constitucionalizado, como a Carta vigente, de forma clara nos dá:

> Art. 5º Todos são iguais perante a lei, sem distinção de qualquer natureza, garantindo-se aos brasileiros e aos estrangeiros residentes no País, a inviolabilidade do direito à vida, à liberdade, à igualdade, à segurança e à propriedade, nos termos seguintes:
> [...]
> XXXVI – a lei não prejudicará o direito adquirido, o ato jurídico perfeito e a coisa julgada; (grifo nosso)

Constitucionalizada a certeza jurídica de que o cidadão não está jogado à própria sorte de ver seus direitos já firmados por sentença, revistos a qualquer tempo e por qualquer motivo. A Carta Política de 1988 manteve a marmorificação[429] da certeza jurídica.

O conceito legal[430] de coisa julgada vem inserido no artigo 467 do Código de Processo Civil, ao passo que a doutrina discorre de diversas maneiras para chegar a uma conclusão quase unânime e simples. Pontes de Miranda,[431] com sua peculiar erudição, ensina:

> Quando da sentença não mais cabe recurso, há *res iudicata*. As questões, que havia, de fato e de direito, foram julgadas. Passa em julgado a decisão e não os fundamentos, e o que se julga de *quaestiones facti* apenas concerne a decisão.

Mais cautelosos, Luiz Guilherme Marinoni e Sérgio Cruz Arenhart[432] definem coisa julgada como "a imutabilidade decorrente da sentença de mérito, que impede sua discussão posterior".[433]

Araken de Assis[434] também contribui à busca de definições:

---

[429] Marmorificação porque petrificação luxuosa de um anseio que, mais do que certeza jurídica, traduz tranqüilidade social e pessoal às partes.

[430] Denomina-se de coisa julgada material a eficácia, que torna imutável e indiscutível a sentença, não mais sujeita a recurso ordinário e extraordinário.

[431] PONTES DE MIRANDA, Francisco Cavalcanti. *Comentários ao Código de Processo Civil*, Tomo V, 3ª edição, atualização de Sérgio Bermudes, Rio de Janeiro: Forense, 1997, p. 111.

[432] MARINONI, Luiz Guilherme e ARENHARDT, Sérgio Cruz. *Manual do Processo de Conhecimento*. São Paulo: Editora Revista dos Tribunais, 2001, p. 605.

[433] Mas adiante, em seu texto, os professores tratam das coisa julgada material e formal, isoladamente, e esta, com mais elasticidade.

[434] ASSIS, Arakem de. *Doutrina e Prática do Processo Civil Contemporâneo*. São Paulo: Editora Revista dos Tribunais, 2001, p. 243. Na obra o autor, dentre outros títulos, trata de "Breve Contribuição ao Estudo da Coisa Julgada nas Ações de Alimentos", tema que tem estreitas ligações com o que presentemente discorrido.

A coisa julgada restringe-se a uma eficácia, proveniente da inimpugnabilidade, que recobre a força ou o efeito declaratório da sentença, porquanto somente a declaração se revela, na prática, imutável e indiscutível.

Da coleção Estudos e Pareceres, coleta-se brilhante manifestação do professor Arruda Alvim,[435] que, com escopo no trabalho de Egas Monis de Aragão, de forma objetiva traz:

> A coisa julgada reveste-se com autoridade, dita a 'autoridade da coisa julgada' 'toda a sentença, meramente declaratória, ou não, (que) contém a norma jurídica concreta que deve disciplinar a situação submetida à congnição judicial', norma essa que 'o juiz formula' e que se converte em coisa julgada destinada a 'perdurar indefinidamente', enquanto referida àquela situação', 'levada ao conhecimento' do magistrado, isto é: enquanto referida à *rés in iudicium deducta*.

Esse importante trabalho do professor Arruda Alvim vai complementado com a informação que se justifica a permanência do que decidido no processo quando "não alterada a disciplina do direito subjetivo e, pois, do comando que emergiu da decisão de mérito aí proferida e transitada em julgado". Em outras palavras, em não havendo alteração no direito subjetivo, que venha a alterar de forma definitiva a decisão já prolatada, permanecerá imutável esta.

Teresa Arruda Alvim Wambier e José Miguel Garcia Medina[436] passam a idéia de coisa julgada como o "instituto cuja função é a de estender ou projetar os efeitos da sentença indefinidamente para o futuro." Prosseguem:

> Com isso, pretende-se zelar pela segurança extrínseca das relações jurídicas, de certo modo em complementação ao instituto da preclusão, cuja função primordial é garantir a segurança intrínseca do processo, pois que assegura a irreversibilidade das situações jurídicas cristalizadas endoprocessualmente. Esta segurança extrínseca das relações jurídicas gerada pela coisa jurídica material traduz-se na impossibilidade de que haja outra decisão sobre a mesma pretensão.

É de Luiz Guilherme Marinoni e de Sérgio Cruz Arenhart,[437] porém, talvez o que seja a melhor e mais abrangente conceituação de coisa julgada:

> A coisa julgada é fenômeno típico da atividade jurisdicional. Somente a função jurisdicional é que pode conduzir a uma declaração que se torne efetivamente imutável e indiscutível, sobrevivendo mesmo à sucessão de leis (art. 5º, XXXVI, CF). Através

---

[435] ALVIM, Arruda. *Direito Processual Civil*, V. 1, Coleção Estudos e Pareceres – II. São Paulo: Editora Revista dos Tribunais, 2001, p. 305/306.

[436] WAMBIER, Tereza Arruda Alvim, e MEDINA, José Miguel Garcia. *O Dogma da Coisa Julgada*, São Paulo: Editora Revista dos Tribunais, 2003, p. 21.

[437] MARINONI e ARENHARDT, 2001, p. 616. Prosseguem afirmando o dever do magistrado de impossibilitar a volta à discussão da matéria em outra demanda, conhecendo a matéria como prefacial ao mérito, até mesmo "ex oficcio" (aliás, neste sentido, art. 267, V, CPC).

do fenômeno da coisa julgada, torna-se indiscutível – seja no mesmo processo, seja em processos subseqüentes – a decisão proferida pelo órgão jurisdicional, que passa a ser, para a situação específica, a lei do caso concreto.

Em outras e simples palavras, tem-se coisa julgada como a imutabilidade do que já decidido. Entretanto, o tema historicamente suscita discussões. Muito embora garantia incontestada por quase a unanimidade dos cultores do Direito, deve-se que pensar esta imutabilidade frente a, exemplificativamente, outros dois institutos processuais: *a)* a ação rescisória e *b)* o vício insanável da nulidade citatória. Ambos mereceriam um texto exclusivo para tratar da contrariedade de interesses entre eles e a coisa julgada. Vale comentar, porém, algumas linha de cada um.

A ação rescisória, ação judicial nova que é, não incluída no capítulo dos recursos, no Código de Processo Civil, traz a primeira variante flexibilizadora do conceito de coisa julgada. Tecnicamente, tem-se a decisão já trânsita em julgado como pressuposto de admissibilidade da ação, na forma do art. 485, *caput* (do CPC). Enquanto assim não ocorrer, têm-se as possibilidades recursais tradicionais ao alcance do operador jurídico. Os incisos que lhe seguem, por sua vez, demonstram que o vício encontrado na decisão objeto da Ação Rescisória deverá ser de tamanho efeito a justificar a rescisão da decisão, muito embora já passada em julgado.

Objetiva-se, com a ação rescisória, não fragilizar o instituto constitucional em tela, mas garantir-lhe eficácia suprema. A tal ponto que, passados dois anos do trânsito em julgado, passará ela, decisão, mesmo que presentes alguns daqueles vícios, a ser imutável (art. 495 do CPC). Note-se que a interpretação dos pressupostos de admissibilidade deve ser restritiva, evitando-se ampliação para casos de aplicabilidade duvidosa.

Vertente um pouco diversa vem quando encontrado vício citatório. Este, fatal para a própria validade do processo, põe-lhe fim à vida, independentemente do prazo decorrido. Tem-se, inclusive, por desnecessária a utilização do instrumento da Ação Rescisória, mesmo que cabível pelo prazo, por se tratar de ato supremo. Na lição de Pontes de Miranda,[438] a citação angulariza a relação processual, sendo o "alicerce do processo e o protótipo do ato processual". Vale ainda lembrar a lição do Ministro Sálvio de Figueiredo Teixeira,[439] no sentido de ser ela "direito fundamental do ser humano, essencial ao devido processo legal".

---

[438] MIRANDA, Pontes de. *Comentários ao Código de Processo Civil*. Rio de Janeiro: Forense, t. III, 1996, p. 199.
[439] TEIXEIRA, Sálvio de Figueiredo. *Código de Processo Civil anotado*. São Paulo: Saraiva, 1992, p. 125.

Enfim, tem-se doutrinária e jurisprudencialmente discutido, inclusive, que a própria nomeação de curador especial, figura prevista no art. 9º do CPC, por vezes não garante a amplitude de defesa necessária para assegurar os direitos do cidadão que se vê processado judicialmente e citado por via editalícia.[440]

Ambas as situações não devem ser entendidas como contraste absoluto ao princípio constitucional da coisa julga, mas como elemento complementar de uma maior garantia de concretização da justiça. Afinal, de nada serviria também ter-se marmorificada a decisão que, posteriormente constatou-se injusta.

Doutrinariamente, ainda discute-se a cisão entre coisa julgada material[441] e formal.[442] Ambas têm momentos próprios de averiguação e efeitos, sendo que, para o presente trabalho, vai fixada a importância da definição específica quanto ao efeito da coisa julgada das decisões terminativas (sejam elas de procedência ou improcedência) ações de investigação de paternidade.[443] Ou seja, da coisa julgada material.

7.3. Ação de investigação de paternidade

A busca pela paternidade tem conotações jurídicas, psicológicas e sociais. Como ensina Maria Cláudia Crespo Brauner:[444]

> [...] toda a pessoa, menor ou maior, tem o direito de ter a sua filiação identificada e formalizada, considerando-se que o estabelecimento da filiação passa a ser uma necessidade, e a paternidade, um direito de cada criança, adolescente ou adulto.

---

[440] Neste sentido, vale a leitura de SPENGLER NETO, Theobaldo, *A citação editalícia nas ações sob a égide da gratuidade judiciária*, in Revista Síntese de Direito civil e Processual Civil, Porto Alegre: Síntese, 2003, v. 21, p.119/126.

[441] ARRUDA ALVIM (op. cit., p. 306) traz que a coisa julgada material traduz a impossibilidade de que a atividade jurisdicional volte a gerir a mesma pretensão, "..., pois se se decidiu uma vez, com autoridade de coisa julgada material, isso não poderá ser feito uma segunda vez".

[442] Esta diz respeito à decisão para o próprio processo, seja ela final ou não. Como ensinam MARINONI e ARENHART, (op. cit, p. 608) "opera-se em relação a qualquer sentença, a partir do momento em que precluir o direito do interessado em impugná-la internamente à relação processual". Ou seja, a conformidade com a decisão proferida, seja pela manifestação expressa com a sua concordância, seja pela falta de manifestação contrária, impugnação, interposição de alguma forma recursal cabível.

[443] Aliás, vale aqui referir a propriedade com que FABIANA MARION SPENGLER (*Alimentos – da ação à execução*. Porto Alegre: Livraria do Advogado, 2002, p.181/202) exercita a coisa julgada em seu trabalho, ao tratar dos efeitos da sentença em ações de alimentos, sua (i) mutabilidade e executibilidade.

[444] BRAUNER, Maria Cláudia Crespo. *Direito, sexualidade e reprodução humana*. Rio de Janeiro: Renovar, 2003, p. 198.

Essa última é, portanto, um direito personalíssimo, indisponível e imprescritível, como preceitua o artigo 27, do referido Estatuto da Criança e do Adolescente.

Entretanto, de muito trata-se o tema com as reservas típicas de um sistema jurídico que não tem sustentabilidade econômica própria e cuja efetivação dos direitos dos jurisdicionados depende do auxílio do Poder Executivo.

Não há que se discutir o interesse social do Estado de proporcionar que filhos tenham pais conhecidos e, em especial certos. Menos ainda deve ser discutido efeito positivo no crescimento e na formação dos homens de amanhã, quando lhes possibilitado informar que são seus pais (e aqui, a bem da verdade, pai e mãe).[445]

O direito à paternidade, ou, melhor dizendo, à busca do reconhecimento de uma paternidade certa e ajustada, existe e encontra-se tutelado. O direito à busca da tutela, entretanto, apresentava-se restritiva a teor da Lei nº 883, de 21 de outubro de 1949, a qual dispunha sobre o reconhecimento de filhos ilegítimos. Àquela época, em especial até o advento da Lei do Divórcio,[446] o ordenamento jurídico impedia a propositura de ação de investigação de paternidade contra quem tivesse impedimento para o casamento:

> Art. 1º Dissolvida a sociedade conjugal será permitido a qualquer dos cônjuges o reconhecimento do filho havido fora do matrimônio e, ao filho, a ação para que se lhe declare afiliação. (Lei 883/49 – grifo nosso)

A própria Lei 883/49, entretanto, garantia o direito ao filho ilegítimo (assim nominado até a promulgação da Carta Política de 1988 àquele nascido de relacionamento extraconjugal) de buscar verba alimentar:

> Art. 4º Para efeito da prestação de alimentos, o filho ilegítimo poderá acionar o pai em segredo de justiça, ressalvado ao interessado o direito à certidão de todos os termos do respectivo processo.

Note-se que hipocritamente o próprio texto, já em 1949, tratava as partes de "filho" e "pai", mas não lhes permitia a oficialização da situação fática. Assim, até cinco de outubro de 1988, todo o filho "ilegítimo", para utilizar o termo até então tecnicamente legal, deveria ajuizar ação de alimentos para, inicialmente, fazer a prova da paternidade, sem, entretanto, encontrar na sentença judicial a declaração de tal fato. A decisão seria

---

[445] Vale sugerir a leitura do texto "O princípio do melhor interesse da criança e do adolescente", de HELOISA HELENA BARBOZA, in Anais do II Congresso Brasileiro de Direito de Família – A Família na Travessia do Milênio, Coordenador Rodrigo da Cunha Pereira, Belo Horizonte: IBDFAM: Del Rey, 2000, p. 201/213.
[446] Lei 6.515, de 26 de dezembro de 1977, que acrescentou parágrafo único ao artigo 4º da Lei 883/49.

apenas condenatória em verba alimentar, muito embora devesse reconhecer o liame de causa e efeito (paternidade + necessidade = alimentos).

Com a chegada ao conteúdo jurídico brasileiro da Lei do Divórcio, foi inserido no artigo 4º da Lei 883/49 o parágrafo único, permitidor da regularização, após dissolvida a sociedade conjugal, sem a necessidade de ajuizamento de ação investigatória de paternidade. Entretanto fez-se ressalva, em nome do respeito ao princípio da ampla defesa, do direito dos interessados, e aqui leia-se em regra os pais, de impugnar a filiação.

A exceção trazida ao final do parágrafo passou, e ainda passa, por profundas discussões. Qual o procedimento a ser cumprido para possibilitar a amplitude de defesa, sem prejudicar um direito já reconhecido. E a dúvida permanece mesmo após a previsão Constitucional[447] de igualdade entre os filhos, independentemente da sua origem.

À primeira vista, bastaria a simples manifestação, nos autos da ação de alimentos, mesmo que já extinta, para que se buscasse o consentimento do pai.[448] Em sendo impugnada a pretensão ali aduzida, entretanto, restaria, tão-somente o caminho investigatório, o qual já viria acompanhado de ampla prova produzida na ação alimentar. Por evidente que se terá, neste caso, que respeitar, como antes referido, o amplo direito de defesa, agora em especial com a realização de exame pericial técnico, por meio de DNA. É um direito do pai.

Não há que se olvidar, porém, que esta impugnação poderá derivar de simples empecilho propositalmente imposto pelo pai. Ora, confirmada a paternidade, ter-se-ia que pensar na possibilidade de buscar, frente ao pai desidioso, eventual direito indenizatório a título de dano moral. Não em razão da ação anterior, mas da nova, quando desnecessária e abusivamente expôs o filho à nova e tortuosa demanda.[449]

---

[447] Art. 227. ...
§ 6º Os filhos, havidos ou não da relação do casamento, ou por adoção, terão os mesmos direitos e qualificações, proibidas quaisquer designações discriminatórias relativas à filiação.

[448] Por evidente que não se desconhece lição básica de processo civil de que processo extinto não pode ser "ressuscitado"; de que, com a sentença proferida, descabe ao magistrado voltar à jurisdição no feito, salvo em casos de anulação decretada por Tribunal. Entretanto, a manifestação levada ao processo já extinto terá o condão de atender o que preceitua o parágrafo único do artigo 4º da Lei 883/49, qual seja, buscar o reconhecimento sem a necessidade de ação investigatória. Trata-se de meio que atende ao princípio da economia processual, evitando desnecessário aforamento de ação. Não haverá nova sentença, mas mera determinação de expedição de mandado de cancelamento de registro de nascimento anterior e de novo registro, com a inclusão dos dados paternos.

[449] Aqui é importante a leitura de MADALENO, Rolf Hanssen. *O dano moral na investigação de paternidade*. Direito de Família, aspectos polêmicos. Porto Alegre: Livraria do Advogado, 1999. p. 137/154.

Há que se reconhecer, contudo, o avanço legislativo coroado com a Constituição da República de 1988. Restam adequações em casos ocorridos, os quais, com o passar dos anos, deixarão de existir.

O legislador, ainda, flexibilizou, por meio da Lei 8.560, de 29 de dezembro de 1992, a capacidade postulatória do Ministério Público para que viesse a atuar como autor em ações investigatórias de paternidade (art. 2°, §§ 4° e 5°), ao mesmo tempo em que, atendendo ao interesse social e às necessidades dos menores (autores), possibilitou que o juiz, de ofício, fixasse verba alimentar já na sentença de primeiro grau independentemente de postulação específica (art. 7°). Trata-se, como afirma Maria Cláudia Crespo Brauner,[450] de "modalidade criativa e eficiente para o acesso e formação do vínculo de filiação".

Mas recentemente, a Lei 10.317, de 6 de dezembro de 2001, veio acrescentar inciso VI ao artigo 3° da Lei 1.060, de 5 de fevereiro de 1950, a qual trata do benefício da gratuidade judiciária:

Art. 3º A assistência judiciária compreende as seguintes isenções:
[...]
VI – das despesas com a realização do exame de código genético – DNA que for requisitado pela autoridade judiciária nas ações de investigação de paternidade ou maternidade.

Tem-se, aqui, um grande marco a ser apontado como solução para os interesses dos pequenos (ou mesmo adultos) autores que procuram a tutela jurisdicional para que conheça o pai. A Lei agora existe, basta que, em comunhão de esforços, Poderes Executivo e Judiciário a façam cumprir.[451]

Exercite-se, então, que as demandas investigatórias de paternidade/maternidade, doravante, têm a solução principal do problema de prova resolvida. A prova está ao alcance de todos, ao menos na disposição legal.

Há que se considerar a existência de uma demanda passada (reprimida) cuja instrução probatória não mereceu o mesmo tratamento técnico-científico e, por conseguinte, a mesma atenção do Estado. Se, mesmo o

---

[450] BAUNER, 2003, p. 196. Aliás, vale aqui ressaltar a perfeita análise que faz a autora quanto ao fato de que, muito embora se possa ter afirmada a paternidade jurídica, ter-se por definitiva a origem genética, "esta constatação não é suficiente para assegurar a construção de laços sólidos de solidariedade e de responsabilidade entre as pessoas". Prossegue afirmando que a "autêntica relação entre pai e filho requer mais que a mera determinação da descendências genética, atribuindo-se, finalmente, relevância à noção subjetiva dos laços afetivos". Basta que se observe a crescente quantidade de demandas executivas de verba alimentar nos tribunais brasileiros.

[451] A bem da verdade tem-se, por ora, ao menos, a letra da lei que determina que o Estado – Executivo – garante o direito; não se tem, porém, um Estado que apresente condições ao Poder Judiciário de requisitar a prova necessária; por óbvio, tem-se um jurisdicionado que fica desassistido pelos Poderes que não efetivam o seu direito à defesa.

exame pericial pelo método DNA não é de todo indiscutível,[452] retrata forma indubitavelmente certa de que, cercada de outros meios probatórios produzidos no feito, possa depositar nas mãos do magistrado a convicção necessária ao *decisum*.

Tempos passados a prova restringia-se aos depoimentos testemunhais, além de resquícios de documentos que, de forma eventual a genitora do autor pudesse deter. Com o chegar dos exames hematológicos, obteve-se a certeza de eventual exclusão de paternidade, por meio do sistema ABO. Grande passo se deu com a habilitação do sistema HLA, o qual, àquela época, mereceu credibilidade da doutrina e da jurisprudência,[453] no sentido de melhor clarear os índices de probabilidade de paternidade positiva.

Entretanto, a investigação por meio do sistema DNA, ou seja, ácido desoxirribonucléico, no ser humano, tornou possível a aproximação da certeza de filiação, bastando que os genitores, juntamente com a prole, dispusessem-se à coleta de material genético. Até então, poucas provas em ações investigatórias eram definitivas; pouca certeza jurídica efetivamente havia, mas simples satisfações às demandas existentes.

Daí a grande incógnita que é, em verdade, o móvel do presente trabalho: o trânsito em julgado material de decisões proferidas em demandas cujo objetivo era de investigar a paternidade (em regra) ou a maternidade (grande minoria), efetiva a Justiça? É este o espírito de justiça que o legislador, em primeiro lugar, o julgador, ao depois e, em especial, o Estado, pretender oferecer ao cidadão?

Se é verdade que o cidadão – então indigitado pai, adulto e senhor de suas razões – tem o direito de ver resguardada a sua certeza jurídica, por meio da coisa julgada, qual a situação jurídica do pequeno e, por vezes, malassistido filho (filho, por certo o é), cuja mãe e representante legal não coaduna os seus interesses momentâneos com o da prole, ou cuja condição financeira, no passado, não comportava o custeio de prova pericial mais certa e complexa ? Ou seja, há de se concluir qual o parâmetro que melhor e mais certamente se afeiçoa à situação em discussão: a garantia Consti-

---

[452] Importante leitura, para que se compreenda a não-unanimidade dos laudos periciais apresentados por laboratórios nacionais, VELOSO, Zeno. "A dessacrazilação do DNA", *in* Anais do II Congresso Brasileiro de Direito de Família – A Família na Travessia do Milênio, Coordenador Rodrigo da Cunha Pereira, Belo Horizonte: IBDFAM: Del Rey, 2000, p. 201/213.

[453] FERNANDO SIMAS FILHO largamente debateu o tema, afirmando que "a jurisprudência, de forma reiterada, vem admitindo a prova hematológica, pelo sistema HLA. E, tem sido realçado que atualmente, acatado Instituto de Medicina Social e Criminologia do estado, tem realizado novos exames, que, no dizer do ilustre Perito-Chefe, constituem 'surpreendente desenvolvimento'" (A prova na investigação de paternidade. 4ª ed. Curitiba: Juruá, p. 63.).

tucional da coisa julgada (art. 5º, XXXVI) *versus* o fundamento Constitucional da República Federativa do Brasil, que é a dignidade da pessoa humana[454] (art. 1º, III).

Trata-se, portanto, de tema que aponta profundos reflexos sociais, como anota Sérgio Gilberto Porto:[455]

> A questão, é de maior seriedade na medida em que é capaz de produzir reflexos notáveis nas relações jurídicas já normadas por decisão transitada em julgado e, por decorrência, na estabilidade social.

Merecem, assim, os espaços que doutrinadores e julgadores têm dispensado ao tratar do assunto, posto que, talvez ainda não encontrada forma processual de definir o melhor caminho. O objetivo, por certo, é meritório. O meio ainda remete a discussões.

7.4. Fundamento constitucional da dignidade da pessoa humana e seus reflexos no Direito pátrio

A importância de pensar o Direito como instrumento não apenas de solução de litígios individuais, mas de operação social, faz com que ele seja interpretado sob as lentes constitucionais. O que antes era lido tãosomente com base na lei específica, no Código Civil (de 1916, diga-se de passagem), hoje tem sido interpretado com a amplitude que pretendeu o Legislador Constituinte de 1988 apresentar ao contexto legal do país. Ou seja, a Constituição Cidadã, como a chamava Ulisses Guimarães, trouxe profundas alterações não somente no mundo político, como seu mister maior. Levou o operador do direito tradicional a mais e melhor pensar, pensar constitucionalmente.

O Princípio Constitucional da Dignidade da Pessoa Humana vem merecendo atenção cada vez mais crescente não apenas de quem pensa o Direito como ciência, mas também dos operadores diários. Advogados, promotores de justiça e magistrados têm buscado nesse Princípio Constitucional a base para decisões que outrora soariam como juridicamente absurdas. Exemplo maior é a cada vez mais defendida oportunização de repetição da ação de investigação de Paternidade, em função da evolução técnica trazida pela ciência, com o DNA.

---

[454] Ou, ter um pai, um nome, uma origem, constitui e colabora com a formação digna do ser humano, em especial da criança?

[455] PORTO, Sérgio Gilberto. Cidadania processual e a relativação da coisa julgada. *Revista Síntese de Direito Civil e Processual Civil*. Porto Alegre: Editora Síntese, 2003, v. 22, p. 5.

A dignidade da pessoa humana foi constitucionalizada como fundamento constitucional:

> Art. 1º. A República Federativa do Brasil, formada pela união indissolúvel dos Estados e Municípios e do Distrito Federal, constitui-se em Estado Democrático de Direito e tem como fundamentos:
> ...
> III – a dignidade da pessoa humana;

Trata-se, portanto, de uma das bases fundamentais apontadas pelo legislador de 1988 como orientadoras para o conjunto complementar do texto constitucional. E, como princípio fundamental que é, regra a lisura da aplicação do Direito em todas as suas linhas.

Mas para falar-se em dignidade humana há de se entender, inicialmente, o que vem a ser dignidade. Conceituá-la, porém, não é tarefa fácil. A dignidade de cada um a si pertence e nasce com o homem. Aliás, antecede ao homem vivo, ao passo que o nascituro já a tem. No dizer de Rizzatto Nunes,[456] "o ser humano é digno porque é."

Porém, se todo o homem merece ter sua dignidade preservada, assim como todos os seus direitos, enfim, chegaremos fatalmente ao instante da colisão de interesses. Ou de direitos. Ou de dignidades. Ora, todo o homem tem a sua dignidade, independentemente de ser bom ou mau, novo ou velho, pobre ou rico, mentalmente capaz ou não. Mas, como ser social que é o homem, deve haver a incorporação no conceito de dignidade, de uma qualidade social, a fim de impor-se limites.[457] Assim, a dignidade de cada um deverá respeitar à do próximo, sob pena de se levar ao Poder Judiciário a tarefa de definição de qual delas deverá se sobrepor.

Poderemos dizer, então, que dignidade é um conceito pessoal de moralidade que temos de nós mesmos, sempre respeitando, muito embora, por vezes, não concordando, com igual condição e conceituação do nosso próximo.

Por outro lado, como bem lembra Ingo Wolfgang Sarlet,[458] a dignidade da pessoa não existe somente onde o Direito positivo assim inscreva, porque

> o grau de reconhecimento e proteção outorgado à dignidade da pessoa por cada ordem jurídio-constitucional e pelo Direito internacional, certamente irá depender sua efetiva realização e promoção, de tal sorte que não é por menor que se impõe uma

---

[456] NUNES, Luiz Antônio Rizzatto. *O princípio constitucional da dignidade da pessoa humana: doutrina e jurisprudência*. São Paulo: Saraiva, 2002, p. 49.

[457] Ibidem, p. 50.

[458] SARLET, Ingo Wolfgang. *Dignidade da pessoa humana e Direitos Fundamentais na Constituição Federal de 1988*. Porto Alegre: Livraria do Advogado, 2002, p. 71.

análise do conteúdo jurídico ou, se assim preferirmos, da dimensão jurídica da dignidade no contexto da arquitetura constitucional pátria, designadamente, a força jurídica que lhe foi outorgada na condição de norma fundamental.

Mais uma vez ressalta a olhos vistos a necessidade de interpretação não só completa, mas complexa, buscando no pensamento do legislador atingir os objetivos do legislado, em cada situação posta, por vezes, ou no contexto social, por outras. E no presente texto busca-se estudar exatamente uma situação que, em primeiro momento, vem sendo interpretada como contexto social, mas cuja análise merece atenção individual.

Porém, e antes de adentrar no caso específico, vale buscar dois outros exemplos típicos de duelo de interesses, sejam eles de ordem legal, sejam eles de princípios. De grande embate, em especial após a Carta Magna vigente, o conflito de princípios constitucionais que se encerra na disputa de preferência entre o direito à ampla liberdade de pensamento[459] e expressão[460] afirmada pelos meios de imprensa, em especial, e ao de ver, o cidadão público ou do povo, sua intimidade protegida.[461] Como bem afirma Rizzatto Nunes,[462] na real colisão de honras, "é a dignidade que servirá para sopesar os direitos, limites e interesses postos, e gerar a resolução".

7.4.1. Direito constitucional à comunicação e à intimidade: colisão de princípios

Esta antinomia de conflitos fundamentais vem sendo solvida, apenas a título de ilustração, de formas diversas, dependendo da análise de cada caso. Em decisão da 2ª Câmara Especial Cível do Tribunal de Justiça do Rio Grande do Sul, de relatoria do Desembargador Ney Wiedemann Neto,[463] que, havendo interesse público na notícia publicada por meio de comunicação escrita, em função das peculiaridades das partes envolvidas, deve prevalecer o princípio constitucional da liberdade de comunicação em detrimento à intimidade:

> Apelação. Responsabilidade civil. Dano moral. Colisão entre o princípio da livre expressão da atividade de comunicação e o princípio da inviolabilidade da intimidade

---

[459] Art. 5º ...
IV – é livre a manifestação do pensamento, sendo vedado o anonimato;
[460] Art. 5º ...
IX – é livre a expressão da atividade intelectual, artística, científica e de comunicação, independentemente de censura ou licença;
[461] Art. 5º ...
X – são invioláveis a intimidade, a vida privada, a honra e a imagem das pessoas, assegurado o direito a indenização pelo dano material ou moral decorrentes de sua violação;
[462] NUNES, 2002, p. 55.
[463] Apelação Cível de nº 70004599478, julgada em 20 de novembro de 2002.

e da honra. No caso concreto, ganha maior peso o primeiro, diante da importância da matéria, da repercussão pública dos fatos e do envolvimento da fundação no setor econômico do município. Ilícito civil. Não houve calúnia, pela falta de menção implícita ou explícita de crime. A apelante diretora concorreu para a continuidade da repercussão do fato. Não é o caso de difamação ou de injúria. Recurso improvido.

Por outro lado, também em análise específica, o mesmo Tribunal, tendo por Relator o Desembargador Araken de Assis,[464] entendeu por privilegiar a intimidade do indivíduo, mesmo que exercendo função pública relevante na comunidade local:

Responsabilidade civil. Danos morais. Televisão (RBS TV). Imputação a Secretário Municipal de sonegação. 1. Constitui ilícito, regando o correspondente dever de indenizar os danos morais, provocados pelos subseqüentes comentários desabonadores contra a vítima, atribuir a Secretário Municipal a sonegação de imposto predial, em noticioso de grande audiência, da RBS TV de Santa Cruz. Indenização bem arbitrada, que considerou seu caráter punitivo. 2. Apelação desprovida.

Portanto, prevalece a análise específica para cada caso, quando a antinomia vai solvida com rigoroso respeito à regra da proporcionalidade em relação aos fatos e indivíduos envolvidos. O interesse maior deverá prevalecer, seja ele enquanto bem social, em prol de uma comunidade, seja ele enquanto bem individual, em razão da preponderância eqüitativa de cada um e o respeito a ambos.

7.4.2. Direito constitucional à moradia e à propriedade e a disposição legal infraconstitucional: colisão de interesses

Outro exemplo de contraste é trazido por Ingo Wolfgang Starlet,[465] quando lembra da anomalia legal que alterou a Lei 8.009/90 para excluir da impenhorabilidade os bens tidos de família do fiador de contratos de locação.[466] Cita o acórdão relatado pelo Desembargador Adão Sérgio do Nascimento Cassiano que, de forma pioneira, desconsiderou a força da lei para abrigar também os bens do fiador de contrato de locação, como impenhoráveis.

Decidiu aquele acórdão "que o fiador, mesmo diante da disposição legal prevendo tal possibilidade, não pode ter o imóvel que lhe serve de

---

[464] Apelação Cível nº 595043589, Terceira Câmara Cível, Tribunal de Justiça do Rio Grande do Sul, 20/04/1995.

[465] STARLET, Ingo Wolfgang. *Dignidade da pessoa humana e Direitos Fundamentais na Constituição Federal de 1988*. Porto Alegre: Livraria do Advogado, 2002, p. 122.

[466] Procedeu-se em alteração da Lei 8.009/90, que trata dos bens de família e sua impenhorabilidade, mais exatamente no artigo 3º, o qual trata das exceções à impenhorabilidade. Idealizada com seis exceções, foi acrescentada uma sétima (VII) por efeito do artigo 82 da Lei 8.245, de 18 de outubro de 1991. Esta é a conhecida Lei que dispõe sobre as locações de imóveis urbanos e trata dos procedimentos a ela pertinentes.

moradia penhorado e expropriado em face de direitos patrimoniais do credor, notadamente quando existem outros meios de assegurar o crédito".[467] No plano fático, prevaleceu o Princípio Constitucional que privilegiava a dignidade da pessoa do fiador, expressado nos termos da proteção Constitucional à propriedade e à moradia. A decisão feriu de morte norma que, embora legalmente incorporada ao contexto legislativo da Nação, vem maculada com a origem totalmente difusa aos seus interesses originais (quais sejam, a proteção dos bens de família). A inserção de alteração legislativa ocorreu visando a premiar os interesses de uma área econômica especulativa (proprietários de imóveis para locação), em detrimento à população que necessita ter moradia (senão própria, mas em condições de abrigar a família). Vale atentar para a ementa:

> Penhora do único imóvel que serve de residência do fiador. Impossibilidade. São direitos fundamentais do cidadão e de sua família o direito de propriedade (CF/88, art-5, XXII) e o direito a moradia (CF/88, art-6, caput, na redação da EC 26/00), sendo que a Constituição, em sua axiologia, prestigia como valor fundamental a moradia dos cidadãos e de sua família, tanto que no art-183 concede o usucapião para quem detenha imóvel urbano nas condições que menciona. A lei deve ser interpretada e aplicada atendendo os fins sociais a que ela se dirige e as exigências do bem comum (LICC, art-5), o que certamente não estará sendo atendido se o fiador perder sua residência para atender débitos de aluguéis do afiançado em detrimento do credor que explora economicamente a propriedade imobiliária. Outra deve ser a solução para a viabilização do mercado de locação, seja pelos cuidados do locador ao aceitar O fiador com patrimônio suficiente para a garantia, seja pela definitiva implementação do seguro-fiança. O credor ou locador, ao contratar, deve examinar a situação patrimonial do fiador, pois seu é o risco. Agravo provido.[468]

Trata-se, pois, da demonstração jurisprudencial de que, modo efetivo, os operadores do Direito já vêm buscando instruir seus procedimentos decisórios com conteúdos constitucionais. Sobretudo, em nome do bem-estar social e, assim, da dignidade do ser humano.

7.4.3. Princípio constitucional da dignidade da pessoa humana e princípio constitucional da coisa julgada: fundamento constitucional

Porém, e agora adentrando no objeto específico do presente trabalho, aquele que pode ser referido como um dos maiores exemplos de transmutação interpretativa dos tempos modernos, é o instituto da coisa julgada.

---

[467] Processo nº 70000649350, 1ª Câmara Cível do Tribunal de Justiça do RS, julgado em 28 de março de 2000, confirmado em sede de Embargos Infringentes que tramitaram sob nº 700030178, 8º Grupo Cível do mesmo Tribunal.
[468] Ementa completa do acórdão antes referido.

Especial atenção merece o estudo da validade atual da coisa julgada já caracterizada, em ações investigativas de paternidade e suas variações.

A discussão inicia-se pelo inequívoco direito do ser humano, de conhecer suas origens genéticas. Quando este ser ainda é pequeno e, além de sua paternidade (assim como poderia ser maternidade), necessita auxílio para sua sobrevivência, mais se justifica a preocupação do pensador jurídico. Os efeitos mais afloram na medida em que refletem na formação do ser humano o conhecimento de quem são os seus pais, que estes lhe proporcionaram econômica e sentimentalmente amparo na infância, adolescência e fase adulta.

Para tanto, como já tratado anteriormente, o Estado possibilita que o autor, pequeno ou já adulto, postule judicialmente pela investigação de sua paternidade ou maternidade. Enquanto pequeno autor, e aqui vai a grande maioria dos componentes dos pólos ativos das ações de investigação de paternidade, deve haver a representação ou a assistência de sua mãe ou representante legal. A ela, representante, cabe proporcionar ao Estado-Juiz as condições da certeza jurídica, indicando os meios de provas disponíveis.[469]

Até o advento do exame pericial sob o método DNA, como antes já exaustivamente demonstrado, em especial nos tempos mais remotos, a prova produzida nas ações investigatórias restringia-se à testemunhal. A caracterização da possibilidade por outros meios menos definitivos,[470] já possibilitou uma certeza jurídica maior, auxiliando os magistrados, no seu dever de julgar.

Em épocas passadas, porém, mesmo já presente no mundo científico a prova técnica por meio de DNA, era ela cara e indisponível à grande massa dos jurisdicionados. Como ao Juiz descabe deixar de decidir o que lhe posto pelas partes, a certeza jurídica emprestada às decisões proferidas era relativa e, assim, insegura. Com o custeio dos exames pelo Poder Executivo, em alguns Estados, a grande demanda de pedidos causou acúmulo nos laboratórios de, por vezes, quase dois anos de espera pela realização. Tempo durante o qual, para o pai posteriormente reconhecido como tal, uma soma por vezes impagável se acumulava; para o filho que viria a sê-lo, período ao desamparo, quase sempre não cum-

---

[469] As provas testemunhal e documental indiscutivelmente cabe à parte indicar. A prova técnica, porém, deve ser garantida pelo Estado àqueles que dela necessitarem, quando presente a ausência de condições financeiras de consteá-la.

[470] Vale aqui registrar a grande discussão a respeito da definitividade, ou como poderão dizer alguns, do valor probante, do exame de DNA, na medida em que sua origem, parâmetros e métodos são alienígenas, e a participação do ser humano, sempre falível, na coleta da prova e sua interpretação deixam margem efetiva a dúvidas.

prido posteriormente.[471] Os efeitos da ação, em qualquer hipótese e tempo, sempre foram e serão irrecuperáveis em sua totalidade.

Vivenciou-se, portanto, momento em que muitas ações investigatórias foram julgadas improcedentes porque os autores não cumpriram com seu mister, qual seja, apresentar prova hábil para o sucesso.[472] Prova esta que, quando existente, consistia na oitiva de testemunhas, na tomada de depoimentos pessoais e, quando muito, em exames técnicos menos consistentes. Como resultado, ante a incerteza que se demonstrava aos Magistrados, permaneceram os filhos sem que seus pais fossem declarados.

Não menos importante e digna é a posição do pai, reconhecido na incerteza da prova. Este cidadão que se viu guindado na posição de pai sem que tivesse ele convicção íntima; sem que a Justiça lhe ofertasse certeza jurídica plena; sem que as técnicas científicas lhe garantissem o único elo confiável: prova genética. Este pai também é um ser humano. Este pai também sofre com a dúvida, a qual muitas vezes fez soçobrar lares e ruir casamentos. Também ele tem direito de ver sua dignidade humana protegida em busca da verdade científica.

O posicionamento jurisprudencial vigente é uníssono ao estabelecer a possibilidade de ajuizamento de nova ação investigatória de paternidade, quando não realizada prova técnica capaz de dar a certeza científica. Algumas variações, porém, quanto a sua amplitude (se possível somente aos filhos, ou também aos pais; se decorrente da dúvida, ou da inexistência de realização da prova pericial), o que merece atenção doravante.

O Ministro Sálvio de Figueiredo Teixeira, em decisão proferida nos autos de Recurso Especial[473] por ele relatado, assim determina:

> Processo civil. Investigação de paternidade. Repetição de ação anteriormente ajuizada, que teve seu pedido julgado improcedente por falta de provas. Coisa julgada. Mitigação, doutrina. Precedentes. Direito de família. Evolução. Recurso acolhido.
> I – Não excluída expressamente a paternidade do investigado na primitiva ação de investigação de paternidade, diante da precariedade da prova e da ausência de indícios suficientes a caracterizar tanto a paternidade como sua negativa, e considerando que, quando do ajuizamento da primeira ação, o exame pelo DNA ainda não era disponível nem havia notoriedade a seu respeito, admite-se o ajuizamento de

---

[471] Muito embora o direito ao pensionamento retroaja à época da citação, o acúmulo de valores acarretava na impossibilidade do pagamento da dívida, quando as partes circulassem por classes economicamente desfavorecidas.

[472] Artigo 333. O ônus da prova incumbe:
I – ao autor, quanto ao fato constitutivo do seu direito;
II – ao réu, quanto à existência de fato impeditivo, modificativo ou extintivo do direito do autor.

[473] RESP 226436/PR, 4ª Turma do Superior Tribunal de Justiça, unânime, DJU em 04/02/2002, RSTJ, vol. 154/403.

ação investigatória, ainda que tenha sido aforada uma anterior com sentença julgado improcedente o pedido.

II – Nos termos da orientação da Turma, 'sempre recomendável a realização de perícia para investigação genética (HLA e DNA), porque permite ao julgador um juízo de fortíssima probabilidade, senão de certeza' na composição do conflito. Ademais, o progresso da ciência jurídica, em matéria de prova, está na substituição da verdade ficta pela verdade real.

III – A coisa julgada, em se tratando de ações de estado, como no caso de investigação de paternidade, deve ser interpretada *modus in rebus*. Nas palavras de respeitável e avançada doutrina, quando estudiosos hoje se aprofundam no reestudo do instituto, na busca sobretudo da realização do processo justo, 'a coisa julgada existe como criação necessária à segurança prática das relações jurídicas e asa dificuldades que se opõem à sua ruptura se explicam pela mesmíssima razão. Não se pode olvidar, todavia, que numa sociedade de homens livres, a Justiça tem de estar acima da segurança, porque sem Justiça não há liberdade'.

IV – Este Tribunal tem buscado, em sua jurisprudência, firmar posições que atendam aos fins sociais do processo e às exigências do bem comum."

Há que se fazer breve análise dos pontos que embasaram a decisão.

Em primeiro momento, tem-se de entender que a interpretação emprestada pelo acórdão vai no sentido de que a base para permitir nova ação é a inexistência de exame técnico anterior, tendo levado a improcedência do pedido. Prossegue afirmando da posição daquela Corte no sentido de orientar da conveniência da realização de investigação genética, ante a "fortíssima probabilidade" carreada. Por fim, reconhece a supremacia do objetivo final, justiça, sobre o formalismo estabelecido pela coisa julgada.

Nessa esteira, porém, partindo para justificação que afeta a regra processual vigente, vai ementa[474] do Egrégio Tribunal de Justiça do Estado do Rio Grande do Sul:

> Investigação de Paternidade. Tratando-se de ação que diz com estado de pessoa, admite-se a sua renovação, uma vez que na demanda anteriormente ajuizada não houve formação de juízo de convicção a ser selado pelo manto da imutabilidade da coisa julgada. Apelo provido.

Discute o acórdão os efeitos da coisa julgada sobre decisão que julgou improcedente ação de investigação de paternidade ante a inexistência de provas conclusivas em prol do autor. Registre-se que a sentença transitou em julgado. Importa, aqui, entender as razões do voto da Desembargadora Maria Berenice Dias, relatora:

> Saliente-se que, apesar de, ao final, a primeira investigatória ter sido julgada improcedente, o foi por maioria de votos, o que revela que a dúvida acerca da paternidade já pairava sobre o caso. Além disso, ainda que retraídas as provas trazidas na lide

---

[474] Apelação nº 70002430106, 7ª Câmara Cível, unânime, de 21 de setembro de 2001.

anterior, sentenciou o magistrado pela procedência da ação, tendo o julgamento sido revertido em sede recursal. Certo é que a ausência de prova, que no juízo criminal enseja absolvição, ainda que não tenha correspondência na esfera cível, não pode levar a um juízo de improcedência, mediante sentença definitiva, gerando a impossibilidade de identificação de seu vínculo familiar.

O início do voto demonstra preocupação social no sentido de permitir nova ação. A firmação de que a decisão de improcedência por falta de provas não poder impedir a busca "de identificação de seu vínculo familiar" conduz à relativação da coisa julgada. Baseia legalmente a posição defendida no uso analógico da Lei nº 7.347/85 (Ação Civil Pública), nas ações coletivas baseadas na Lei nº 8.078/90 (Código de Defesa do Consumidor), bem como na Lei nº 8.069/90 (Estatuto da Criança e do Adolescente) e na Carta Constitucional vigente.

Prossegue em seu arrazoado, o qual, diga-se de passagem, foi acolhido por unanimidade pela Corte:

> Ainda que ditas disposições sejam tidas como verdadeiras excrescências ao princípio da estabilidade jurídica, não se pode deixar de invocar como precedentes a autorizarem o afastamento dos efeitos da coisa julgada quando a ação diz com estado de pessoa. A omissão do próprio demandado ou do Estado em viabilizar a realização da prova não permite a formação de um juízo de convicção, a ser selado pelo manto da imutabilidade, de não ser o réu pai do autor. O que houve foi a impossibilidade de identificar a existência do direito invocado na inicial, omissão probatória, no entanto, que, não podendo ser imputada ao investigante, não pode apená-lo com a sentença definitiva.

Conclui afirmando situação fática do julgamento anterior, qual seja, a de que não fora excluída expressamente a paternidade. Depreende-se, então, que a decisão acolhe formação jurídica diversa daquela historicamente ensinada nos bancos acadêmicos sobre as hipóteses de extinção do feito. Assim, provido o apelo, foi permitida nova busca judicial pela paternidade antes negada sob alegação de que a decisão anterior não houvera apreciado o mérito na medida em que não houvera sido realizada prova cabal e definidora da convicção necessária para a procedência.

A tese jurídica de que a improcedência da ação não acarreta em julgamento do mérito, salvo melhor interpretação, não vai acolhida pelo egrégio Superior Tribunal de Justiça,[475] muito embora, em respeito ao tipo da ação *sub judice* (Investigação de Paternidade), tenha sido relativisada a coisa julgada para permitir nova ação:

> Processo Civil. Extinção do processo. Falta de provas. Improcedência do pedido. Julgamento de mérito. Art. 269-I, CPC. Doutrina. Recurso provido.

---

[475] RESP 330172/RJ, 4ª Turma do Superior Tribunal de Justiça, unânime, DJU em 22/04/2002.

I – A insuficiência ou falta de provas acarreta a improcedência do pedido, não a extinção do processo sem julgamento de mérito.

II – Como doutrina Humberto Teodoro Júnior, 'o juiz não pode eternizar a pesquisa da verdade, sob pena de inutilizar o processo e de sonegar a Justiça postulada pelas partes'. Assim, 'se a parte não cuida de usar das faculdades processuais e a verdade real não transparece no processo, culpa não cabe ao juiz de não ter feito a Justiça pura, que, sem dúvida é a aspiração das partes e do próprio Estado. Só às partes, ou às contingência do destino, pode ser imputada semelhante deficiência'.

III – Esta turma, em caso que também teve seu pedido julgado improcedente por falta de provas (Resp n. 226.436-PR, DJ 04/02/2002), mas diante das suas peculiaridades (ação de estado – investigação de paternidade etc.), entendeu pela relativação da coisa julgada.

Ou seja, mesmo que não reconhecida a tese de decisão sem julgamento do mérito, uma vez apreciadas as provas constantes nos autos, mas insuficientes para a caracterização do direito do autor, manteve-se a flexibilização da coisa julgada. O direito do pequeno autor, de procurar o reconhecimento legal de seu pai, manteve-se inalterado. O caminho jurídico, porém, foi ajustado.

Por outro lado, Sergio Gilberto Porto[476] discute a forma com que vem sendo tratado o instituto da coisa julgada, nos casos em discussão. Sua argumentação vai assentada na regra processual vigente e por isso, merece atenção:

Assim, *máxima vênia* do entendimento adotado que passou a admitir a relativação da autoridade da coisa julgada por nova decisão jurisdicional, sem que prévia e necessariamente tenha sido invalidada a sentença anterior trânsita em julgado, deste ousamos divergir, não no que diz respeito ao conteúdo substancial de tais pronunciamentos, mas na forma por eles propostas, eis que, no sistema brasileiro, longe de dúvida, é possível – sim! – rever a decisão trânsita em julgado, ou seja, superá-la. Todavia, em face de seus naturais efeitos negativos, não pode e não deve o novo juízo tentar mitigá-la simplesmente desconhecendo o *accertamento* (julgamento) anterior, vez que, sob ponto de vista jurídico, indispensável a prévia e necessária invalidação deste e tão-somente após poderá haver rejulgamento da relação jurídica anteriormente normada.

A hipótese, por evidente, tem base processual. Relembra as possibilidades de desconstituição de decisões antes já anotadas, ressaltando a ação rescisória. Ressalta que o Tribunal de Justiça do Rio Grande do Sul, no que chama de melhor reflexão acerca da matéria, tem-se inclinado a

---

[476] PORTO, Sérgio Gilberto. Cidadania processual e a relativação da coisa julgada. *Revista Síntese de Direito Civil e Processual Civil*. Porto Alegre: Editora Síntese, 2003, v. 22, p. 11.

prestigiar o instituto da coisa julgada, admitindo a sua flexibilização somente em casos excepcionalíssimos.[477]

Por fim, aponta Sérgio Gilberto Porto,[478] que a solução para o que chama de "situações concretas" que "estão a desafiar o senso de justiça dos mais renomados juristas...", está no aparelhamento da ordem jurídica com instrumentos processuais hábeis para o enfrentamento da realidade social. O reexame do prazo decadencial hoje definido para a ação rescisória, tornando-a ampla como o é a ação de revisão criminal, que, em conjunto com uma revisão nos pressupostos de admissibilidade da ação rescisória, tornaria mais processual a iniciativa hoje majoritária.

Vê-se, entretanto, que o posicionamento majoritário no sentido da possibilidade de flexibilização da coisa julgada nos casos de investigação de paternidade vem sendo analisado em busca de um elemento fundamental: ausência de prova técnica na ação anterior. Independentemente do caminho e das razões jurídicas, o elemento social em prol do filho, por vezes maior, por vezes menor de idade, sobrepõe-se.

O mesmo não vem ocorrendo, entretanto, quando o pai reconhecido por força judicial, busca a sua certeza genética. A ação, como nas anteriores, findou sem a base em prova técnica mais definidora da certeza jurídica necessária. Apreciado o mérito, porém, entendeu o julgador pela melhor conveniência do reconhecimento da paternidade pleiteada, base em prova documental e testemunhal. Por vezes, em prova hematológica mais frágil.

Vale rápido estudo em relação à decisão proferida nos autos da Apelação Cível relatada[479] pelo desembargador José Trindade, a qual desproveu o apelo que pretendia ver apreciada ação negatória de paternidade. O motivo era a inexistência de prova técnica confiável no curso do reconhecimento anterior, o que, alegadamente, acarretava em incerteza:

> Ação negatória de paternidade. Ausência de exame de 'DNA' na ação investigatória que declarou a paternidade. Coisa julgada. A possibilidade de realização de novo exame por método mais moderno – de DNA – não pode ensejar a reapreciação da prova e o reexame do mérito a ação investigatória, o que representaria uma afronta

---

[477] E aqui cita o exemplo da Apelação Cível relatada pelo Desembargador Sérgio Fernando de Vasconcellos Chaves, recentemente julgada (18/12/2002), na qual foi voto vencido no sentido de não permitir nova ação judicial. Em seu voto, repete-se, vencido, o Desembargador anota que nenhuma nova argumentação veio aos autos, no novo pedido, além da possibilidade de realização da prova técnica por meio de DNA. Afirma ter havido uma simples repetição da ação anterior, o que não permitiria a quebra da coisa julgada. Cita precedentes do próprio Tribunal de Justiça e do Superior Tribunal de Justiça. Vencedores, no julgamento que, ao final, permitiu o prosseguimento da nova ação, os desembargadores José Carlos Teixeira Giorgis e Maria Berenice Dias.

[478] PORTO, 2003, p.12.

[479] Apelação Cível nº 70005024823, 8ª Câmara Cível do Tribunal de Justiça do Rio Grande do Sul, 31 de outubro de 2002.

ao princípio da coisa julgada, mormente se tal ação foi julgada procedente com base em provas eficazes. Ação negatória julgada extinta.

O desembargador-relator viu-se vencedor em tese que merece maior referência, uma vez que, salvo melhor juízo, apresenta mais uma variação ao princípio social vigente, qual seja, de oportunizar certeza técnica e jurídica plena às partes litigantes em ações investigatórias. Para registro, o voto vencido foi do desembargador Rui Portanova, conhecido defensor da flexibilização da coisa julgada para os fins que se trataram.

Assim vai o voto, em suas partes essenciais:

> Após meditar profundamente, assumi posição diferente das adotadas anteriormente, para entender quando a ação de investigação de paternidade é julgada *improcedente por falta de provas* no sentido da afirmação da paternidade biológica, o que resta em pauta não é simplesmente o surgimento de uma nova técnica, de uma prova moderna, como o DNA, mas a possibilidade de a decisão não fazer coisa julgada quanto ao fato específico de não ter sido clareado que a paternidade não existia, mas tão-somente que as provas alinhadas no processo não foram suficientes para afirmá-la. (grifo no voto)

Merece registro que no feito o comento originou-se de ação de investigação de paternidade julgada procedente, após produzida prova hematológica e testemunhal. A prova técnica, entretanto, não foi do tipo DNA. Mesmo assim o julgador daquela época entendeu haver condição de certeza para o juízo de procedência.

> Com efeito, só é possível a renovação de demanda investigatória quando a ação anterior foi julgada improcedente por falta de provas e não foi realizado o exame de DNA, porque os preceitos constitucionais e da legislação de proteção ao menor se sobrepõe ao instituto da coisa julgada, de que fala a DESA. MARIA BERENICE DIAS in Agravo de Instrumento nº70004042958 (7ª Câmara Cível – TRS).

Como se vê, predomina a necessidade de proteção dos filhos – enquanto menores, depreende-se – em relação aos direitos paternos. Tem-se que interpretar, do voto vencedor, que, tão-somente como forma de exercício acadêmico, tivéssemos a inversão dos pólos e propósitos, ou seja, fosse recorrente a criança, com os mesmos argumentos, provido teria sido o apelo. As razões jurídicas teriam sido exercitadas em seu (da criança) favor.

7.5. Considerações finais

Ao se estudar, hodiernamente, as ações investigatórias, há de se ter a cautela de registrar a variação de entendimentos doutrinários e, em especial, jurisprudencial existente, no tocante ao efeito da decisão final.

Não mais é permitido ao operador do Direito pretender afirmar que toda a decisão, passadas as possibilidades recursais, ou mesmo renunciadas estas, tem cristalizada a certeza jurídica, pela imutabilidade da decisão proferida.

Por certo que as maiores discussões hoje encontradas nos tribunais dizem com a preexistência de ações que tramitaram nos idos em que o exame de DNA era desconhecido. Ou, quando muito, ao alcance de partes economicamente mais favorecidas. Nos dias de hoje, o Poder Público já chamou a si o dever de propiciar à comunidade beneficiada com a gratuidade judiciária o custeio dos exames técnicos pelo método DNA, gratuitamente.

Entretanto, invadem os átrios jurídicos partes que, outrora, lançaram-se na busca de uma paternidade espontaneamente negada, como forma de regular não somente o registro civil de pessoas naturais, mas o íntimo de pequenos e grandes indivíduos. Cidadãos. Homens e mulheres que sofreram com as agruras do descaso humano. Moderna tecnologia genética, porém reascendeu a confiança de que, agora, a quase certeza poderia também ser jurídica.

O dilema humano fez com que juristas de escola ousassem reestudar princípio constitucional tido como intocável: o da coisa julgada. A cláusula Magna que historicamente regeu a certeza jurídica e ajustou a confiança do cidadão na justiça passou a merecer interpretação mais flexível, em nome de outro instituto constitucional.

O Princípio Constitucional da Dignidade da Pessoa Humana passou, na Constituição de 1988, a ser fundamento da Lei Maior. O direito dos filhos de conhecer seus pais, ter-se por eles assistidos, ao menos economicamente, recebeu vestimenta ilustre. Em nome do Princípio Constitucional de poder um filho conhecer seu pai, permitiu-se a rediscussão da paternidade antes já fruto de decisão judicial.

Então se deparou o operador jurídico com conflito constitucional que deveria ser solucionado. Como solver tamanha antinomia de interesses constitucionais, sem desacreditar ao cidadão que as decisões judiciais ainda estariam ao amparo da coisa julgada, em regra. A confiança do homem no Poder Judiciário está intimamente ligado ao fato de que, passado em julgado o litígio, não mais será retomado.

A solução dos interesses aparentemente contraditórios veio por meio do princípio da proporcionalidade, o qual aplica-se com maestria aos casos comentados. Entre o interesse constitucional de fazer cumprir e valer a definição judicial já trânsita em julgado, base sociojurídico para a credibilidade de um Poder de Estado, e a possibilidade de flexibilização, racionalização ou relativação do mesmo instituto em nome de um bem maior, social e, sobretudo eventual, prevaleceu o último. O direito de buscar mais uma vez a paternidade, um dos pressupostos da dignidade humana deve ser preservado.

Resta prosseguir na busca de reconhecimento igual às partes litigantes. Se ao filho dá-se o direito de ver sua situação genética confirmada, mesmo após sentença judicial anterior, há de se proporcional aos pais inconformados, em condições iguais de decisão anterior, o mesmo benefício. Afinal, dignidade não tem idade, sexo, cor ou profissão. Dignidade existe sempre que o homem existir.

Por certo que os ajustes processuais necessários à sacramentalização deste direito viriam em boa hora. A especificação objetiva e elucidativa das hipóteses de flexibilização da coisa julgada, bem como os meios jurídicos que melhor lhe caberiam, viriam de forma a espelhar a real condição do instituto secular. A coisa julgada, enquanto princípio constitucional, prevalece como regra quase absoluta. E assim deve prosseguir, sob pena de fragilizar o Estado Democrático de Direito que fundamenta a nação.

7.6. Referências bibliográficas

ALVIN, Arruda. *Direito Processual Civil, V. 1*, Coleção Estudos e Pareceres – II. São Paulo: Editora Revista dos Tribunais, 2001.

ASSIS, Araken de. *Doutrina e Prática do Processo Civil Contemporâneo*. Breve Contribuição ao Estudo da Coisa Julgada nas Ações de Alimentos. São Paulo: RT, 2001.

BARBOZA, Heloisa Helena. O princípio do melhor interesse da criança e do adolescente. *In Anais do II Congresso Brasileiro de Direito de Família – A Família na Travessia do Milênio*, Coordenador Rodrigo da Cunha Pereira, Belo Horizonte: IBDFAM: Del Rey, 2000.

BRAUNER, Maria Cláudia Crespo. *Direito, sexualidade e reprodução humana*. Rio de Janeiro: Renovar, 2003.

MADALENO, Rolf Hanssen. O dano moral na investigação de paternidade. *In Direito de Família, aspectos polêmicos*. Porto Alegre: Livraria do Advogado, 1999.

MARINONI, Luiz Guilherme, ARENHART, Sérgio Cruz. *Manual do Processo de Conhecimento*. São Paulo: RT, 2001.

MIRANDA, Pontes de. *Comentários ao Código de Processo Civil*. Tomo III, atualização de Sérgio Bermudes Rio de Janeiro: Forense, 1996.

———. *Comentários ao Código de Processo Civil*. Tomo V, atualização de Sérgio Bermudes. Rio de Janeiro: Forense, 1997.

NUNES, Luiz Antônio Rizzatto. *O princípio constitucional da dignidade da pessoa humana: doutrina e jurisprudência*. São Paulo: Saraiva, 2002.

PORTO, Sérgio Gilberto. Cidadania processual e a relativação da coisa julgada. *Revista Síntese de Direito Civil e Processual Civil*. Porto Alegre: Editora Síntese, 2003, v. 22, p.5.

SARLET, Ingo Wolfgang. *Dignidade da pessoa humana e Direitos Fundamentais na Constituição Federal de 1988*. Porto Alegre: Livraria do Advogado, 2002.

SIMAS FILHO, Fernando. *A prova na investigação de paternidade.* 4. ed. Curitiba: Juruá.

SPENGLER, Fabiana Marion. *Alimentos – da ação à execução.* Porto Alegre: Livraria do Advogado, 2002.

SPENGLER NETO, Theobaldo. A citação editalícia nas ações sob a égide da gratuidade judiciária, *in Revista Síntese de Direito Civil e Processual Civil,* Porto Alegre: Síntese, 2003, v. 21.

TEIXEIRA, Sálvio de Figueiredo. *Código de Processo Civil anotado.* São Paulo: Saraiva, 1992, p. 125.

THEODORO JÚNIOR, Humberto. A Coisa Julgada e a Rescindibilidade da Sentença, *in Revista Jurídica 219, jan/1996.*

VELOSO, Zeno. A dessacrazilação do DNA, *in Anais do II Congresso Brasileiro de Direito de Família – A Família na Travessia do Milênio,* Coordenador Rodrigo da Cunha Pereira, Belo Horizonte: IBDFAM: Del Rey, 2000, p. 201/213.

WAMBIER, Teresa Arruda Alvim; MEDINA, José Miguel Garcia. *O Dogma da Coisa Julgada,* São Paulo: RT, 2003, p. 21.

Impressão:
Editora Evangraf
Rua Waldomiro Schapke,77 - P. Alegre, RS
Fone: (51) 3336-2466 - Fax: (51) 3336-0422
E-mail: evangraf@terra.com.br